Arm⁺ A. C. ᵗᵗᵉ 2.

C. double
1434.
K.B.

m G Reserve

1349.

VOYAGE

DANS

L'HÉMISPHÈRE AUSTRAL,

ET

AUTOUR DU MONDE.

TOME TROISIEME.

VOYAGE

DANS

L'HÉMISPHÈRE AUSTRAL,

ET

AUTOUR DU MONDE.

TOME TROISIÈME.

VOYAGE

DANS

L'HÉMISPHÈRE AUSTRAL,

ET

AUTOUR DU MONDE,

FAIT SUR LES VAISSEAUX DE ROI, *L'AVENTURE*,
& *LA RÉSOLUTION*, en 1772, 1773, 1774 & 1775.

Écrit par JACQUES COOK, *Commandant de la* Résolution

Dans lequel on a inséré

La Relation du Capitaine FURNEAUX, & celle de MM. FORSTER.

TRADUIT DE L'ANGLOIS.

Ouvrage enrichi de Plans, de Cartes, de Planches, de Portraits, & de Vues de Pays, dessinés pendant l'Expédition, par M. HODGES.

TOME TROISIEME.

A PARIS,

HÔTEL DE THOU, RUE DES POITEVINS.

M. DCC. LXXVIII.

AVEC APPROBATION ET PRIVILÉGE DU ROI.

VOYAGE

DANS

L'HÉMISPHÈRE AUSTRAL,

ET

AUTOUR DU MONDE,

Fait sur les Vaisseaux de Roi, l'Aventure,
& la Résolution, en 1772, 1773, 1774 & 1775.
Écrit par JACQUES COOK, Commandant de la Résolution.

Dans lequel on a inséré

la Relation du Capitaine FURNEAUX, & celle de MM. FORSTER.

TRADUIT DE L'ANGLOIS.

Contenant aussi les Gravures, à l'aide de M. de Pernety, de l'Académie ... &c ...

TOME PREMIER.

À PARIS,

Chez ...
H. DU MESNIL.

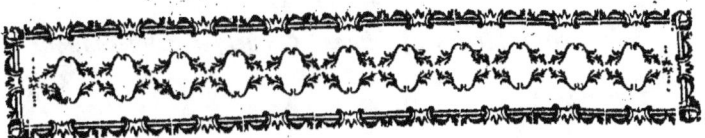

TABLE
DES CHAPITRES

Contenus dans ce Volume.

VOYAGE
AU POLE AUSTRAL
ET AUTOUR DU MONDE.

✳✳✳✳✳✳✳✳✳✳✳✳✳✳✳✳✳✳✳✳✳

LIVRE TROISIEME.

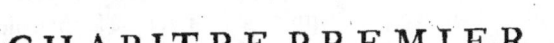

CHAPITRE PREMIER.

Passage d'Uliétéa aux Isles des Amis. Description de plusieurs Isles découvertes dans cette Traversée. Variété d'incidens.

« Les six semaines que nous venions de passer à
» Taïti & aux Isles de la Société, avoient dissipé toutes les
» maladies bilieuses & scorbutiques; mais la moitié de

Tome III.   A

Ann. 1774.
Juin.

» l'équipage étoit attaquée du mal vénérien, d'une espèce
» moins mauvaise cependant qu'en Europe. D'après nos con-
» versations avec Œdidée sur ses ravages, nous avons les plus
» fortes raisons de croire qu'il existoit à Taïti & aux Isles
» de la Société, avant l'arrivée du Capitaine Wallis, en
» 1768 : il nous a souvent assuré que, plusieurs années
» auparavant, sa mere étoit morte de cette maladie à Bola-
» bola. On a fait, dans tous les pays, de bien mauvais
» raisonnemens sur l'origine de cette peste : on a maudit les
» Espagnols pendant près de trois siécles, pour l'avoir ap-
» porté d'Amérique, & il est prouvé, d'une maniere incon-
» testable, qu'elle a commencé en Europe, lorsque l'Amé-
» rique n'étoit pas encore découverte (a). Les Navigateurs
» Anglois & François se sont accusés mutuellement d'avoir
» infecté les Taïtiens, quoique ces Insulaires le fussent déjà,
» & qu'ils eussent trouvé des moyens de se guérir (b) : il paroît
» que la simplicité de leur maniere de vivre, la salubrité
» de leur climat, & le long espace de tems avoient diminué
» la mauvaise qualité du virus, & l'avoient amorti, comme il
» l'est maintenant dans l'Amérique Méridionale. Il est inutile
» de rechercher quel Peuple a communiqué la maladie vé-
» nérienne à un autre : les mêmes causes qui ont pu lui
» donner naissance dans une partie du monde, suffisent pour

(a) Voyez *Petr. Martyr. ab Angleria Decad. Americam.* ──── Disserta-
tion sur l'origine de la Maladie Vénérienne, par M. Sanchez : Paris,
1752. ──── Examen historique sur l'Apparition de la Maladie Vénérienne
en Europe : Lisbonne, 1774. ──── Le Docteur Hunter, dans les Transac-
tions Philosophiques, & d'autres.

(b) Voyez la Collection d'Hawksworth ; *Tome II. pag.* 511, de la
Traduction Françoise.

» la produire par-tout ailleurs. Les privautés de l'équipage
» avec les femmes de Tonga-Tabboo & des Marquises, &
» leurs liaisons très-intimes avec les trompeuses Habitantes
» de l'Isle de Pâque, n'eurent aucun effet funeste. On peut
» en conclure que l'infection n'a pas encore éclaté sur ces
» Isles; mais ces conséquences ne sont pas toujours justes;
» car le Capitaine Wallis quitta Taïti sans avoir à bord un
» seul Vénérien, & la maladie y étoit pourtant avant son
» débarquement. Il est sûr que les nouveaux Zélandois en
» étoient déjà attaqués, lorsqu'ils ne connoissoient pas les
» Européens.

» L'APRÈS-MIDI du 4, nous dépassâmes l'Isle de Mowrua,
» & nous cinglâmes à l'ouest. »

4.

LE 6, second jour du départ d'Uliétéa, sur les onze heures
du matin, la terre parut dans le N. O. Nous reconnûmes bientôt que ce n'étoit qu'un récif à fleur d'eau, d'environ quatre
lieues de tour, & d'une forme circulaire. Cette Isle est composée de plusieurs petites langues de terre, unies ensemble
par des brisans, & dont la plus large se trouve du côté du
N. E.; elle a été découverte par le Capitaine Wallis, qui l'a
nommée l'Isle Howe. Le bateau, envoyé pour reconnoître les
sondes, rapporta qu'elle est coupée par un canal en dedans du
récif, près de la bande du N. O. Les Indiens d'Uliétéa nous
parlerent d'une Isle inhabitée dans ce même passage, qu'ils
appellent Mopeha, & où, dans de certaines saisons, ils vont
à la pêche de la tortue. Je suis d'autant plus porté à croire
que c'est la même Isle, que rien n'annonçoit qu'elle eût des

6.

Habitans : elle gît par les 16ᵈ 46′ de latitude auſtrale, &
par 154ᵈ 8′ de longitude Oueſt.

7.

« LA NUIT du 7, il tonna beaucoup, & on attacha une
» chaîne électrique au haut du grand mât. L'oiſeau du Tro-
» pique & les Noddies nous environnoient : les Matelots
» eurent le chagrin de laiſſer échapper un grand goulu,
» après l'avoir harponné, & lui avoir mis trois balles dans
» le corps.

11.

» LE 11, il y eut des éclairs, nous apperçûmes un grand
» nombre de poiſſons, tels que des bonites, des dauphins,
» des goulus, des grampuſſes. »

16.

DEPUIS LE 6 juſqu'au 16, nous courûmes à l'Oueſt, un
peu au Sud. Les vents varierent du N. au S. O., en tournant
par l'Eſt, & nous eûmes un tems incertain, ſombre & plu-
vieux, avec une houle du Sud. En général, je paſſai les nuits
en panne ou à la cape, & le jour, je forçai de voile. Une
demi-heure environ après le lever du ſoleil, on découvrit
la terre du haut des mâts; elle reſtoit au N. N. E.;
nous portâmes immédiatement le cap deſſus : c'eſt un
grouppe de cinq ou ſix Iſlots couverts de bois liés enſemble
par des bancs de ſable & des briſans, entourés d'un récif, qui
ne préſente aucune paſſe : au milieu, on apperçoit un lac.
Nous rangeâmes les côtes de l'Oueſt & du Nord-Oueſt,
depuis la pointe méridionale juſqu'à l'extrémité ſeptentrionale, l'eſpace d'environ deux lieues; nous nous approchions ſi
près du rivage, que nous vîmes quelquefois les roches ſous
le vaiſſeau; cependant nous ne trouvâmes pas un lieu propre

Pl. 38.

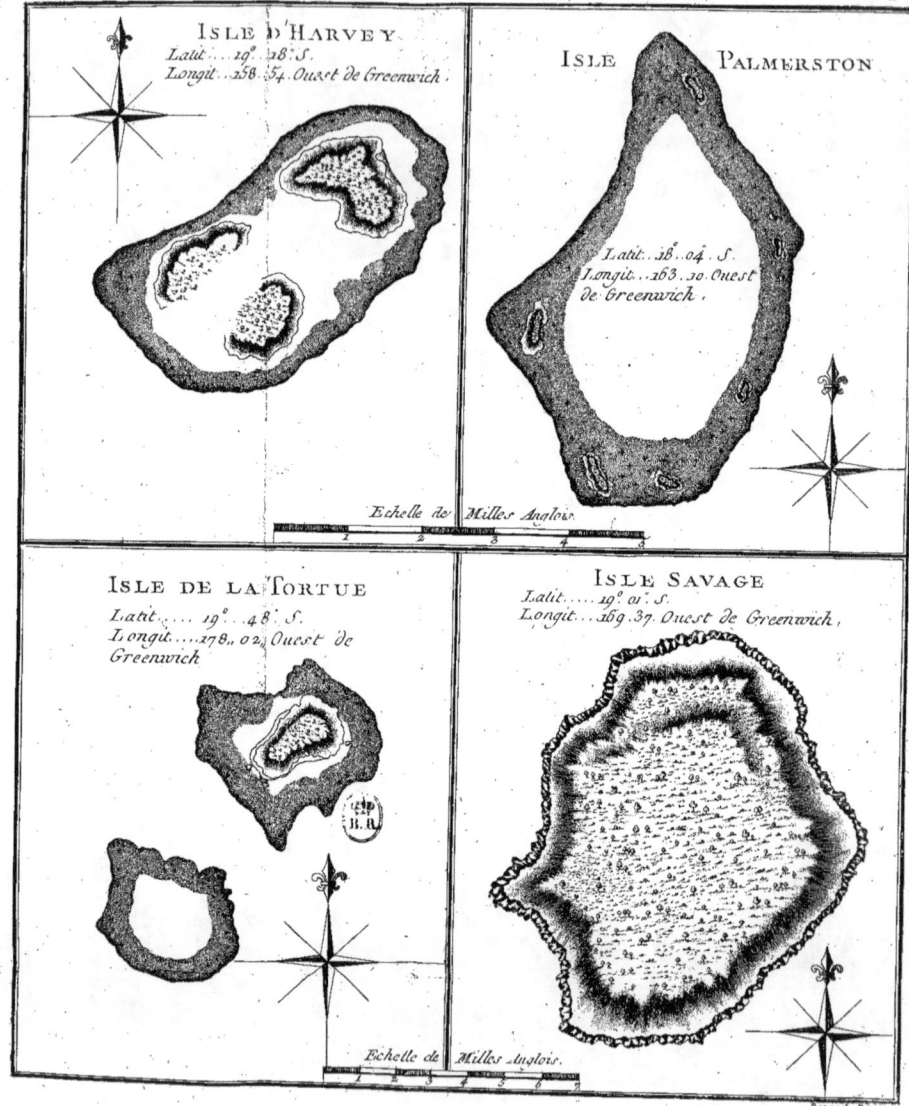

ISLE D'HARVEY
Latit....19°..18°.S.
Longit...258..54..Ouest de Greenwich.

ISLE PALMERSTON
Latit...18°..04.S.
Longit...163..10.Ouest
de Greenwich.

Echelle de Milles Anglois.

ISLE DE LA TORTUE
Latit....19°..48.S.
Longit...278,,02,,Ouest de
Greenwich

ISLE SAVAGE
Latit....19°.01.S.
Longit...169.37.Ouest de Greenwich.

Echelle de Milles Anglois.

Benard Direx.

à l'ancrage, & l'on n'appercevoit aucun vestige d'Habitans. Il y a une grande quantité de divers oiseaux, & la côte paroit être fort poissonneuse. La position de cette Isle, est à-peu-près celle que M. Dalrymple donne à la Sagittaire, découverte par Quiros ; mais nous n'avons rien remarqué qui fût d'accord avec la description du Navigateur Espagnol. En conséquence, je l'ai regardée comme une nouvelle découverte, & je l'ai nommée l'Isle Palmerston, en l'honneur du Lord Palmerston, un des Lords de l'Amirauté : elle est située par 18ᵈ 4′ de latitude Sud, & par 163ᵈ 10′ de longitude Ouest.

VERS les quatre heures de l'après-midi, nous quittâmes cette Isle, & nous reprîmes notre route à l'O. ¼ S. O. par un vent d'Est très-frais. Le 20, à midi, étant par 18ᵈ 50′ de latitude & 168ᵈ 52′ de longitude, nous crûmes appercevoir une terre dans le S. S. O., & nous fîmes route pour l'attaquer ; mais, deux heures après, reconnoissant notre erreur, nous remîmes le cap à l'O. ¼ S. O. : bientôt on revit la terre dans la même direction du haut des mâts : sur les cinq heures, elle nous restoit à l'Ouest, à la distance de cinq lieues ; nous passâmes la nuit à la cape, sous nos huniers ; & le matin, à la pointe du jour, nous fîmes voile pour amener la pointe Nord de l'Isle, dont nous rangeâmes la côte occidentale à la distance d'un mille, jusqu'à près de midi.

« ELLE PAROISSOIT escarpée & remplie de roches ; on » découvroit seulement par-ci par-là une greve sabonneuse » étroite : elle étoit presque de niveau par-tout, & sa plus » grande hauteur ne surpassoit pas 40 pieds ; mais au

» fommet elle étoit couverte de grands bois & d'arbriffeaux.
» Nous apperçûmes fur le rivage fept ou huit Indiens nuds,
» & qui paroiffoient d'une couleur noirâtre; quelque chofe
» de blanc envelopp·oit leur tête & leurs reins, & chacun
» d'eux avoit une pique, une maffue ou une pagaye à fa
» main. Nous obfervâmes des pirogues dans les fentes, entre
» les rochers, & des cocotiers peu élevés. »

LA DESCENTE nous paroiffant facile, je fis mettre à la
cape & deux bateaux dehors, dans l'un defquels je m'embarquai avec quelques Officiers, MM. Forfter, le Docteur
Sparrman, & M. Hodges. Comme nous approchions de la
greve, les Infulaires, qui étoient fur les rochers, fe retirerent
dans le bois. Nous conjecturâmes qu'ils venoient à notre
rencontre, ce qui étoit vrai : nous débarquâmes dans une
petite crique, fans aucun obftacle; &, pour éviter une furprife, nous primes pofte fur un rocher élevé, où, après avoir
arboré notre pavillon, M. Forfter & d'autres perfonnes fe
mirent à herborifer.

« Nous NE VÎMES que des rochers efcarpés de corail,
» revêtus de petites plantes, qu'on trouve par-tout fur les
» Ifles-Baffes : nous y apperçûmes cependant de nou-
» velles efpèces qui croiffoient, ainfi que les autres, dans
» les crevaffes du corail, où il n'y avoit pas un feul grain
» de terre. Des corlieux, des becaffines & des hérons
» pareils à ceux de Taïti, frapperent auffi nos regards. »

LA CÔTE étoit fi couverte d'arbres, de broffailles, de
plantes, de pierres, &c. que nous ne pouvions pas voir à

cinquante verges autour de nous. Prenant avec moi deux
de mes Officiers, j'entrai dans un sentier qui coupoit le
bois : A peine eûmes-nous fait quelques pas, que nous entendîmes les Indiens s'avancer. Nous nous retirâmes sur notre
premier poste ; & je criai à M. Forster, qui étoit à environ
cinquante verges de la mer, d'en faire autant. Comme nous
y arrivions, les Insulaires parurent à l'entrée du sentier, à
la distance d'un jet de pierre. Nous leur fîmes des signes
d'amitié ; mais ils n'y répondirent que par des menaces, &
l'un d'eux s'étant approché à quarante verges de nous,
lança une pierre qui atteignit M. Sparrman au bras. On
tira alors deux coups de mousquet, sans ordre, & à cette
décharge, ils rentrerent dans la forêt pour ne se plus
montrer.

« Un Champion, qui vint nous braver de fort près,
» étoit noirci jusqu'à la ceinture ; sa tête étoit ornée de plu-
» mes placées debout, & il tenoit une pique à la main : on
» entendoit parderriere des Indiens qui parloient & qui
» poussoient des cris. Il fut ensuite joint par un jeune-
» homme sans barbe, noirci, comme lui, & qui portoit un
» long arc, pareil à ceux de Tonga-Tabboo. C'est ce jeune-
» homme qui jeta la pierre : le Docteur Sparrman, dans le
» premier mouvement de douleur & de colere, lui lâcha
» son coup de fusil, qui heureusement ne parut pas le
» blesser.

» Quoique repoussés par les Insulaires, nous ne man-
» quâmes pas de faire la vaine cérémonie de prendre pos-
» session de leur Isle. »

ANN. 1774.
Juin.

COMME je ne pouvois rien faire dans cette partie de la contrée, tellement boisée, qu'il eût été difficile d'avoir une entrevue avec les Indiens, nous reprîmes nos canots, & nous continuâmes de longer la côte, dans l'espoir d'un meilleur succès en quelqu'autre endroit. Après avoir ainsi fait quelques milles, sans découvrir un seul Habitant & sans trouver un mouillage, nous atteignîmes le travers d'une plage, sur laquelle étoit quatre pirogues. Nous descendîmes ici à l'aide d'une petite anse, formée par des roches à fleur d'eau. Notre dessein étoit d'examiner les pirogues, & d'y laisser quelques grains de rassade ; car on ne voyoit pas un Insulaire. Mais cette descente pouvoit être encore plus dangereuse que la précédente. Le rivage est bordé d'un rocher, derriere lequel est une plage étroite & pierreuse, terminée par une colline escarpée, d'inégale hauteur, & dont le sommet est couvert de brossailles : deux fentes profondes & étroites, pratiquées dans l'escarpement, semblent ouvrir une communication avec la contrée. C'étoit à l'entrée d'une de ces fentes qu'étoient les quatre pirogues ; mais je remarquai qu'en y allant, nous serions exposés à une attaque des Insulaires, s'il s'en trouvoit dans ce canton, & que la place seroit peu propre à nous défendre. Pour prévenir ce désavantage & nous assurer une retraite, je plaçai un détachement sur le rocher, d'où il découvroit les hauteurs, & je m'avançai, avec quatre de nos Messieurs, vers les pirogues.

« CES BATIMENS avoient de forts balanciers ; ils conte-
» noient des nattes grossieres, des lignes de pêche, des pi-
» ques & des morceaux de bois, qui sembloient avoir ser-
» vi, aux Insulaires, de flambeaux pendant leurs pêches
» nocturnes.

» nocturnes. Tandis que le Capitaine rempliſſoit ces piro-
» gues de préſens, j'apperçus une troupe de Naturels qui deſ-
» cendoit près de nous. J'en avertis M. Cook, & nous nous
» retirâmes quelques pas. Deux de ces Indiens, parés avec
» des plumes & noircis, comme ceux dont on a déjà parlé,
» s'avancerent, en pouſſant des cris furieux, & en agitant
» leurs piques. »

Tous nos efforts, pour les amener à une conférence,
furent inutiles. Les autres montroient une férocité terrible,
& ils décocherent ſur nous leurs traits. Une légere fuſiliade
n'empêcha pas, l'un d'entr'eux, de venir plus près, & de
lancer une javeline qui me raſa l'épaule. Une ſeconde javeline effleura la cuiſſe de M. Forſter fils, & teignit de noir ſon
habit. Son courage lui auroit coûté la vie, ſi mon fuſil eût
pris feu; car je n'étois pas à plus de cinq pas de lui quand il
fit partir ſa javeline, & je l'aurois tué pour ma propre défenſe. Je fus enſuite bien aiſe que l'amorce eût brûlée. Dans le
moment de l'attaque, nos Gens, qui occupoient le rocher,
firent feu ſur d'autres Indiens qui ſe montroient dans les hauteurs; ce qui rallentit l'ardeur de ceux que nous avions en
tête, & nous donna le tems de regagner ce poſte, où j'ordonnai qu'on ceſſât le feu. La derniere décharge diſperſa
tous les Inſulaires dans le bois, & ils ne reparurent plus, tant
que nous demeurâmes en cet endroit. Nous ne ſûmes point
s'ils eurent des tués ou des bleſſés. « L'un d'eux ſeule-
» ment pouſſoit un hurlement douloureux, qui annonçoit
» une bleſſure conſidérable. »

Après avoir rejoint le détachement, je voulus éprouver

Tome III. B

mon fufil: je tirai en l'air, & le coup partit à l'inftant. Confidérant que nous ne pouvions rien nous promettre de ces
Infulaires, & que l'Ifle n'offroit aucun mouillage, nous nous
rendîmes à bord, où, après avoir embarqué nos canots, nous
fîmes voile au O. S. O. J'oubliois de dire qu'avant d'aborder
à cette derniere place, nous étions defcendus dans un autre
endroit. Je montai, avec trois ou quatre de nos Meffieurs,
fur une colline, & la contrée ne nous préfenta que des rochers de corail, tout couverts de broffailles; de forte qu'il
étoit prefque impoffible d'y pénétrer. Nous nous rembar-
quions, & nous allions retourner au vaiffeau, quand nous apperçûmes les pirogues; nous ne fûmes tentés d'en approcher,
que parce que quelques-uns de nous crurent avoir entendu le
bruit des Naturels.

LA CONDUITE & l'air farouche des Habitans de cette
Terre, m'engagerent à la nommer l'Ifle Sauvage. Sa pofition
eft par les 19ᵈ 1′ de latitude Sud, & par les 169ᵈ 37′ de longitude à l'Oueft. Elle a environ onze lieues de tour: fa forme
eft circulaire; fes terres font fort élevées; & la mer, près du
rivage, a beaucoup de profondeur. Toute la côte eft entièrement couverte d'arbres & d'arbuftes, entre lefquels s'élevent
quelques cocotiers; mais nous n'avons pas été à portée de
reconnoître les productions de l'intérieur. Elles ne doivent pas
être fort confidérables, à en juger par ce que nous vîmes fur
les bords: car nous n'y apperçûmes que des rochers de corail,
remplis d'arbres & d'arbuftes. On n'y voit pas un feul coin
de terre, & les arbres pompent, dans l'intérieur des rochers,
l'humidité qui leur eft néceffaire. Si ces rochers de corail ont
d'abord été formés dans la mer par les animaux, comment

ont-ils été portés à une si grande hauteur ? Cette Isle s'est-elle
élevée par un tremblement de terre ? Ou les eaux l'ont-elle
peu-à-peu laissée à sec ? Des Philosophes ont essayé d'expliquer la formation des Isles-Basses, qu'on rencontre dans
cette mer ; mais ils n'ont rien dit de ces Isles-Hautes, que j'ai
souvent eu occasion de décrire. Dans celle-ci, ce n'est pas
seulement les roches éparses qui couvrent sa surface, qui font
de pierre de corail ; mais toute la côte n'offre, aux yeux,
qu'une file solide de rochers escarpés, où le battement con-
tinuel des flots a creusé différentes cavernes très-curieuses, &
dont quelques-unes sont d'une étendue considérable. Les
voûtes de ces cavernes se trouvent soutenues, par des
colonnes auxquelles les vagues, en se brisant, ont donné les
formes les plus variées. Une de ces cavernes étoit éclairée
par le jour qu'elle recevoit d'une ouverture dans la voûte :
Dans une autre, la voûte, qui s'étoit détachée, avoit produit,
par sa chûte, une grande vallée au-dessous des rochers
adjacens.

« J'IMAGINE que l'intérieur de l'Isle, moins stérile que la
» bordure, est propre à la culture des végétaux nourrissans.
» Comme il semble que la ceinture est un banc de corail, qui
» s'est élevé du fond des eaux, je soupçonne presque qu'elle
» enferme une plaine fertile, qui étoit jadis une lagune. Les
» Insulaires ont des rapports avec ceux de Tonga-Tabboo,
» & il est probable qu'ils ont une origine commune. »

JE NE PUIS DIRE d'ailleurs que très-peu de choses des
Habitans, qui, je crois, ne sont pas nombreux : ils paroissent

Ann. 1774.
Juin.

agiles, difpos, & d'une affez belle ftature. Tous vont nuds, à l'exception d'une ceinture qu'ils portent autour des reins. Quelques-uns d'eux avoient le vifage, la poitrine & les cuiffes peints d'un bleu-foncé. Les pirogues que nous obfer-vâmes, conftruites comme celles d'Amfterdam, avoient, de plus, une efpèce de platbord, qui s'élevoit un peu de chaque côté; & les bas-reliefs, dont elles étoient décorées, an-noncent que ces Peuples ne font pas fans induftrie. L'af-pect de ces Infulaires & de leurs pirogues s'accorde affez avec la defcription que nous a donnée M. de Bougainville de l'Ifle des Navigateurs, fituée à-peu-près fous le même parallèle.

APRÈS avoir quitté l'Ifle Sauvage, nous continuâmes de gouverner à l'O. S. O., avec les vents-alizés Eft, très-favora-bles. Nous fuivîmes cette direction jufqu'au 24, au foir, que nous jugeant dans le voifinage de l'Ifle de Rotterdam, nous paffâmes la nuit à la cape, fous nos huniers. Le lendemain, dès que le jour parut, nous fîmes route à l'Oueft; & bientôt on découvrit une fuite d'Ifles qui s'étendoient du S. S. O. au N. N. O., en paffant par l'Oueft. Le vent foufflant du Nord-Eft, je portai le cap an Nord-Oueft dans le deffein de les mieux reconnoître. Mais bientôt nous dé-couvrîmes, de l'avant, une chaîne de brifans, qui pa-roiffoit s'étendre, des deux bords, à droite & à gauche, autant que la vue pouvoit porter. Comme je n'avois point d'efpérance de doubler tous ces écueils, je fus forcé de revirer de bord, & de marcher au Sud, pour chercher un paffage. A midi, l'Ifle la plus méridionale nous reftoit au S. O., à la diftance de quatre lieues. Au Nord de cette Ifle, nous eûmes

24.

25.

la vue de trois autres, liées enfemble par des brifans, qui, peut-être, rejoignent ceux que nous avions découverts le matin.

« UNE PIROGUE vint près de nous, quoique la terre la
» plus voifine fût éloignée d'une lieue; nous y vîmes deux
» hommes qui pagayerent long-tems de toutes leurs forces,
» mais qui enfin, voyant que le vaiffeau alloit plus vîte,
» virerent de bord, & s'en retournerent. Nous ne pouvions
» nous laffer d'admirer la différence qui eft entre ce Peuple
» & les Sauvages que nous venions de quitter. »

QUELQUES AUTRES ISLES furent obfervées à l'Oueft de ces quatres premieres; mais Rotterdam ne fe montroit pas encore. Nous étions, par la latitude, de 20ᵈ 23', & 174ᵈ 6' de longitude Oueft. L'après-midi, nous n'eûmes qu'une très-foible brife; de forte qu'au coucher du Soleil, l'Ifle la plus méridionale nous reftoit à l'O. N. O., à la diftance de cinq milles; & les brifans, vus dans le Sud, étoient alors au S. S. O. ½ O. Le vent, qui ne tarda pas à nous abandonner, nous laiffa à la merci d'une groffe lame de l'Eft, qui, par bon-heur, ne produifit pas beaucoup d'effet fur le vaiffeau. Au calme, qui dura jufqu'à quatre heures du matin du lendemain, fuccéda une brife du Sud. Nous apperçûmes, avec l'aube du jour, une apparence de paffage entre les Ifles au Nord & les brifans au Sud. Nous mîmes le cap à l'Oueft, & bientôt nous découvrîmes plufieurs autres Ifles au S. O. & au N. O. ; mais le paffage paroiffoit toujours ouvert & libre. A l'appro-che des Ifles, la fonde rapporta quarante-cinq & qua-rante braffes d'eau, fond de fable fin. Nous n'avions plus d'inquiétudes depuis qu'il étoit en notre pouvoir de jeter l'ancre, en cas de calme, ou pendant la nuit, si le canal n'étoit pas ouvert.

« Ces Isles, un peu plus élevées que les Isles de corail
» ordinaires, étoient couvertes de bosquets & de touffes
» d'arbres qui leur donnoient un aspect enchanteur. On
» voyoit un grand nombre de maisons, parmi les arbres,
» sur la greve ; & tout annonçoit la richesse & le bonheur.
» A son extrémité orientale, nous apperçûmes un rocher
» blanc perpendiculaire, revêtu de quelque chose qui res-
» sembloit à une couche horizontale. Du point où nous
» étions, on l'eût pris pour le bastion d'un fort ruiné ; & ,
» comme des bois & des palmiers en festonoient les bords,
» il offroit un coup-d'œil très-pittoresque. »

Vers midi, on vit arriver, d'une des Isles, quelques pirogues, montées chacune par deux ou trois personnes. Elles s'avancerent hardiment aux côtés du vaisseau ; elles avoient, à bord, des fruits & du poisson, qu'elles échange-rent pour de petits clous.

« Avant les échanges, nous leur offrîmes des grains
» de verre & des clous, & à l'instant ils nous envoyerent
» des bananes & d'excellentes pimplemouses, (citrus
» decumanus), & des fruits rouges du Pandang, (athro
» dactylis).

» Ces Indiens nous apprirent les noms de toutes les Isles
» des environs. Ils appellent Terrefethéa celle qui a la pointe

» de rocher élevée, & Tonooméa l'autre que nous admi-
» rions tant pour sa beauté, & Mangonoë la grande &
» Mangonoë la petite, deux Isles qui étoient à l'Ouest. »

Ann. 1774. Juin.

ILS NOUS MONTRERENT aussi Anamocka & Rotterdam; c'est un avantage que nous dûmes à la connoissance des noms propres: ils nous inviterent à nous rendre dans la leur, qu'ils appellent Cornango. La brise commençant à fraîchir, nous les laissâmes parderriere, & je gouvernai sur Anamocka. Nous ne rencontrâmes aucun obstacle dans le passage; seulement les sondes y furent très-irrégulieres, depuis quarante jusqu'à neuf brasses de profondeur: la proximité où nous étions des Isles, qui forment ce canal, causa, sans doute, cette différence.

COMME nous approchions de la côte méridionale de Rotterdam, une foule de pirogues vinrent à notre rencontre des différentes Isles voisines: elles étoient toutes chargées de fruits, de racines & de cochons. Mais, ne jugeant pas à propos de diminuer de voile, il se fit peu d'échanges. Une de ces pirogues me demanda par mon nom; preuve que ces Insulaires commercent avec ceux d'Amsterdam. Ils nous presserent beaucoup de relâcher sur leur côte, en nous faisant entendre que nous y trouverions un excellent mouillage. Cette côte, qui est la bande du S. O. de l'Isle, paroît être à l'abri des vents & du S. du S. E.; mais le jour étoit déjà trop avancé, & je pouvois d'autant moins faire voile vers le rivage, qu'il auroit d'abord fallu envoyer un bateau pour le reconnoître. Je m'approchai donc de la bande du Nord, où

je mouillai à la diſtance de trois quarts de milles de la greve ;
les deux pointes de l'Iſle reſtant du S. 88ᵈ Eſt au S. O.,
& une anſe, au fond de laquelle étoit une plage ſablonneuſe
au Sud 50ᵈ Eſt.

Ann. 1774.
Juin.

« La côte s'élevoit perpendiculairement de quinze à
» vingt pieds ; enſuite elle paroiſſoit preſque plate : on ne
» voyoit qu'un ſeul moindrain près du milieu : elle reſſem-
» bloit à celle de l'Iſle Sauvage ; mais les bois paroiſſoient
» plus abondans & plus fertiles. Une quantité innombrable
» de cocotiers ornoient cette Terre de toutes parts. »

CHAPITRE II.

Pl. 3

VUE DE L'ISLE DE ROTTERDAM.

CHAPITRE II.

Réception à Anamocka; Vol commis, & ses suites: divers Incidens. Départ de l'Isle. Description d'une Pirogue à voile. Observations sur la Navigation de ces Insulaires. Description de l'Isle, & de celles qui sont dans les environs, avec des détails sur les Habitans, & quelques Observations nautiques.

LE VAISSEAU étoit à peine assuré sur ses ancres, que nous vîmes arriver des pirogues de toutes les parties de l'Isle: elles apportoient des ignames & du poisson, qu'elles échangerent pour de petits clous & de vieux morceaux d'étoffe. Un de ces Indiens se saisit de la sonde; &, malgré toutes les menaces que je pus lui faire, il eut la hardiesse de couper la ligne. « On tira dans sa pirogue un coup de
» mousquet chargé à balle, & il se retira tranquillement
» de l'autre côté du vaisseau : on lui redemanda le plomb
» une seconde fois, mais en vain. On lui tira dessus à grain;
» &, quand il se sentit blessé, il rama à l'avant du vaisseau;
» où pendoit une corde, à laquelle il attacha la sonde. Ses
» Compatriotes, non-contens de cette restitution, le chas-
» serent de sa pirogue, & le contraignirent de s'enfuir à

Tome III. C

ANN. 1774.
Juin.

27.

» terre à la nage. Parmi différentes chofes qu'ils nous
» vendirent, il y avoit des poules d'eau, couleur de
» pourpre, en vie; un très-beau *Sparus* tout apprêté, &
» fervi fur des feuilles & une racine bouillie qui enfermoit
» une poulpe très-nourriflante, auffi douce que fi elle avoit
» été cuite dans du fucre. D'après tout ce que nous voyions,
» nous croyions être à l'Ifle d'Amfterdam : comme cette
» Ifle eft à peu de diftance de Namoka, ces Infulaires
» avoient probablement appris notre arrivée à Tonga-
» Tabboo, au mois d'Octobre 1773. »

Dès le matin, je m'embarquai avec M. Gilbert, dans le
deffein de reconnoître un lieu commode pour l'Aiguade.
Nous defcendîmes dans la petite anfe dont j'ai parlé, & les
Infulaires nous reçurent avec les marques de la plus vive
joie. Leur ayant diftribué quelques préfens, je m'informai
de l'endroit où nous pourrions faire de l'eau, & on me
conduifit au même étang qu'a décrit Tafman, & dont l'eau
étoit faumâtre. Dans cet intervalle, nos Gens avoient chargé
la chaloupe de fruits & de racines que les Naturels avoient
apportés & échangés pour des clous & des grains de raffade.
A mon retour à bord, je trouvai le même commerce établi.

« ENTR'AUTRES MARQUES d'hofpitalité qu'on donna à
» M. Cook, une des plus belles femmes de l'Ifle lui fit une offre
» qu'il n'accepta pas. On défendit aux perfonnes infectées ou
» guéries depuis peu de la maladie vénérienne d'aller à
» terre, & on défendit auffi d'admettre aucune femme dans
» le vaiffeau. Un grand nombre d'Indiennes, qui vinrent fur
» plufieurs pirogues, fembloient fort empreffées de faire

» connoiffance avec les Matelots; mais, après avoir pagayé
» quelque tems autour du vaiffeau, comme on ne voulut
» pas les recevoir, elles s'en retournerent très-mécontentes. »

APRÈS DÉJEUNER, je retournai à terre avec plufieurs perfonnes de l'équipage, & j'ordonnai au fecond bateau de nous
fuivre avec les pièces à l'eau, pour les remplir. Les Indiens
nous aiderent à conduire ces futailles à l'Aiguade, & à les
ramener au bateau. Un clou & un grain de raffade étoient
le prix de ce petit fervice : ils nous apporterent des fruits
& des racines en fi grande abondance, que la chaloupe &
le premier bateau en furent chargés deux fois avant midi,
tandis que le fecond bateau remplit tous les tonneaux.

« LES BANANES & les noix de cocos étoient rares en pro-
» portion des pimplemoufes & des ignames que nous ache-
» tâmes : le fruit à pain étoit encore plus rare, quoique les
» arbres qui portent ces trois efpèces fuffent très-nombreux.
» Les hommes n'avoient pour vêtement qu'une petite cein-
» ture autour des reins; quelques-uns cependant, ainfi
» que la plupart des femmes, portoient une étoffe d'écorce
» très-roide, ou des nattes qui leur defcendoient du bas du
» dos à la cheville du pied.

» LES CRIS de tous ceux qui avoient quelque chofe à
» vendre, devinrent fi forts à notre débarquement fur la
» côte, que nous nous hâtâmes de pénétrer dans l'intérieur
» du pays, dont l'afpect étoit très-attrayant : des plantes
» variées étoient répandues fur le terrain avec profufion,
» & les plantations de toute efpèce faifoient de cette Ifle

C 2

» un charmant jardin: les haies, qui arrêtoient notre
» vue à Tonga-Tabboo, beaucoup moins fréquentes ici,
» n'enfermoient qu'un côté du sentier, & laissoient l'autre
» découvert à l'œil. Le terrain, qui n'étoit pas parfaite-
» ment de niveau, s'élevoit en plusieurs petits mon-
» drains, environnés de haies & de buissons, formant
» une très-agréable perspective. Le chemin, que nous sui-
» vîmes, passoit quelquefois sous de longues allées d'arbres
» élevés, plantés à des distances considérables les uns des
» autres, & dans l'intervalle, la plus riche verdure tapissoit
» le terrain : d'autres fois, un berceau touffu d'arbustes
» odorans se prolongeoit sur nos têtes & nous cachoit entiè-
» rement le soleil : on appercevoit çà & là un mélange
» de plantations & de terres en friche. Les maisons des
» Naturels étoient d'une forme singuliere ; elles avoient
» à peine huit ou neuf pieds de haut ; les parois, propre-
» ment faits de roseaux, qui loin d'être perpendiculaires,
» convergeoient beaucoup vers le fond, ne s'élevoient pas à
» plus de trois ou quatre pieds du terrain : le toit formoit un
» faîte au sommet ; de sorte que le corps de la maison res-
» sembloit à un pentagone : elle étoit couverte de bran-
» chages, & le toit se projetoit au-delà des parois penchés
» de la maison. Dans un des longs côtés, il y avoit, à dix-
» huit pouces de terre, une ouverture d'environ deux
» pieds en quarré, qui tenoit lieu de porte. La longueur
» de l'habitation ne surpassoit jamais trente pieds, & la lar-
» geur étoit communément de huit ou neuf. De grosses
» racines d'igname, qui semblent être la principale nour-
» riture des Insulaires, remplissoient toujours l'intérieur ;
» le coucher doit être assez dur, & cependant pour dormir

» la nuit, ils se contentent d'étendre quelques nattes par-
» deſſus. Ces petites ſelles ſur leſquelles les Taïtiens
» appuient leurs têtes, ſont très-communes ici; & elles
» ſervent au même uſage. Nous obſervâmes auſſi pluſieurs
» hangards ouverts, ſoutenus par des poteaux, pareils à
» ceux que nous avions vus à Tonga-Tabboo. Ceux-ci
» étoient planchayés de nattes, & nous les crûmes deſtinés
» à être occupés pendant le jour.

» DANS notre courſe, nous paſsâmes à côté d'un grand
» nombre de ces habitations ; mais nous vîmes peu d'Habi-
» tans : la plupart étoient à notre marché. Tous ceux que
» nous rencontrâmes, nous traiterent poliment ; ils incli-
» noient leurs têtes, diſant *Leleï* (bon), *W'oa* (ami), ou
» ils employoient d'autres expreſſions qui annonçoient leur
» bon caractere & leurs diſpoſitions amicales à notre égard.
» Ils nous ſervoient de guides ; ils alloient nous cueillir des
» fleurs au haut des plus grands arbres, & nous chercher
» des oiſeaux au milieu des ondes : ils nous montroient ſou-
» vent les plus belles plantes, dont ils nous apprenoient
» les noms. Si nous leur en faiſions voir une dont nous
» voulions emporter des échantillons, ils couroient en
» chercher fort loin : ils nous offroient avec empreſſement
» des noix de cocos & des pimplemouſes, & ils portoient
» avec joie de gros fardeaux pour nous : un clou, un grain
» de raſſade, ou un mauvais morceau d'étoffe leur paroiſ-
» ſoient une récompenſe précieuſe : en un mot, dans
» toutes les occaſions, ils étoient diſpoſés à nous obliger.

» DURANT notre promenade, nous atteignîmes un grand

» lac ou lagune d'eau falée à l'extrémité feptentrionale
» de l'Ifle : ce lac, qui, en un endroit, n'étoit féparé de la
» mer que de peu de verges, avoit environ trois milles de
» long & un de large ; trois petites Ifles, remplies d'arbres
» difpofés d'une manière pittorefque, ornoient cette belle
» pièce d'eau, dont les bords attiroient fans ceffe les regards.
» Le payfage réfléchi fur les ondes accroiffoit encore les
» délices de cette fcène ; nous en jouîmes tout à loifir du
» haut d'une éminence, où des arbres élevés & des arbuftes
» épais nous mettoient à l'abri du foleil.

» JE N'AVOIS POINT VU d'Ifles qui offrît une auffi grande
» variété de Sites dans un fi petit efpace, & nous n'avons
» trouvé nulle part autant de jolies fleurs : leur doux par-
» fum embaumoit l'air ; le lac étoit rempli de canards
» fauvages, & les bois & les côtes abondoient en pigeons,
» perroquets, râles & petits oifeaux : les Naturels nous en
» vendirent plufieurs.

» CEUX qui étoient reftés à bord, avoient acheté beau-
» coup de provifions ; toute la poupe étoit chargée de pim-
» plemoufes d'une excellente faveur, & d'une fi prodigieufe
» quantité d'ignames, que nous en mangeâmes chaque jour,
» durant plufieurs femaines, en place de bifcuit. Quel-
» ques Indiens, qui étoient venus des Ifles voifines fur de
» grandes doubles pirogues, avoient auffi vendu des armes
» & des uftenfiles. »

NOUS ÉTIONS TOUS de retour à bord, à l'exception du Chirurgien, que le Jufant ne nous permit point d'attendre.

Comme les bateaux n'entrent dans l'anse qu'au demi-flot, passé trois heures de l'Ebe, nous ne pûmes faire de l'eau dans l'après-midi. Néanmoins, près de la pointe méridionale de l'Isle, il y a un débarquement où les bateaux abordent pendant tout le tems de la marée. Quelques personnes de l'équipage allerent y descendre après le dîné, & ils y trouverent le Chirurgien, à qui on avoit volé son fusil.

« Ayant engagé un Naturel à le suivre, pour quelques
» grains de rassade, il erra sans crainte sur une grande partie
» de l'Isle. Après avoir fait une bonne chasse, il pensa à
» revenir à l'anse sablonneuse, & l'Insulaire lui rapportoit
» onze canards. Il trouva les chaloupes parties, & il fut un
» peu déconcerté : une foule nombreuse le pressa de toutes
» parts; il se rendit, comme il put, sur la côte de roches,
» en travers du vaisseau, d'où nous l'apperçûmes pendant
» le dîné. Chemin faisant, l'homme qui étoit chargé des
» canards, en laissoit tomber à dessein quelques-uns ; mais
» M. Patten se retournoit pour les ramasser ; les Indiens
» l'entourant alors de plus près, le menacerent de piques
» dentelées, & il n'y eut que la crainte du fusil qui leur en
» imposa. Plusieurs femmes, assises près des hommes, s'effor-
» çoient, par mille gestes lascifs, & par mille postures
» déshonnêtes, de détourner son attention ; mais sa situation
» étoit trop critique pour se laisser ainsi séduire. Quelque
» tems après, une pirogue arriva du vaisseau, & M. Patten
» promit un clou au Propriétaire de ce bâtiment, s'il vouloit
» le conduire à bord de la Résolution. Le marché se conclut,
» & au moment où il entroit sur le canot, les Naturels

» lui arrachèrent son fusil, lui prirent tous ses canards,
» excepté trois, l'empêchèrent de partir, & même ren-
» voyèrent la pirogue : fort effrayé, il résolut de se rendre
» une seconde fois au sommet du rocher où il croyoit qu'il
» seroit vu plus aisément du vaisseau. L'audace des In-
» diens s'accroissant à chaque instant, ils le dépouillèrent.
» Il se laissa tranquillement enlever sa cravatte & son
» mouchoir ; mais, voyant qu'ils saisissoient ses habits avec
» violence, & qu'ils lui faisoient des gestes très-menaçans,
» il désespéra de sa vie. Au milieu de cette inquiétude, &
» de cet embarras, il chercha dans toutes ses poches un
» couteau, ou un autre instrument avec lequel il pût du
» moins se défendre, ou se venger en mourant. Il n'avoit
» qu'un mauvais étui de cure-dents : il l'ouvrit, & il le pré-
» senta avec assurance à ces brigands, qui, voyant qu'il
» étoit creux, reculèrent de deux ou trois pas ; il continua
» à les intimider avec cette arme formidable ; ces misérables
» tenoient cependant toujours leurs piques levées contre
» lui. Comme le soleil dardoit ses rayons sur sa tête, &
» qu'il avoit marché tout le jour, il étoit épuisé de fatigue,
» & il alloit succomber à son accablement, lorsqu'une jeune
» femme, très-belle, remarquable par de longs cheveux,
» qui flottoient en boucles sur son sein, eut pitié de lui :
» elle s'avança hardiment du milieu de la foule ; l'huma-
» nité & la compassion étoient peintes dans ses yeux ; son
» visage annonçoit tellement l'innocence & la bonté, qu'il
» fut impossible à M. Patten de se défier d'elle ; elle lui
» offrit un morceau de pimplemousse, qu'il accepta avec
» empressement & avec beaucoup de reconnoissance ; &
» quand il eut mangé ce premier morceau, elle lui en
» donna

» donna d'autres. Enfin deux chaloupes, qui fe détacherent
» du vaiffeau, difperferent toute la foule. La généreufe
» Indienne & un vieillard, qui étoit fon pere, refterent affis
» près du Chirurgien, avec la tranquillité qu'infpire une
» conduite noble & vertueufe. Elle demanda le nom de
» fon ami; il lui dit celui que les Taïtiens lui avoient donné,
» Patéenée. Elle l'adopta fur-le-champ, en le changeant
» en Patféenée. »

Après le départ des canots, il prit une pirogue pour fe faire conduire à bord; & au moment qu'il y entroit, un Indien lui arracha fon fufil. D'après ce rapport, j'allai defcendre dans ce même lieu. A mon approche, quelques Infulaires fe retirerent en hâte. Etant à terre, je cherchai mes Officiers, & je les trouvai fur les bords de l'anfe, avec un grand nombre d'Indiens. On n'avoit fait aucune démarche pour recouvrer le moufquet; je crus auffi devoir diffimuler, & en cela j'eus réellement tort. La facilité qu'ils avoient eue de fe faifir de cette arme, qu'ils croyoient bien fûrement en leur poffeffion, les encouragea à de nouvelles tentatives. L'alarme que ce vol avoit répandue s'étant diffipée, les Infulaires apporterent affez de provifions pour nous mettre en état de retourner à bord avant la nuit, avec nos bateaux bien chargés.

« L'APRÈS-MIDI, mon Pere, avec un Matelot, parcourut
» une partie confidérable de l'Ifle, fans avoir à fe plaindre
» des habitans, & il rapporta de nouvelles plantes à bord.

» LES NATURELS firent, ce jour, d'autres petits vols: ils

Tome III.   D

» ne paroiſſoient pas moins filoux que les Inſulaires de
» Tonga-Tabboo & des Iſles de la Société. »

28. LE MATIN, du 28, de très-bonne heure, le ſecond bateau aux ordres du Lieutenant Clerke & du Maître, débarqua pour faire de l'eau. Je voulois les ſuivre dans ma
chaloupe, & malheureuſement je différai mon départ juſqu'après le déjeûner. Le bateau étoit à peine à terre, que
les Inſulaires, qui s'étoient aſſemblés, ſe conduiſirent avec
ſi peu de ménagement, que l'Officier ne ſavoit trop s'il
devoit deſcendre les pièces à l'eau ; mais, comptant ſur
mon arrivée, il s'y haſarda. Ce ne fut pas ſans beaucoup
de rumeur, qu'on parvint à les remplir, & à les charger.
Pendant ce travail, les Indiens ôterent au Lieutenant ſon
fuſil, & l'emporterent ; ils prirent auſſi quelques outils du
tonnelier, & enleverent aux autres ce qui ſe trouva ſous leurs
mains. Ils commirent tous ces vols furtivement, & ſans employer la force ouverte. Je débarquai au moment que ce
bateau alloit retourner à bord. Les Naturels, en grand
nombre ſur la plage, me voyant arriver, prirent la fuite. Je
ſoupçonnai une partie de ce qui étoit arrivé. Cependant j'en
engageai pluſieurs à demeurer, & mon Lieutenant m'informa de toutes les circonſtances précédentes. Je réſolus
auſſi-tôt de les forcer à la reſtitution. Dans ce deſſein, je
donnai ordre de faire débarquer tous les ſoldats de marine armés, & de tirer du Vaiſſeau deux ou trois coups
de canon, pour avertir M. Forſter, qui ſe trouvoit dans la
contrée avec pluſieurs autres perſonnes ; car je ne ſavois pas
comment les Inſulaires ſe conduiroient dans cette occaſion.
Je renvoyai enſuite tous les bateaux, & je ne gardai que la

chaloupe ; avec laquelle je reſtai au milieu d'un grand nombre d'Habitans, qui montroient, à mon égard, les diſpoſitions les plus favorables. Je les perſuadai ſi bien de mon intention, que long-tems avant l'arrivée des ſoldats de marine, on avoit rapporté le fuſil de M. Clerke; mais ils me firent pluſieurs inſtances pour que je n'inſiſtaſſe pas ſur le reſte. L'arrivée de M. Edgcumbe avec les ſoldats de marine cauſa, aux Inſulaires qui étoient préſens, une crainte ſi vive, que quelques-uns s'enfuirent. Je fis d'abord ſaiſir deux grandes doubles pirogues qui étoient dans l'anſe. Un Indien voulut réſiſter, je tirai ſur lui à dragées, & je l'obligeai à ſe retirer en boîtant. Les Inſulaires, alors convaincus que l'affaire étoit ſérieuſe, prirent tous la fuite. Je les rappellai, & pluſieurs revinrent avec confiance. Cet acte de ſévérité eut tout l'effet que j'en attendois. Le ſecond mouſquet fut inceſſamment rendu. J'ordonnai à l'inſtant qu'on relâchât les pirogues, afin de leur apprendre par quels motifs on les avoit arrêtées. Le reſte de ce qu'ils avoient volé étant d'une mince valeur, je ne pouſſai pas plus loin les recherches. Dans cet intervalle, le ſecond bateau étoit revenu à l'Aiguade, & nous remplîmes nos futailles, ſans que les Indiens oſaſſent s'en approcher, à l'exception d'un ſeul, qui, dans tout ceci, avoit hautement déſapprouvé la conduite des autres.

En revenant de l'Aiguade, je trouvai beaucoup d'Indiens raſſemblés près de l'anſe ; ce qui fit conjecturer à quelques-uns de mes Officiers, que l'homme à qui j'avois tiré un coup de fuſil étoit mort ou mourant. Cette conjecture me paroiſſoit très-peu vraiſemblable. Je m'adreſſai à un

Naturel, qui fembloit jouir d'une certaine confidération ; pour nous faire rendre l'herminette du tonnelier , perdue dans la matinée. Auffi-tôt il détacha deux hommes , & je crus que c'étoit pour nous la rapporter: mais je reconnus que nous ne nous étions pas entendus ; car, au lieu de l'hermi-nette , on me préfenta l'homme que j'avois bleffé , & qu'ils avoient couché fur une planche. Le voyant étendu à mes pieds , avec toutes les apparences de la mort , je fus ému de ce trifte fpectacle: j'obfervai cependant bientôt qu'il n'avoit de bleffures qu'à la main & à la cuiffe. J'envoyai chercher le Chirurgien pour vifiter fes plaies & y appliquer un remède convenable. Enfuite je parlai à différens Infulaires de l'her-minette, car j'étois réfolu de me la faire rendre. Je queftionnai en particulier une vieille Indienne, qui , depuis mon premier débarquement , avoit toujours eu beaucoup de chofes à me dire ; mais, dans cette occafion, elle donna une libre carriere à la volubilité de fa langue. Toute fon éloquence étoit prefque en pure perte : je compris feulement de fa leçon , que je ne devois pas infifter fur la reftitution d'une chofe de peu de valeur. S'appercevant que j'y étois déterminé , elle fe retira avec trois ou quatre autres femmes , & , l'inftant d'après , l'herminette me fut rapportée, mais la vieille ne reparut plus. J'en fus fâché; je voulois la remercier par un préfent , de l'intérêt qu'elle avoit pris dans toutes nos affaires, particulieres & publiques. La premiere fois que j'étois venu à terre , pour reconnoître l'Aiguade , cette vieille m'avoit préfenté une fille , en me faifant entendre qu'elle étoit à mon fervice. La jeune Miff, qui avoit probablement reçu fes inftructions, exigeoit , pour préliminaire , un grand clou , ou une chemife. Je lui dis, par fignes , que je n'avois rien à

lui donner, efpérant par-là m'en débarraffer ; mais je me
trompois fort, & la vieille m'affura que je pouvois difpofer
de la jeune perfonne, & remettre à une autrefois ma reconnoiffance. Sur mon refus la vieille s'emporta, & fe mit
à me quereller. Je comprenois peu fes difcours ; mais fes
geftes avoient une expreffion, qui annonçoit affez le fens de
fes paroles. Elle me difoit, avec un ris moqueur ; quelle
efpèce d'homme êtes vous, de rejetter ainfi les careffes d'une
fi jolie fille ? Il eft vrai que la jeune perfonne étoit d'une
grande beauté ; cependant j'aurois mieux réfifté à fes charmes, qu'aux injures de la vieille ; & je me hâtai de rentrer
dans la chaloupe. La vieille me preffoit encore de prendre
la jeune fille à bord : mais cela étoit d'autant moins poffible
qu'avant de quitter le vaiffeau, j'avois expreffément défendu
de n'y recevoir aucune femme, fous quelque prétexte que
ce pût être, & cela pour des raifons que j'aurai bientôt
occafion d'expofer.

AUSSI-TÔT que le Chirurgien fut à terre, il vifita & panfa
les plaies de l'Indien, à qui il fit une faignée ; mais, ayant
demandé des figues bananes, bien mûres, pour les faire
fervir de cataplafme, au-lieu de ces fruits, ils lui apporterent
des cannes de fucre, dont ils tirerent la pulpe, qu'ils lui pré-
fenterent pour l'appliquer fur les plaies. Cette plante eft
plus balfamique que la banane ; & cela même femble fuppofer que ces Infulaires ont quelque connoiffance des
fimples.

« ON LEUR DONNA une bouteille d'eau-de-vie, en leur
» recommandant d'en layer la plaie, qui n'étoit pas dange-

» reufe; mais comme l'Indien avoit été tiré à neuf ou dix
» verges, les chairs étoient très-froiffées, & il fouffroit de
» grandes douleurs. »

Je fis ensuite un préfent au bleffé, que fon Maître, ou
du moins celui qui réclamoit la pirogue, prit probablement
pour lui. Dès que l'affaire fut arrangée, en apparence, à la
fatisfaction de tout le monde, nous retournâmes dîner à
bord, où, trouvant une quantité confidérable de fruits &
de racines, j'ordonnai qu'on fe tînt prêt à mettre à la voile.

« Durant le tumulte dont on vient de parler, nous
» faifions des recherches d'Hiftoire Naturelle : nous décou-
» vrîmes d'abord une très-belle efpèce de lys, (*Crinum*
» *Afiaticum*) & plufieurs autres plantes non moins pré-
» cieufes. Nous arrivâmes à l'Aiguade, qui étoit un étang
» de cent à cent cinquante verges de long & de cinquante
» de large ; il contenoit une eau ftagnante un peu faumâtre ;
» peut-être avoit-il quelque communication fouterraine
» avec la lagune falée, que nous atteignîmes bientôt, & où
» nous herborifâmes, parmi les mangliers qui l'environ-
» noient. Ces arbres occupent un grand efpace, & l'âge
» entrelace, de plus en plus, leurs branches. Leurs femen-
» ces ne tombent pas, mais pouffent des rejettons, du fom-
» met de la tige, jufqu'à ce qu'ils touchent la terre,
» où ils prennent racine, & jettent de nouveaux ra-
» meaux. En quittant le lac, nous traverfâmes une planta-
» tion, où les Naturels nous faluerent très-amicalement &
» nous invitèrent à nous affeoir au milieu d'eux. Comme
» nous ne voulions pas perdre notre tems, nous les quit-

» tâmes, tout de fuite, pour retourner à l'étang d'eau
» douce. Comme nous chaffions aux canards fauvages ,
» M. Gilbert, le Maître, vint nous avertir de la malheureufe
» difpute furvenue, & de tous les coups de canon & de
» fufil qu'on avoit tirés : nous en avions entendu quelques-
» uns, mais nous crûmes que c'étoient nos Meffieurs qui
» chaffoient.

» ARRIVÉS auprès du Capitaine & du détachement rangé
» fous les armes, nous ne pûmes nous empêcher d'admirer
» la conftance & la tranquillité de plufieurs Naturels , qui,
» malgré les menaces des Soldats, ne prenoient point la
» fuite. Comme, dans cette miférable querelle, la plupart
» des Indiens étoient innocens, ils paroiffoient affligés de fe
» voir traités fi cruellement.

» JE DOIS DIRE qu'ils firent tout ce qu'ils purent pour
» regagner nos bonnes graces : après avoir rendu le fufil &
» la hache, une femme, d'un moyen âge, qui fembloit
» jouir de beaucoup d'autorité, dépêcha, dans l'intérieur du
» pays, quelques-uns de fes Gens, qui rapporterent la gibe-
» ciere & le fufil de M. Patten.

» D'AUTRES FEMMES, qui affifterent au panfement de leur
» Compatriote bleffé, paroiffoient fort empreffées de réta-
» blir la paix, & leurs timides regards nous reprochoient
» notre fuperbe & violente conduite. Elles s'affirent fur un
» joli gazon, & formant un grouppe de plus de cinquante,
» elles nous inviterent à nous placer à leurs côtés: chacune
» d'elles avoit des pimplemoufes , & elles nous en donne-

» rent de petits morceaux, en nous prodiguant toutes les
» marques poſſibles de tendreſſe & d'affection. L'Amie de
» M. Patten fut une des plus careſſantes ; e'le occupoit un
» des premiers rangs parmi les beautés de l'Iſle ; ſa taille
» avoit de la grace & ſes formes de la proportion : ſes
» traits, parfaitement réguliers, étoient pleins de douceur
» & de charmes ; ſes grands yeux noirs étinceloient de
» feu ; ſon teint étoit plus blanc que celui du bas-Peuple, &
» elle portoit une étoffe brune, qui lui ſerroit le corps au-
» deſſus de la gorge, mais qui s'élargiſſoit enſuite par en
» bas : ce vêtement lui alloit peut-être mieux que la robe
» Européenne la plus élégante.

    » J'AJOUTERAI que ce Peuple a ſi peu de reſſentiment,
» que, malgré les plaintes qu'il avoit lieu de faire contre
» nous, il ne ceſſa pas de nous vendre des rafraîchiſſemens
» à terre & aux environs du vaiſſeau. Ils deſiroient beaucoup
» de ſe procurer nos marchandiſes & nos curioſités : ils
» étoient charmés, en particulier, des jeunes chiens que
» nous avions embarqués aux Iſles de la Société, pour en
» répandre la race ſur celles-ci, qui ne les connoiſſent point.
» Nous en laiſsâmes deux couples à Anamocka, & les Natu-
» rels nous promirent d'en prendre un ſoin particulier. »

    JE FUS ENSUITE INFORMÉ d'une circonſtance qu'on avoit
obſervée à bord. Les pirogues qui ſe trouvoient autour
du vaiſſeau au moment où les canons firent feu, s'étoient
toutes retirées, à l'exception d'une ſeule, dont le Maître
s'occupoit à en vider l'eau. Au premier coup, il regarda la
pièce d'artillerie, &, ſans ſe déconcerter, il reſta préciſément

ſous

fous la bouche, & continua fon ouvrage. Le fecond coup ne
fit pas plus d'effet fur cet intrépide Indien ; & ce ne fut qu'a-
près avoir vidé l'eau de fa pirogue, qu'il fe retira fans montrer de frayeur. On avoit fouvent vu ce même Indien faifir
des fruits & des racines dans les autres pirogues, & nous les
vendre ; & fi les Propriétaires faifoient quelque difficulté de
les lui laiffer prendre, il les emportoit de force : voilà pourquoi les Gens du vaiffeau le nommerent le Commis de la
Douane : un jour qu'il avoit levé cette efpèce de tribut, il fe
trouvoit à côté d'une pirogue à voile : un de ceux qui mon-
toient cette derniere, s'appercevant qu'il regardoit d'un
autre côté, faifit cette occafion de lui enlever quelque chofe
de fa pirogue, & partit en même-tems à la voile. L'Indien
s'apperçut du tour qu'on venoit de lui jouer, & pourfuivit
cette pirogue ; après l'avoir atteinte, il battit bien le voleur,
& reprit, non-feulement ce qu'on lui avoit dérobé, mais il
s'empara de plufieurs autres articles. Nous remarquâmes que
ce même Infulaire levoit une efpèce de dîme dans le marché
qui fe tenoit au rivage. Le prenant un jour dans ce marché,
pour un homme de conféquence, j'allois lui faire quelque
préfent, lorfque j'en fus empêché par un Indien, qui me dit
que cet homme n'étoit point *Aréeké*, c'eft-à-dire Chef. Il
avoit toujours les cheveux poudrés d'une efpèce de poudre
blanche.

ANN. 1774.
Juin.

LE CALME ne nous permettant pas de partir cet après-
midi, plufieurs perfonnes de l'équipage me fuivirent à terre.
Les Infulaires fe montrerent fi affables & fi obligeans, que,
fi nous euffions fait dans cette Ifle un plus long féjour, probablement nous n'aurions pas eu à nous plaindre davantage

Tome III. E

de leur conduite. Tandis que j'étois sur le rivage, j'appris les noms de vingt Isles, situées entre le N. O. & le N. E., & dont quelques-unes étoient en vue. Deux de celles qui sont le plus à l'Ouest, savoir, Amattafoa & Oghao, sont remarquables par la grande élévation de leurs terres. Nous conjecturâmes qu'il y avoit un volcan dans Amattafoa *(a)*, la plus occidentale des deux; & cela, par les colonnes de fumées que nous voyions continuellement s'élever du milieu. Au Nord de celles-ci, nous en apperçûmes treize autres.

« Nous traversames, de notre côté, des champs &
» des grouppes d'arbrisseaux, & nous y recueillîmes des
» plantes précieuses. J'achetai différentes armes, des mas-
» sues, des piques, & quelques meubles; savoir, de petites
» selles, de grands plats ou vases de bois, & des pots de terre,
» qui sembloient servir depuis long-tems. La quantité nom-
» breuse d'armes qu'on trouve chez eux, paroît démentir la
» bonté de leur naturel & de leur caractère; mais peut-être
» que, sans se battre entr'eux, ils ont souvent des disputes
» avec leurs voisins, comme les Insulaires de Taïti & des
» Isles de la Société. Ce qui me feroit croire qu'ils ne les
» mettent pas souvent en usage, c'est qu'ils passent un tems
» infini à les orner de sculptures. »

29.   Le 29, au point du jour, nous étions sous voile, &,

_____

(a) Les Naturels du Pays l'appellent *Tofooa-Ama*, ou *Kama*, signifie probablement *Montagne*.

profitant d'une légere brise de l'Oueft; nous mîmes le cap au
Nord, pour reconnoître les deux Hautes-Ifles; mais bientôt
les vents nous refuferent, & nous porterent entre plufieurs
petites Ifles rafes & bas-fonds: de forte qu'il nous fallut ferrer le vent pour fortir de ce parage. Cette manœuvre donna
le tems à quantité de pirogues, de ces différentes Ifles, de
joindre le vaiffeau. Elles avoient, à leur bord, des fruits, des
racines & quelques poules: les Indiens échangerent ces
provifions pour de petits clous & des pièces d'étoffes de
toute efpèce. Je crois que ces pirogues, avant de fe retirer, acheverent de dépouiller la plupart des Gens de
l'équipage du petit nombre de pièces d'étoffe que les femmes de Taïti leur avoient laiffées. Après être fortis de ces
bas-fonds, nous courûmes un bord au Sud, & nous nous
trouvâmes un peu au vent de la pointe méridionale d'Anamocka; &, de cette maniere, notre journée fut prefqu'entièrement perdue. Nous paffâmes ici la nuit à faire de petites
bordées dans l'efpace que nous avions reconnu le jour
précédent.

Le 30, dès la pointe du jour, nous dirigeâmes notre route
fur Amattafoa, avec une jolie brife de l'O. S. O. Le Soleil avoit
à peine éclairé l'horizon, que des pirogues arriverent, autour
du vaiffeau, de toutes parts. Il fe fit autant, & même plus
d'échanges, que la veille; car j'achetai, d'une pirogue, deux
cochons, très-rares dans ces cantons. Vers les quatre heures
de l'après-midi, nous étions près d'Amattafoa, & nous pafsâmes entre cette Ifle & Oghao. Le canal, qui les fépare, eft
d'environ deux milles de largeur: on n'y trouve point de
fond, & la navigation y eft fûre. Dans ce paffage, nous

30.

E 2

ANN. 1774.
Juin.

eûmes très-peu de vent & des calmes. Une grande double pirogue, qui alloit à la voile, & plusieurs autres à rames, qui nous avoient suivi tout le jour, joignirent le vaisseau.

J'EUS ALORS OCCASION de vérifier une chose qui me paroissoit un peu douteuse, c'étoit de savoir si quelques pirogues ne reviroient pas de bord, en changeant seulement leur voile de côté, & si elles ne continuoient pas leur route, ayant, de l'avant, le bout qui se trouvoit de l'arriere. Cette manœuvre, que nous avions présumée, s'exécuta alors sous nos yeux. La voile de ces pirogues, d'une forme triangulaire, est étendue ou enverguée sur deux perches, dont la supérieure est une vergue latine, & l'inférieure fait la fonction du gui ou baume dans les voiles auriques. La vergue est suspendue au mât, presque par le milieu. Quand ceux qui les montent veulent changer de bordée, ils font arriver la pirogue vent devant, lâchent doucement l'écoute, & portent le pied ou tenon de la vergue, ainsi que l'écoute, de l'autre côté de la pirogue, aux deux bouts de laquelle on a pratiqué des entailles ou mortaises où ils fixent le tenon de la vergue. On peut dire que leur maniere de manœuvrer, est assez semblable à celle qu'a décrite M. Walter, en parlant des pirogues des Isles Marianes (a). S'ils veulent aller vent largue, ou serrer le vent, ils détachent le tenon de la vergue de la mortaise, & braffent quarré. Il faut observer que toutes leurs pirogues ne sont point gréées pour manœuvrer de la même maniere. Quelques-unes, & celles-ci sont les plus grandes, sont gréées pour revirer de bord. Le mât de ces

(a) Voyez le Voyage du Lord Anson.

Pl.

PIROGUES DES ISLES DES AMIS.

dernieres est plus court & plus gros que celui des autres. Il
porte sur une espèce de rouleau, fixé au pont, près de l'a-
vant. Il sert à faire pencher ou incliner la pirogue sur le devant. Le sommet du mât est fourchu, & la vergue repose sur
ses deux pointes, comme sur deux pivots, par le moyen de
deux forts taquets de bois, retenus, de chaque côté de la
vergue, à un tiers environ de sa longueur, depuis le tenon: ce
tenon pendant que le bâtiment fait voile, est arrêté contre les
deux pirogues, à l'aide de deux fortes liures, dont l'une est
passée à travers un trou, pratiqué à l'avant de chaque pirogue; car on doit remarquer que toutes ces pirogues à voi-
lure sont doubles ou accouplées. Le pied de la vergue étant
ainsi fixé, il est clair qu'en passant les amures de l'un à l'autre
côté, ces pirogues doivent revirer de bord: il est aussi un
côté où la voile & sa vergue inférieure se trouvent dégagées
du mât; tandis que, de l'autre, la voile porte sur lui, précisément comme une misaine déferlée. Je ne pourrois cependant pas dire s'ils ne détachent pas quelquefois de la vergue cette partie de la voile, qui est entre l'amure & le
sommet du mât, pour mettre la voile & sa vergue inférieure sous le vent du mât. Les dessins que M. Hodges a
faits de ces pirogues, semblent favoriser cette opinion; ils
peuvent, non-seulement faire entendre la description,
mais encore la suppléer. Les bouts-dehors & les cordages
dont on se sert pour les haubans, sont gros & forts; &,
en effet, la voile, la vergue & le gui sont ensemble d'un si
énorme poids, qu'ils ont besoin de cordages de la plus
grande force.

DURANT toute cette journée, le sommet d'Amattafoa fut

Ann. 1774.
Juin.

caché dans les nuages ; de forte que nous ne pûmes pas encore déterminer, avec certitude, s'il s'y trouve un volcan ; mais tout fembloit en confirmer l'exiftence. L'Ifle a environ cinq lieues de tour. Oghao a moins d'étendue ; mais elle eft plus ronde, & fa forme eft celle d'un pain de fucre.

« Quelques-uns des Naturels d'Amattafoa, qui étoient
» fur notre bord, nous dirent qu'il y a de l'eau douce, des
» noix de cocos, des bananes & des fruits à pain : nous
» y vîmes, en effet, beaucoup de palmiers & de bois de
» maffue. Quoique toute l'Ifle foit efcarpée, elle étoit
» couverte, en quelques endroits, de verdure & d'arbrif-
» feaux. Vers la mer, & fur-tout du côté de l'autre Ifle, les
» rochers fembloient brûlés, & un fable noir couvroit la
» côte. Nous nous en approchâmes à une encablure ; mais
» la fonde y rapporta quatre-vingt braffes ; ce qui nous
» empêcha de jeter l'ancre. Les rochers, vers le paffage,
» font caverneux, & quelquefois de la forme d'une colonne.
» A travers la brume, nous voyions la fumée s'élever avec
» impétuofité ; &, avant que nous euffions paffé le dé-
» troit, elle paroiffoit fortir de l'autre côté de la montagne.
» Cette illufion prouve que le fommet de la montagne étoit
» creux, ou formoit un cratere d'où jailliffoit la vapeur. Au
» côté N. O. de l'Ifle, un peu au-deffous de l'endroit où nous
» vîmes la fumée fortir, nous apperçûmes un coin qui fem-
» bloit avoir été brûlé depuis peu ; il étoit dépouillé de ver-
» dure, quoique la montagne, des deux côtés, fut revêtue
» de diverfes plantes. Quand nous fûmes exactement fur la
» ligne, par où le vent conduifoit la fumée, nous effuyâmes
» une petite ondée de pluie, & les gouttes qui tomboient

» dans nos yeux, étoient piquantes & dures. Elle étoit pro-
» bablement imprégnées de quelques particules vomies par
» le volcan. Comme le vent souffloit du S. S. E. & qu'il
» fraîchissoit, nous nous éloignâmes de cette Isle sans faire
» d'autres observations, quoiqu'elle soit bien digne de l'at-
» tention des Savans, qui recherchent quelles révolutions
» a subi notre Globe. »

CES DEUX ISLES gissent à l'O. N. ½ O. d'Anamocka, à la
distance de onze ou douze lieues. Toutes les deux sont habitées; mais ni l'une ni l'autre ne paroissent fertiles.

A PEINE étions-nous dans le canal, qu'il s'éleva une
brise très-fraîche du Sud: à l'instant, toutes les pirogues
se retirèrent, & nous gouvernâmes à l'Ouest toutes voiles
dehors. J'avois quelque envie de toucher à Amsterdam, qui
n'est pas éloignée de la route que je suivois; mais, voulant
profiter du vent, je crus devoir changer de dessein.

RETOURNONS maintenant à Anamocka, c'est le nom
que l'Isle reçoit de ses Habitans. Elle est située par 20ᵈ 15′
de latitude Sud, & 174ᵈ 31′ de longitude à l'Ouest.
Tasman, qui le premier en fit la découverte, lui donna le
nom de Rotterdam. Elle est d'une forme triangulaire, &
chacun de ses côtés a trois à quatre milles de longueur. Un
lac, qui est dans le milieu, occupe une grande partie de sa
surface, & coupe, en quelque façon, l'angle du S. E.

» C'EST la plus considérable du groupe. Toutes ces Isles
» sont situées sur une espèce de banc de sable, où il y a de

ANN. 1774.
30 Juin.

» neuf à soixante ou soixante-dix brasses d'eau , & le sol est
» probablement le même sur chacune. Anamocka est com-
» posée, comme Tonga-Tabboo , d'un rocher de corail
» couvert d'un bon terreau. Nous n'avons pas eu occasion
» d'examiner le mondrain du centre , qui semble avoir eu
» une origine différente , & qui peut-être est volcanique.
» Il est maintenant couvert de fertiles bocages, comme le
» reste de l'Isle. L'eau douce que fournit l'étang à ces Insu-
» laires , est un avantage dont sont privés ceux de Tonga-
» Tabboo ; mais il ne paroît pas qu'ils se baignent aussi
» souvent que les Taïtiens, peut-être parce que l'eau sta-
» gnante invite peu à s'y plonger. Ils paroissent en connoître
» le prix ; car les Naturels nous en apportoient au vaisseau
» des calebasses pleines , & ils en donnerent aussi à Tasman.

» Il y a plus de fruit à pain & de pimplemouses , & tous
» les végétaux y viennent mieux qu'à l'Isle d'Amsterdam :
» voilà pourquoi les terrains ne sont pas enfermés de haies
» aussi nombreuses , aussi régulieres & aussi soigneusement
» faites : les longues allées d'arbres fruitiers & la délicieuse
» verdure qui est au-dessous, pourroit se comparer aux plus
» charmantes retraites de l'Isle de Middelburg. Les berceaux
» touffus, qui couvrent les chemins, étalent de belles fleurs
» qui embaument l'air de parfums. Les sites multipliés, que
» forment les petites élévations & les différens grouppes des
» maisons & des arbres , contribuent encore à l'ornement
» de cette terre. Les volailles & les cochons qui rodoient
» autour de chaque case, la quantité prodigieuse de
» pimplemouses qu'on voyoit au-dessous des arbres, &
» auxquels les Naturels ne paroissoient pas faire attention,
» offroient

» offroient le spectacle de l'abondance. Si je l'ose dire, mon
» cœur palpitoit de joie : la vue de l'abondance procure à
» l'homme une satisfaction inexprimable , & l'ame la plus
» abattue se livre alors à la bonne humeur & au contente-
» ment. Ces scènes de plaisir, remplaçant les scènes si tristes
» qui frappèrent nos regards pendant un si long Voyage ,
» produisoient un contraste qui charmoit tout le monde. Il
» est naturel de s'arrêter sur des objets agréables , & je ne
» crois pas avoir besoin de m'excuser auprès du Lecteur , si
» je fais en ce point de fréquentes descriptions. M. Hodges
» a dessiné avec vérité l'intérieur d'Anamocka , & on en
» trouve une Gravure dans ce Voyage. »

Autour de l'Isle , c'est-à-dire, du N. O. au Sud, en
passant par le Nord & l'Est, il y a un grand nombre d'Islots ,
de bancs de sable & de brisans. Nous les vîmes s'étendre dans
le Nord à perte de vue , & il n'est pas impossible qu'ils se
prolongent jusqu'au Sud d'Amsterdam , ou de Tonga-
Tabboo. Ces Isles , y compris Middelburg ou Eeaoowée , &
Pilstart , forment un grouppe qui embrasse environ trois
degrés en latitude & deux en longitude. L'amitié & l'alliance
étroites qui semblent subsister entre leurs Habitans , & leur
conduite affable & honnête envers les Etrangers , m'ont engagé à les nommer l'Archipel ou les Isles des Amis. Nous
pourrions peut-être porter plus loin cet Archipel, & y comprendre les Isles Boscawen & Keppel , découvertes par le
Capitaine Wallis , situées à-peu-près sous le même méridien,
à la latitude de 15^d 53′ : si je puis juger des Habitans de ces
deux Isles , d'après ce qu'on m'en a dit , leur caractere

Tome III.   F

n'eſt pas moins pacifique que celui des Indiens de notre Archipel.

Les Habitans , les productions, &c. de Rotterdam & des Iſles voiſines, ſont à-peu-près les mêmes qu'à Amſterdam. Les cochons & les volailles n'y ſont pas moins rares. Nous ne pûmes nous y procurer que ſix cochons, & très-peu de volailles. Nous en tirâmes des ignames & des pimplemouſes en abondance ; mais il n'étoit pas ſi facile d'y avoir d'autres fruits. Il n'y a pas plus de la moitié de l'Iſle, qui ſoit, comme à Amſterdam, en plantations cloſes. Il eſt vrai que le terrain ouvert, y eſt cultivé & fertile. Cependant on rencontre plus de landes dans cette Iſle, eu égard à ſon étendue, que dans l'autre. Les Habitans paroiſſent auſſi plus pauvres, c'eſt-à-dire qu'on y voit moins d'étoffes, moins de nattes, moins d'or-nemens, &c. ce qui conſtitue la majeure partie des richeſſes des Habitans de la Mer Pacifique.

Les Naturels de Rotterdam ſemblent plus ſujets à la lèpre, ou d'autres maladies de la peau , que par-tout ail-leurs : leur viſage eſt beaucoup plus affecté que le reſte du corps. J'en ai vu pluſieurs à qui la lèpre avoit rongé le viſage & fait tomber le nez. Dans une de mes excurſions , je voulus m'arrêter à une caſe où étoient quelques perſonnes ; un Indien parut à la porte, ou plutôt devant le trou qui ſervoit d'entrée, & qu'il chercha à barricader avec des cor-des. Mais l'odeur infecte , qui s'exhaloit de ſon viſage, auroit ſeul ſuffi pour m'éconduire, ſi l'entrée m'eût été ouverte. La lèpre lui avoit entièrement dévoré le nez , & ſon viſage

Ann. 1774.
Juin.

n'étoit qu'un ulcère : il feroit difficile de rien voir de plus hideux & de plus choquant. Comme les gens de l'équipage n'étoient pas encore bien guéris d'une certaine maladie qu'ils avoient prife aux Ifles de la Société, je défendis ici toute efpèce de communication avec les femmes, & j'ai lieu de croire, qu'à cet égard, mes foins ne furent pas inutiles.

Nous ne vîmes, dans cette Ifle, ni Roi, ni principal Chef : aucun des Infulaires ne nous parut avoir une autorité abfolue fur les autres. L'Indien & la vieille dont j'ai parlé, & que je crus être mari & femme, s'intéreflerent bien en quelques occafions dans nos affaires, mais il étoit aifé de voir que leur crédit ne s'étendoit pas loin.

« La femme qui envoya chercher la gibeciere & le fufil
» du Chirurgien, fembloit jouir de quelque pouvoir, ainfi
» qu'on l'a déjà dit; &, comme on a lieu de croire que les
» femmes à qui on permet de laiffer croître leurs cheveux,
» ont, dans les Ifles de la Mer du Sud, des prérogatives
» pardeffus les autres, la bienfaitrice de M. Patten pa-
» roiffoit être d'un rang fupérieur, & tout fon maintien
» l'annonçoit d'ailleurs. Ce fut la feule que nous ayons vue
» avec de longs cheveux. Je fuis bien loin de conclure que
» les Naturels d'Anamocka n'ont point de Gouvernement
» fixe; au contraire, leur proximité & leurs rapports avec
» d'autres peuples foumis au Gouvernement Monarchi-
» que, & l'exemple de tous les autres Infulaires de la Mer du
» Sud, que les premiers Navigateurs ont vifité, donnent lieu
» de penfer qu'il y a une adminiftration.

» Leurs mœurs approchent beaucoup de celles de

F 2

» Middelburg, il eſt probable qu'ils ont la même origine &
» les mêmes idées religieuſes : cependant nous n'y avons
» remarqué ni Afiatouca, ni cimetiere.

» L'ARCHIPEL, auquel nous avons donné le nom
» d'Iſles des Amis, ſemble habité par une race de peuples qui
» parlent le dialecte de la Mer du Sud, & qui ont tous le
» même caractere. En général, ces terres ſont bien peuplées.
» Amſterdam eſt preſque un jardin continu, Middelburg,
» Anamocka & les Iſles adjacentes paroiſſent les plus fertiles,
» & nous ſerons très-modérés dans nos calculs, ſi nous comp-
» tons deux cens mille ames ſur toutes ces Iſles. La ſalu-
» brité du climat & des productions, les préſervent de
» ces maladies intérieures ſans nombre dont nous ſommes
» les victimes, & ils n'ont aucun beſoin qu'ils ne puiſſent
» ſatisfaire, parce qu'ils ont fait, dans les Arts & dans la
» Muſique, plus de progrès que les autres Nations de la
» Mer du Sud ; ils paſſent leur tems d'une maniere agréa-
» ble, & ils ſe recherchent les uns les autres. Ils ſont actifs
» & induſtrieux ; mais, à l'égard des Etrangers, ils ont plus
» de politeſſe que de cordialité. Le goût particulier qu'ils
» ont pour le commerce, pourroit faire croire qu'ils ont
» ſubſtitué cette civilité trompeuſe à la place de la véritable
» amitié : ils ſemblent agir d'après les principes mercé-
» naires & intéreſſés qu'inſpire le commerce. Cette partie
» de leur caractere eſt directement oppoſée à celui des Taï-
» tiens qui ſe plaiſent dans une vie indolente, mais dont
» les affections plus ſenties ne ſe bornent pas à de ſimples
» apparences. Cependant il y a, aux Iſles de la Société,
» un grand nombre d'individus voluptueux, tels que les

» *Arréoys*, dont le caractere moral paroît un peu dépravé,
» au-lieu que les Infulaires des Ifles des Amis femblent igno-
» rer les vices qui font les fruits de l'opulence. »

LA RADE, où nous avons mouillé, eft fur la bande
Nord de l'Ifle, précifément au Sud de l'anfe la plus
méridionale; car il y en a deux de ce même côté de
l'Ifle. Cette rade eft d'une étendue affez confidérable : on
trouve, à la diftance d'un ou deux milles du rivage, vingt-
cinq & trente braffes d'eau, fond de fable, fans mêlange
de roche.

CET ANCRAGE eft encore très-commode pour la coupe
& le chargement du bois de chauffage; mais l'eau y eft faumâtre, & ne vaut pas la peine d'être portée à bord, à moins
qu'on ne foit dans le plus preffant befoin. Néanmoins on
peut s'en procurer de meilleure à cette Ifle même, & aux
Ifles voifines; car les Habitans nous offrirent, dans des coques de noix de cocos, de l'eau plus douce; je ne fais pas
cependant fi les fources font affez abondantes pour en
fournir un vaiffeau.

J'AI DÉJA OBSERVÉ que la côte du S. O. de l'Ifle eft défendue par une chaîne de rochers ou de brifans & d'Iflots. Si,
entre ces récifs & l'Ifle, la mer avoit une auffi grande profondeur & un bon fond, comme cela paroît être, il feroit
plus avantageux d'y jeter l'ancre, que dans la rade où nous
avons relâché.

CHAPITRE III.

Paſſage des Iſles des Amis aux Nouvelles-Hébrides. Relation de la Découverte de l'Iſle de la Tortue. Variété d'Incidens avant & après l'arrivée du Vaiſſeau dans le Port de Sandwich de l'Iſle Mallicollo. Deſcription du havre & de la Contrée adjacente ; de ſes Habitans. Pluſieurs autres particularités.

Ann. 1774.
Juillet.

2.

Le premier de Juillet, au coucher du Soleil, nous avions encore la vue d'Amattafoa, qui nous reſtoit E. ¼ N. E., à la diſtance de vingt lieues. En continuant notre route à l'Oueſt, le lendemain à midi, nous découvrîmes, dans le N. O. ¼ O., la Terre que nous voulions viſiter. A quatre heures, elle nous reſtoit du N. O. ½ O. au N. O. ¼ N., &, en même-tems, des briſans, qui ſe montrerent de l'avant, paroiſſoient s'étendre de l'Oueſt au S. O. Le jour étoit trop avancé pour pouſſer plus loin la découverte : nous diminuâmes de voiles, ſerrâmes le vent, & nous paſſâmes la nuit à courir de petits bords, qui nous furent avantageux ; car nous reconnûmes, à la pointe du jour, que nous étions plus loin de la côte que nous ne l'avions imaginé ; & il étoit onze heures, avant de pouvoir arriver au N. O., ou ſous le vent de l'Iſle, où l'ancrage & le débarquement paroiſſoient praticables. Afin de

Pl. 41

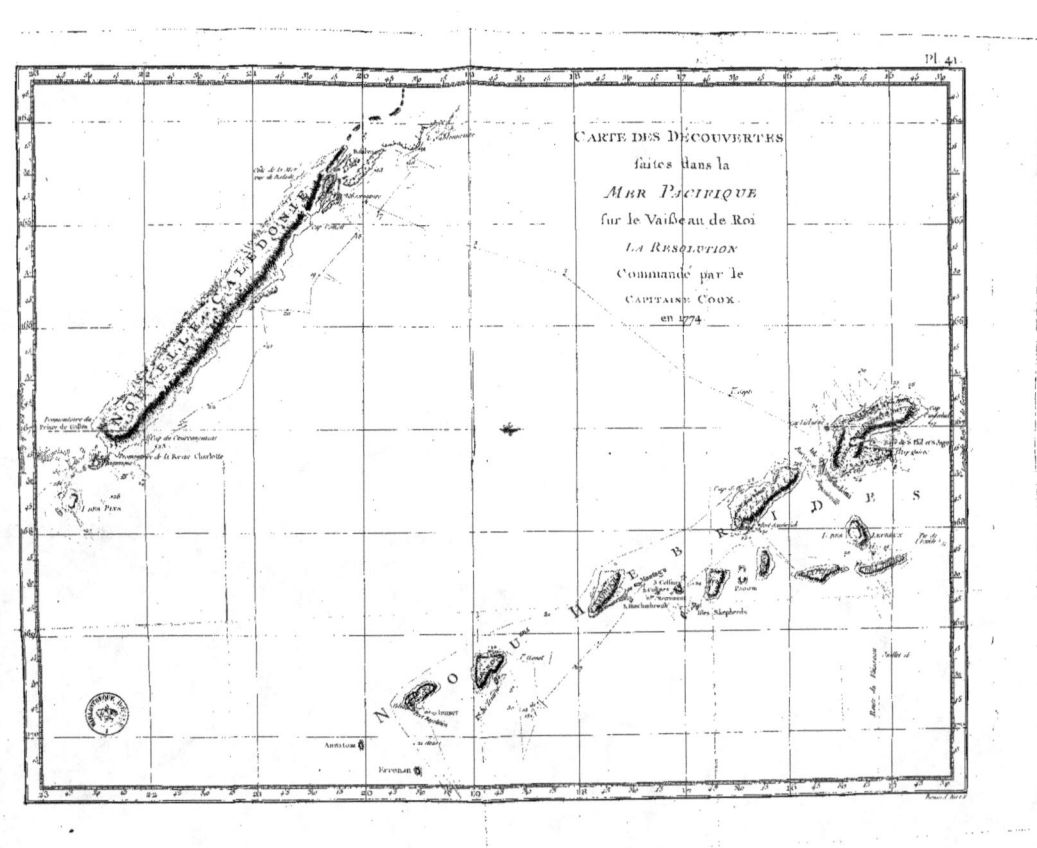

CARTE DES DÉCOUVERTES
faites dans la
MER PACIFIQUE
sur le Vaisseau de Roi
LA RESOLUTION
Commandé par le
CAPITAINE COOK.
en 1774

nous assurer du premier, j'envoyai un bateau, aux ordres du Maître, prendre les sondes; &, dans cet intervalle, nous restâmes sur les bords.

« L'ISLE sembloit avoir deux petites collines, d'une pente
» très-douce, couvertes de bois; une extrémité se terminoit
» en pointe plate, sur laquelle nous observâmes de jolies
» bocages de cocotiers & d'arbres fruitiers, entremêlés de
» maisons; une belle greve de sable entouroit la côte. »

NOUS APPERÇUMES, sur le récif qui borde l'Isle, quatre ou cinq Indiens, & environ une quinzaine sur le rivage. A la vue du bateau qui s'avançoit, ceux qui occupoient le récif allerent rejoindre les autres, & tous s'enfuirent dans le bois, au moment de la descente. Le bateau revint à bord avec la nouvelle, qu'on ne trouvoit point de fond en-dedans du récif, dans lequel le Maître n'avoit découvert qu'une seule passe, de six pieds d'eau, qui n'étoit abordable que pour un canot. Après être entré par cette coupure, il avoit ramé vers le rivage, espérant parler aux Insulaires au nombre d'environ vingt, & tous armés de massues & de lances; mais, au moment où le bateau mit à terre, ils avoient gagné la forêt: il laissa, sur le récif, des médailles, des clous & un couteau, que les Naturels prirent, sans doute, puisqu'ils reparurent bientôt après à la même place. La longueur de cette Isle, dans la direction du N. E. au S. O., est d'un peu moins d'une lieue, & elle n'a pas la moitié autant de largeur. Ses terres sont entièrement boisées; & elle est défendue, tout au tour, par un récif de corail, qui, en quelques endroits, s'étend à deux milles du rivage. Elle est trop petite pour renfermer beaucoup d'Habitans: peut-être même que ceux qu'on apperçut, venoient d'une Isle voisine pour pêcher des tortues; car il y en avoit plusieurs près des récifs, & c'est pour cela que j'en ai donné le nom à l'Isle. Elle gît, par la latitude, de 19ᵈ 48′ Sud, & par la longitude, de 178ᵈ 2′ à l'Ouest.

Voyant les brisans courir dans le S. S. O., & voulant m'assurer de toute leur étendue avant la nuit, je quittai l'Isle de la Tortue, & fis voile pour les reconnoître. A deux heures, nous découvrîmes qu'ils étoient occasionnés par un banc de corail, d'environ quatre ou cinq lieues de circuit. Par la route que nous avions tenue, nous ne pûmes pas douter que ces brisans ne fussent les mêmes que ceux que nous avions vus le soir précédent. Ce banc de corail découvre, à basse mer, dans presque toutes ses parties.

« Nous observames que de larges rochers de corail s'élevoient à près de quinze pieds au-dessus de la surface de la mer, qu'ils étoient étroits à la base & qu'ils s'élargissoient au sommet. Je ne sais pas si un tremblement de terre les a poussés si haut au-dessus des flots dans lesquels ils doivent avoir été formés, ou s'il faut assigner une autre cause à ce phénomène curieux. »

Près des accores de ce banc, l'eau est basse; car, dans le milieu, elle a de la profondeur. En un mot, il ne manque à ce banc que des îlots, pour le rendre exactement semblable à une de ces Isles rases, à demi-noyées, avec une lagune,

dont

dont nous avons fouvent fait mention. Il fe trouve au S. O.
de l'Ifle de la Tortue, à la diftance d'environ cinq ou fix
milles; & le canal, qui le fépare du récif de l'Ifle, a trois
milles de largeur. Ne voyant plus d'Ifles ni d'écueils, &
perfuadé qu'on pourroit pêcher des tortues fur ce banc,
j'y envoyai deux bateaux convenablement équipés; mais ils
ne firent que d'inutiles tentatives.

Les bateaux de retour à bord, nous fîmes voile à
l'Oueft avec une brife très-fraîche de la partie de l'Eft, qui fe
foutint jufqu'au 9, que le vent, ayant foufflé pendant quelques heures du N. O., fut fuivi de raffales & de pluies. A ce
tems orageux fuccéda un vent frais du S. E., avec lequel
nous cinglâmes au N. O. Notre latitude étoit de 20^d 20′ Sud
& la longitude de 176^d 8′ à l'Eft.

9.

« Nous n'étions accompagnés d'aucun oifeau dans
» notre route; un boobi blanc, ou une frégate, frappoient
» de tems-en-tems nos regards dans le lointain. Le beau
» tems, les ignames d'Anamocka, & l'efpoir de faire de
» nouvelles découvertes dans cette partie de la mer du
» Sud, qui n'avoit pas encore été reconnue, nous don-
» noient du courage.

» Le 13, le vent diminua, & il tomba des gouttes de
» pluie le foir & le matin. Les Matelots célébrerent, avec
» leur gaieté accoutumée, le fecond anniverfaire de notre
» départ d'Angleterre. Ils burent copieufement; ils avoient
» épargné une partie de leur ration pour ce grand Jour, &

13.

» ils noyerent leurs idées triftes dans le grog (a). L'un
» d'eux, dont l'efprit étoit fanatique, compofa une Hymne
» à cette occafion, ainfi qu'il avoit déjà fait la premiere
» année ; &, après avoir exhorté férieufement fes cama-
» rades à la pénitence, il fe mit à boire & à s'enivrer comme
» les autres. »

15.

16.

Le 15, à midi, par 15ᵈ 9′ de latitude Sud & 171ᵈ 16′ de
longitude Eft, je gouvernai à l'Oueft. Le lendemain, nous
eûmes un tems fombre, accompagné de grains violens & de
pluie ; c'eft généralement dans cette mer, entre les Tropiques, un fûr indice du voifinage de quelques-unes des terres
élevées. Vers les trois heures après-midi, nous eûmes, en
effet, la vue d'une grande côte qui nous reftoit au Sud-
Oueft. En conféquence, nous ferrâmes nos voiles hautes,
prîmes des ris dans les huniers, & nous gouvernâmes fur
la terre. A cinq heures & demie, elle s'étendoit du S. S. O.
au N. O. ¼ O. ½ O. Bientôt nous revirâmes de bord, & paffâmes à louvoyer la nuit, qui fut prefque toujours à l'orage.
Toutes nos bordées furent défavantageufes ; car, le matin,
nous reconnûmes que nous avions perdu du terrain. Nous
n'en fûmes point furpris, n'ayant pour lors que de mau-
vaifes voiles, dont la plupart étoient déchirées, particulièrement celle du petit hunier, qui étoit abfolument hors de
fervice.

« Le roulis du vaiffeau étoit toujours très-violent, &
» la pluie mouilloit entièrement nos livres, nos vêtemens
» & nos lits. Ces vents forts, joints à la brume, envelop-

(a) Sorte de boiffon compofée d'Eau-de-vie, d'eau, &c.

» poient la terre de nuages, de manière que nous pou-
» vions à peine l'appercevoir. Ce tems étoit d'autant plus
» désagréable, qu'il étoit inattendu dans une mer qu'on a
» toujours appellée Pacifique. Il ne faut pas compter fur
» les dénominations générales, & quoiqu'on y effuie rare-
» ment des ouragans & des tempêtes, on en effuie quel-
» quefois. Quand Quiros quitta la Terre du S. Efprit, quand
» M. de Bougainville fut fur la côte de la Louifiade, & lorf-
» que le Capitaine Cook, fur l'Endéavour, reconnut la
» côte orientale de la Nouvelle-Hollande, chacun d'eux
» eut un tems orageux. Peut-être cela provenoit-il des
» grandes terres fituées dans cette partie de l'Océan; on
» fait du moins que les vents fixes de la zone torride font
» variables dans le voifinage des côtes élevées & étendues. »

Ayant envergué d'autres voiles, nous continuâmes de
ferrer le vent, nous propofant de doubler les pointes méridionales des terres, ou du moins de nous avancer affez au
Sud, pour juger de leur étendue dans cette direction. Nous
ne doutions plus que ce ne fuffent les Terres auftrales du
Saint-Efprit de Quiros, que M. de Bougainville a nommées
les Grandes-Cyclades; & nous étions affurés que la côte
que nous prolongions, étoit la bande de l'Eft de l'Ifle Aurore,
qui gît par 168ᵈ 30′ de longitude Eft de Londres.

« Ainsi, après avoir paffé deux ans à reconnoître les
» découvertes des premiers Voyageurs, à rectifier leurs
» erreurs, & à combattre des idées vulgaires, nous en com-
» mençâmes une troifieme, en recherchant un grouppe
» d'Ifles que M. de Bougainville, contraint par la néceffité,

G 2

» avoit quitté précipitamment. Cette derniere année
» sera féconde en découvertes : nous n'avions pas lieu
» de nous plaindre du succès des deux premieres, puisque
» la plupart des contrées que nous avions visitées étoient à
» peine-connues, & qu'on en avoit fait des descriptions
» vagues & peu philosophiques. Nous avions tâché de faire
» des observations sur les hommes & sur les mœurs. Quoi-
» que ces remarques doivent être le premier objet des
» Voyageurs, elles ont été négligées par ceux mêmes qui
» vouloient passer pour des Voyageurs éclairés : mais, comme
» la nouveauté a toujours des charmes pour les hommes,
» l'Histoire du reste de notre Voyage mérite toute leur
» attention. »

18.

Le vent, qui alloit en croissant, nous obligea de nous
tenir sous nos basses voiles, jusqu'au 18, qu'il nous fut permis de porter nos huniers, deux ris pris. Après avoir amené
la pointe septentrionale de l'Isle Aurore, nous serrâmes le
vent, en gouvernant sur l'Isle des Lépreux, sous nos huniers
& nos basses-voiles risées, la brise étant très-fraîche de la
partie du N. E.; mais, comme nous étions sous le vent de
l'Isle Aurore, nous avions l'avantage d'une mer tranquille.
A midi, sa pointe Nord nous restoit au N. E. $\frac{1}{2}$ N., à la
distance de quatre lieues. Notre latitude australe, d'après
deux observations, se trouva de 15^d 1′ 30″, & notre longitude de 168^d 14′ à l'Est.

« Nous appercevions des cocotiers, jusques sur les
» hautes chaînes des montagnes de l'Isle. Autant qu'une
» brume épaisse nous permit d'en juger, elle est revêtue de

» forêts touffues d'un aspect agréable, mais sauvage. Mon
» Pere découvrit un moment le petit pic de rocher que
» M. de Bougainville appelle pic de l'Etoile ou pic de l'A-
» verdy; mais les nuages, qui se remuoient avec beaucoup
» de vîtesse, le couvrirent bientôt. » .

A DEUX HEURES après-midi, nous nous approchâmes
du milieu de l'Isle des Lépreux ; & je revirai de bord, à la
distance d'environ deux milles de la côte, où nous n'eûmes
point de fond avec une ligne de soixante-dix brasses. Nous
apperçûmes bientôt les Habitans sur le rivage, & nous vîmes
de superbes cascades qui s'élançoient des montagnes voisines. « Toute la pointe Nord-Est étoit plus basse & cou-
» verte de différens arbres; les palmiers, en particulier, y
» sont innombrables, &, à notre grande surprise, ils croif-
» sent sur des collines. » Ces bois font un aussi bel
ornement au paysage qu'à la baie Dusky. N'étant plus
qu'à un demi-mille de terre, la sonde rapporta trente brasses
d'eau, fond de sable ; mais, à un mille de distance, nous
n'avions point trouvé de fond avec une ligne de soixante-
dix brasses. Deux pirogues se détacherent du rivage pour
s'avancer vers le vaisseau ; l'une étoit montée par trois Indiens, & l'autre par un seul. Elles ne s'approcherent qu'à
un jet de pierre, malgré tous les signes d'amitié que nous
nous efforçions de leur faire. Elles ne s'y arrêterent pas même
long-tems, avant de retourner à la greve, où nous voyions
un grand nombre d'Habitans assemblés & armés d'arcs &
de flèches. Ces Insulaires sont noirs ; &, à l'exception de
quelques ornemens qu'ils portoient sur la poitrine & aux bras,
ils paroissoient entièrement nuds. « L'un d'eux seulement

avoit une étoffe qui traversoit une de ses épaules, & qui passoit sous l'autre bras comme une écharpe, & retomboit ensuite autour des reins: elle sembloit être d'un blanc sale, avec une bordure rouge. « Nous observâmes, en plusieurs » endroits, des roseaux en forme de claies, placés entre les » rochers, probablement pour prendre du poisson. »

COMME je me proposois de m'avancer au Sud, afin de reconnoître les terres de ce parage, je continuai d'aller au plus près du vent, entre l'Isle des Lépreux & l'Isle Aurore; &, le 19 à midi, la pointe Sud de cette derniere Isle nous restoit au Sud 24ᵈ Est, & la pointe septentrionale au Nord, à la distance de vingt milles. La latitude observée fut de 15ᵈ 11ᶠ. Les vents du S. E. souffloient toujours avec force; de sorte que nous perdions la nuit le terrain que nous gagnions le jour, en tenant le plus près du vent. Au lever du Soleil, nous étions parvenus par le travers de la pointe méridionale de l'Isle Aurore. Sur sa bande du N. O., la côte forme une petite baie, dans laquelle nous cherchâmes un mouillage; mais la sonde ne rapporta pas moins de quatrevingt brasses d'eau; fond d'un beau sable brun, à un demi-mille de la greve. Je suis cependant tenté de croire que, plus près de terre, il y a moins de profondeur & un ancrage sûr; & la contrée fourniroit, en abondance, des eaux fraîches & du bois de chauffage. L'Isle entiere, depuis les bords de la mer jusqu'aux sommets des montagnes, paroît couverte de bois, & toutes les vallées y sont coupées de ruisseaux.

« NOUS AVIONS, devant les yeux, une belle greve & la

» végétation la plus abondante qu'on puisse concevoir. Des
» liserons & des lianes s'enlaçoient aux arbres les plus
» élevés, & formoient des guirlandes & des festons qui
» embellissoient la scène. Une jolie plantation, environnée
» de roseaux, occupoit le penchant de la colline, & une
» charmante cascade se répandoit dans cette forêt. L'Isle
» Aurore a environ douze lieues de long & pas plus de
» cinq milles de large : elle court à-peu-près Nord & Sud :
» la montagne qu'elle renferme, est pointue & d'une hau-
» teur considérable. L'Isle des Lépreux est presqu'aussi
» grande que celle de l'Aurore ; mais elle est plus large, &
» elle gît à-peu-près Est & Ouest. »

LES HABITANS se montrerent sur la plage, & l'on voyoit,
sur la côte, des pirogues ; mais elles ne vinrent pas près du
vaisseau. En quittant la baie, nous fîmes voile dans le canal
qui sépare l'Isle Aurore de l'Isle de la Pentecôte. A midi,
nous étions par le travers de la pointe septentrionale de
cette derniere, qui nous restoit E. N. E, & nous observâmes 15ᵈ 28'½ de latitude Sud. L'Isle Aurore nous restoit du
N. au N. E. ½ E., & l'Isle des Lépreux du N. ¼ N. O. ½ O. à
l'Ouest. L'Isle de la Pentecôte semble se joindre à la terre au
Sud & au Sud-Ouest ; mais, en nous avançant au Sud-Ouest,
nous découvrîmes la séparation. Il étoit, dans ce moment,
environ quatre heures après-midi ; & alors je revirai de bord,
& gouvernai sur l'Isle, jusqu'au coucher du Soleil, que le vent,
s'étant fait plus Est, nous obligea de prendre notre route
au Sud. Nous voyions toujours les Habitans ; des fumées
s'élevoient des différentes parties de l'Isle, & le terrain, en
plusieurs endroits, paroissoit cultivé. Vers minuit, dans le

voisinage de la Terre méridionale, je revirai, pour porter le cap au Nord, le reste de la nuit.

« L'ISLE de la Pentecôte, ainsi que celle des Lépreux, » ayant un terrain plus en pente que l'Aurore, sembloit » plus peuplée & plus remplie de plantations. A minuit, » nous y remarquâmes différens feux, &, sur la premiere, » nous les vîmes s'étendre jusqu'au sommet des collines : il » paroît que l'agriculture leur fournit leurs principaux » moyens de subsistance; &, puisqu'ils ont peu de pirogues, » & que leurs côtes sont très-escarpées, nous jugeâmes qu'ils » ne s'adonnent pas autant à la pêche que les autres Insu- » laires. »

21.   LE 21, à la pointe du jour, nous nous trouvâmes devant le canal qui sépare l'Isle de la Pentecôte de la terre méri- dionale, & qui a environ deux lieues de large. La terre au Sud parut alors s'étendre du S. ¼ S. E., en rondissant jusqu'à l'Ouest, aussi loin que la vue pouvoit porter, & sur la partie la plus voisine de nous, qui est d'une considérable hauteur, s'élevoient deux grosses colonnes de fumée, que nous ju- geâmes partir de quelques volcans. « Toute la côte S. O. » formoit, en s'inclinant, une plaine très-belle & très-éten- » due, de laquelle jaillissoient des tourbillons innombrables » de fumée, entre les bocages les plus riches qu'eussent ja- » mais contemplé nos yeux depuis notre départ de Taïti. » L'aspect fertile de la contrée & le nombre des feux » annonçoient que l'Isle est bien peuplée. » Dans ce mo- ment, je cinglai au S. S. O. avec une très-jolie brise du S. E. Vers les dix heures, nous découvrîmes que cette

                                              portion

portion de terre étoit une Isle à laquelle les Naturels donnent le nom d'Ambrym. A peine eûmes-nous amené la pointe méridionale d'Ambrym, que nous apperçûmes une haute terre, &, après celle-là, une autre encore plus haute, sur laquelle s'éleve une montagne en forme de pyramide. Nous conjecturâmes que ces terres appartenoient aux deux Isles séparées. La premiere se montre dans le S. E., & la seconde à l'E. $\frac{1}{4}$ S. E., & leur distance est à-peu-près de dix lieues. Poursuivant notre route pour reconnoître celle qui étoit de l'avant à nous; à midi, nous n'en étions éloignés que de cinq milles; elle s'étendoit du N. E. $\frac{1}{4}$ E. au S. E. $\frac{1}{4}$ E. : la latitude observée fut de 16ᵈ 17′ S.

Ann. 1774. Juillet.

« ELLE N'ÉTOIT PAS moins belle que l'autre ; les plus
» charmantes teintes de verdure paroient ses bosquets,
» entremêlés de beaucoup de cocotiers ; les montagnes
» s'élevoient fort avant dans l'intérieur des terres, & il y
» avoit, à leurs pieds, plusieurs cantons plus bas, tous
» couverts de bois, & terminés par une belle greve. »

Tout en approchant du rivage, nous remarquâmes une crique, qui avoit l'apparence d'un bon havre ; elle étoit formée par une pointe basse, ou Péninsule qui s'avançoit au Nord. Sur cette pointe étoient des Habitans, qui paroissoient nous inviter à descendre à terre ; & vraisemblablement ce n'étoit pas à bonne intention, car ils étoient presque tous armés d'arcs & de flêches. Dans la vue de gagner du terrain & le tems nécessaire pour équipper & mettre dehors les bateaux ; je revirai de bord & courus une bordée, ce qui nous occasionna la découverte d'un autre havre, une lieue environ

Tome III. H

plus au Sud. Les deux bateaux, que j'avois envoyés reconnoître les fondes & un lieu d'ancrage, nous ayant fignalé
qu'ils en trouvoient un dans le dernier havre, je gouvernai
S. S. O., & laiffai tomber l'ancre fur onze braffes d'eau à
près de deux encâblures de la rive du S. E., & à un mille
en dedans de l'entrée.

« L'OFFICIER, qui commandoit les bateaux, nous
» dit que les Naturels s'étoient avancés fur leurs pi-
» rogues, très-près de lui ; que, loin de lui faire aucune
» infulte, ils agitoient des rameaux verds, & qu'après avoir
» rempli leurs mains d'eau falée, ils la verfoient fur leurs
» têtes : l'Officier ne manqua pas de leur rendre ce compli-
» ment & ce témoignage de bienveillance. Ils s'appro-
» cherent enfin du vaiffeau, remuant toujours des plantes
» vertes, & en particulier les feuilles du *Dracaena Ter-*
» *minalis*, & d'un beau *Croton Variegatum*; ils répé-
» toient continuellement le mot Tomarr, ou Tomarro ;
» expreffion qui femble équivaloir au *Tayo* de Taïti (a).
» La plupart étoient cependant armés d'arcs, de traits &
» de piques. Ils fe préparent ainfi à tout événement, à la
» paix ou à la guerre.

» Dès que nous fûmes à l'ancre, plufieurs arriverent
» dans leurs pirogues. On leur donna des étoffes de Taïti ;
» qu'ils acceptèrent avec empreffement; &, par reconnoif-
» fance, ils offrirent quelques-uns de leurs traits, d'abord
» ceux qui étoient armés feulement de bois, & enfuite

(a) Ce mot fignifie *Ami*,

» d'autres armés de pointes d'os, & barbouillés d'une gomme
» noirâtre, qui nous les fit croire empoisonnés. On les
» essaya sur un petit chien de Taïti, qu'on blessa à la jambe;
» mais cette blessure n'eut aucune suite funeste. La lan-
» gue de ce Peuple est si différente de tous les dialectes
» de la mer du Sud, que nous avions entendu jusqu'alors,
» que nous n'y comprîmes pas un seul mot : elle étoit beau-
» coup plus dure, & remplie de r, f, ch, & d'autres con-
» sonnes. Ces Insulaires ne ressembloient pas non plus, par
» la stature, à leurs voisins; ils étoient tous d'une noirceur
» remarquable, &, en général, leur hauteur n'excédoit
» pas cinq pieds quatre pouces; leurs membres man-
» quoient souvent de proportion; ils avoient les jambes &
» les bras longs & grêles; le teint d'un brun noirâtre; les
» cheveux noirs, frisés & laineux; les traits de leur visage
» nous paroissoient plus extraordinaires que tout le reste :
» ils avoient un large nez plat, & les os des joues proémi-
» nens, comme les Négres, & un front très-court, & quel-
» quefois extrêmement comprimé : le visage & la poitrine
» de la plupart étoient d'ailleurs peints en noir ; ce qui nous
» blessoit encore plus que leur laideur naturelle : un petit
» nombre d'entr'eux portoient sur la tête un chapeau de
» natte; mais ils étoient tous absolument nuds, & une corde
» leur serroit le ventre si fort, qu'elle y faisoit un sillon très-
» profond. La plupart des autres Nations se servent d'une
» pagne par pudeur; mais l'étoffe cordée, que portent
» continuellement ces Insulaires, nuit plutôt à la modestie
» qu'elle ne lui est favorable.

» ILS NE CESSERENT de parler autour du bâtiment d'un

» ton très-élevé; mais, en même tems, ils mirent tant de
» bonne humeur dans leurs propos, qu'ils nous amuserent:
» dès que nous jetions les yeux sur l'un d'eux, il babilloit
» sans aucune réserve. D'après leurs manieres, leurs figures
» & leur loquacité, nous les comparions à des singes.

» LE SOIR, ils retournerent à terre, ils y allumerent des
» feux, & on les entendit parler aussi haut entr'eux qu'ils
» avoient parlé parmi nous; mais, à huit heures, ils re-
» vinrent tous au vaisseau sur leurs pirogues, avec des tisons
» brûlans, afin de recommencer une nouvelle conversation.
» Ils y mêlerent une activité surprenante; nos répliques
» avoient un peu moins de volubilité. La soirée fut calme
» & belle, & la lune brilla par intervalles. Nous fûmes
» surpris de les voir si empressés autour de nous la nuit;
» car les Indiens restent rarement autour d'un vaisseau, après
» le coucher du soleil. Quelques personnes de l'équipage
» pensoient qu'ils venoient comme espions, pour recon-
» noître si nous étions sur nos gardes; mais leur conduite
» paisible ne donnoit pas lieu à ce soupçon. Le Capitaine
» défendit d'en laisser monter un à bord, & de rien acheter
» d'eux, & ils se retirerent vers la côte à minuit; ils chan-
» terent & battirent du tambour jusqu'au jour, & même
» nous en vîmes quelques-uns qui dansoient : nous en con-
» clûmes qu'ils sont très-gais. »

22. LE LENDEMAIN, de très-bonne heure, une nouvelle foule
d'Indiens arriverent au vaisseau, les uns en pirogues, les
autres à la nage; le mot Tomarr se trouvoit encore dans
leurs bruyans propos. J'en engageai bientôt un à monter à

bord, & il fut à l'inftant fuivi d'un plus grand nombre que
je ne l'aurois defiré ; de forte que non-feulement le pont, mais prefque tout le vaiffeau en étoit rempli. J'en condui-fis quatre dans ma chambre, & je leur fis des préfens, qu'ils montroient à ceux qui étoient dans les pirogues. Ils fembloient enchantés de notre accueil. Tandis que je cher-chois à me concilier leur amitié, il furvint un accident qui jeta tout dans la confufion, & qui, dans la fuite, tourna, je penfe à notre avantage. Un Indien d'une des pirogues, fur le refus qu'on lui avoit fait de le laiffer entrer dans un de nos bateaux, qui étoit en dehors, banda fon arc pour tirer une flêche empoifonnée au Canotier. Plufieurs de fes Compatriotes l'en empêcherent dans ce moment, & par-là me donnerent le tems d'en être averti. J'accourus à l'inftant, & je vis cet homme fe débattre avec un de ceux qui avoit été dans la chambre, & qui étoit fauté par la fenêtre pour contenir ce furieux, qui parvint à s'en dégager, & qui alloit tirer fa flêche fur le Canotier, lorfque je le menaçai de deffus le pont ; mais loin d'être intimidé, il dirigea fon arc fur moi. Je le prévins d'un coup de fufil chargé à dragées. Ce coup le fit chanceler, mais ne l'empêcha point de bander de nouveau fon arc pour me tirer fa flêche. Une feconde dé-charge de même nature la lui fit tomber des mains, & ceux qui étoient avec lui dans la pirogue fe hâterent de regagner le rivage à force de rames. Sur ces entrefaites, quelques Indiens tirerent des flêches de l'autre côté du vaiffeau. La décharge d'un moufquet en l'air ne les intimida point ; mais un canon de quatre tiré pardeffus leurs têtes les mit en fuite & dans la plus grande confufion : la plupart quitterent leurs pirogues pour atteindre plus promptement

la côte à la nage ; ceux qui étoient dans la chambre fauterent par les fenêtres, & une foule d'autres, qui se trouvoient fur le pont & ailleurs, s'élancerent tous pardessus
bord. Après cet événement, nous parûmes ne plus nous
occuper d'eux ; nous leur laissâmes reprendre leurs pirogues,
tourner autour du vaisseau, & ils ne tarderent pas à s'en
approcher. Aussi-tôt qu'on eut mis le feu au canon, nous
entendîmes le bruit des tambours fur le rivage ; c'étoit probablement un signal pour assembler & armer les Habitans.
Nous nous préparâmes au débarquement, afin de couper
du bois dont nous avions besoin, & d'obtenir dans le pays
des rafraîchissemens, quoique nous n'eussions point vu de
fruits fur les pirogues.

« LES INSULAIRES, qui avoient monté à bord, grimperent
» avec la plus grande aisance, par les hautbans, jusqu'au
» haut des mâts. Nous n'avons jamais rencontré de Peuple
» si intelligent ; ils comprenoient nos signes & nos gestes,
» comme s'ils les avoient vu pratiquer depuis long-tems, &
» en peu de minutes, ils nous apprirent un grand nombre
» de mots de leur langue ; ce qui nous convainquit encore
» mieux qu'elle est absolument différente de cette langue
» générale dont on parle les dialectes divers aux Isles de la
» Société, aux Isles des Amis, aux Isles Basses, à l'Isle de
» Pâque & à la Nouvelle-Zélande : elle n'est pas difficile
» à prononcer ; mais elle a plus de consonnes qu'aucune de
» celles dont on vient de faire mention : le son le plus
» singulier qu'ils formassent étoit celui de *Brrr*. Ainsi, par
» exemple, un de nos Amis s'appelloit Mambrrùm, & un
» autre Bonombrrooài.

» ILS DESIROIENT tout ce qu'ils voyoient; mais ils ne
» murmuroient point quand on ne le leur accordoit pas; ils
» admiroient beaucoup les miroirs, & ils prenoient un ex-
» trême plaisir à s'y regarder : ce Peuple laid nous sembloit
» plus entiché de sa figure que la belle Nation de Taïti &
» des Isles de la Société.

» ILS AVOIENT les oreilles percées, & un trou dans le *Sep-*
» *tum narium*, où ils portoient un morceau de bâton, ou
» deux petits cailloux de selenite ou d'albâtre joints en-
» semble de maniere qu'ils formoient un angle obtus; des
» bracelets proprement travaillés, de petites coquilles noires
» & blanches ornoient la partie supérieure de leur bras :
» ces bracelets les serroient si fortement, qu'ils avoient sans
» doute été mis dans le bas-âge; leur corps n'étoit point
» tatoué. M. Hodges les a peints, & on en trouve une
» gravure dans ce Voyage, elle exprime très-bien le ca-
» ractere de la Nation; mais je regrette que, pour remé-
» dier à un défaut de burin, il ait fallu enfreindre le
» costume, & jeter une draperie sur l'épaule, quoique
» ces Insulaires ne soient point couverts. Ils consen-
» tirent tout-de-suite à s'asseoir tandis qu'on les pei-
» gnoit, & ils sembloient avoir quelque idée de cette
» opération.

» DURANT l'alarme que causa un de leurs Compatriotes,
» en décochant la flêche dont il a été question tout-à-
» l'heure, ils offrirent à nos yeux un étrange spectacle :
» agités par la crainte, par le désir d'appaiser cette dispute,
» ils mirent un grand mouvement dans leurs actions; les

» uns fautoient dans la mer pardeffus le platbord, &
» les autres s'élançoient des fenêtres; & la plupart al-
» loient & venoient enfuite dans l'eau, fans favoir ce qu'ils
» faifoient. »

Vers les neuf heures, nous partîmes avec deux bateaux,
& nous defcendîmes en préfence de quatre ou cinq cens
Habitans raffemblés fur le rivage. Quoique tous fuffent armés
d'arcs, de flèches, de maffues & de lances, ils ne firent pas
la moindre oppofition; au contraire, voyant que je m'avan-
çois feul, fans armes, un rameau verd à la main, l'un d'eux,
qui paroiffoit être un Chef, donna fon arc & fes flèches à
un autre, fe mit dans l'eau pour venir à ma rencontre; il
portoit un pareil rameau, qu'il échangea contre le mien, &
me prenant enfuite la main, il me préfenta à fes Compatriotes. Je leur diftribuai auffi-tôt des préfens, tandis que
les foldats de Marine fe rangerent en bataille fur la plage. Je
fis figne à ces Infulaires, (car nous n'entendions pas un feul
mot de leur langue) que nous avions befoin de bois, & ils
nous répondirent que nous pouvions en couper. Dans ce
même tems, on amena un petit cochon, qu'on m'offrit, &
je donnai au député une pièce d'étoffe, dont il parut charmé; nous efpérions obtenir bientôt de ces Indiens d'autres
provifions; mais nous nous trompions. Le cochon n'avoit
point été apporté pour être échangé, mais probablement
pour être offert, comme le fceau de la pacification. Nous
n'obtînmes d'eux qu'une demi-douzaine de noix de cocos,
& une très-petite quantité d'eau fraîche. Ils ne mettoient
aucune valeur aux clous ni à nos outils de fer, & même
ils n'eftimoient rien de tout ce que nous avions. De tems à
autre,

Pl. 42

DÉBARQUEMENT À MALLICOLO L'UNE DES NOUVELLES HÉBRIDES.

autre, ils échangeoient une flèche pour une pièce d'étoffe, mais ils consentoient rarement à se départir d'un arc. Ils ne vouloient point que nous quittassions le rivage pour entrer dans la contrée, & ils desiroient fort que nous retournassions au vaisseau.

« Un récif environnoit la côte à l'endroit où nous des-
» cendîmes, jusqu'à la distance de trente verges; l'eau y étoit
» si basse, que nous fûmes obligés de marcher à gué vers
» la greve, qui n'avoit pas plus de 15 verges de large, &
» notre situation auroit été très-critique, en cas d'attaque.

» Les arcs de ces Insulaires, que nous trouvâmes sur le
» rivage, étoient d'un bois brun-foncé, & plus beau que le
» Mahogany; ils tenoient leurs traits dans un carquois cy-
» lindrique de feuilles : tous ces traits étoient des roseaux
» d'environ deux pieds de long ; les plus communs avoient
» une pointe d'un pied ou quinze pouces de long, d'un
» bois poli, aussi noir que l'ébene, mais très-cassant; les
» autres étoient garnis d'un morceau d'os de deux ou trois
» pouces de long : l'os étoit inféré dans une coche du
» roseau, & serré très-proprement avec des fibres de noix
» de cocos, tressées en croix, de maniere qu'elles formoient
» de petits compartimens rhomboïdaux d'environ $\frac{1}{20}$ de
» pouce en quarré, remplis alternativement de couleur
» rouge, verte & blanche. L'os étoit épointé & barbouillé
» d'une substance résineuse noire.

» Nous sortîmes des lignes que formoient autour de
» nous les Soldats de Marine, & nous nous promenâmes

Ann. 1774.
Juillet.

» parmi les Naturels, qui cauferent avec nous, & s'affirent
» volontiers au pied d'un arbre, afin de nous apprendre leur
» langage : ils étoient furpris de l'aptitude que nous avions
» à nous fouvenir des mots qu'ils prononçoient, & ils fem-
» bloient réfléchir comment, avec une plume & du papier,
» il étoit poffible de conferver des fons. Non - feulement
» ils mettoient du zèle à nous inftruire, mais ils defiroient
» auffi d'apprendre notre langue, dont ils prononçoient
» fi exactement les termes, que nous admirions la vivacité
» de leur pénétration & l'étendue de leur intelligence.
» Comme ils avoient les organes de la parole très-flexibles ,
» nous effayâmes de leur faire prononcer les fons les plus
» difficiles des langues de l'Europe, & ils rendirent, fans la
» moindre difficulté, & après l'avoir entendu une feule fois,
» la fyllabe ruffe *Shtch*. Nous leur apprîmes enfuite les
» termes numériques anglois, & ils les répéterent très-rapi-
» dement fur leurs doigts : en un mot, s'ils ne prêtoient pas
» une longue attention à nos difcours, ils faififfoient & imi-
» toient, dès le premier inftant, tout ce que nous voulions
» leur dire.

» QUAND ils nous vendirent des traits empoifonnés , ils
» nous avertirent de ne pas en éprouver la pointe contre
» nos doigts, & ils nous affurerent, par les fignes les plus
» intelligibles, qu'un trait ordinaire peut tranfpercer le bras
» d'un homme fans le faire mourir, mais que la plus légere
» égratignure de ceux-ci fuffit pour le tuer. Si, malgré ces
» confeils, nous les approchions de nos doigts, ils nous
» faififfoient amicalement par le bras, afin de nous préferver
» d'un danger imminent.

» OUTRE les arcs & les traits., ils avoient une massue de
» bois de Casuarina, suspendue à leur épaule droite avec
» une grosse corde d'herbes : cette massue, très-bien polie,
» n'excédoit pas deux pieds & demi de longueur, & parois-
» soit destinée aux combats de corps à corps, après que le
» carquois seroit vide. Sur le poignet gauche, ils portoient
» une planche de bois proprement couverte de paille, d'en-
» viron cinq pouces de diamètre, pour que le recul de la
» corde de l'arc ne blessât pas leur bras. Ils refuserent de nous
» vendre cette espèce de gand, ainsi que leurs bracelets &
» leurs autres ornemens.

» NOUS N'OBSERVAMES aucune nouvelle plante sur les
» bords de la greve, où nos Gens coupoient des arbres; mais
» la grande forêt, qui remplissoit l'intérieur du pays, étoit
» attrayante pour des Naturalistes. Je remarquai un sentier
» qui montoit dans le bois, parderriere des buissons; nous
» y entrâmes, le Docteur Sparrman & moi, sans être ap-
» perçus, & nous avançant à environ 20 verges, nous eûmes
» le bonheur de trouver deux nouvelles plantes. Dès que
» nous les eûmes cueillies, des Naturels qui parurent devant
» nous, s'arrêterent en nous voyant, & nous prierent, par
» des signes multipliés, de retourner à la greve. Nous nous
» inclinâmes pour les saluer, & nous leur montrâmes les
» plantes que nous venions de ramasser, en nous efforçant
» de les assurer, par gestes, que nous n'étions venus ici que
» pour cela. Ce prétexte fut inutile, & comme ils persis-
» toient à nous engager à sortir du bois, nous y consentîmes
» de peur d'exciter un nouveau trouble. Cette forêt, qu'il
» nous fallut quitter si promptement, étoit très-sombre, &

I 2

Ann. 1774.
Juillet.

» remplie de buiſſons. Cependant une maſſe volumineuſe
» de lumiere, qui venoit de l'intérieur, ſembloit indiquer
» une plantation, que je n'aurois pas manqué d'examiner,
» ſi les Inſulaires m'en avoient laiſſé la liberté. Les voix des
» femmes & des enfans que nous entendions de ce côté,
» confirmoient notre conjecture. En général, les eſpèces
» de grands arbres que nous trouvâmes, étoient connues ;
» mais nous en remarquâmes, parmi les ſous-bois, pluſieurs
» abſolument nouvelles.

» P L U S I E U R S des Naturels portoient ſur leur bras
» un petit panache verdâtre d'une plante odoriférante d'un
» nouveau genre, que nous avons nommé *Cuodia* (Forſt.
» nov. gen.): quelques-uns nous permirent de le leur ôter pour
» l'examiner ; mais d'autres nous l'arracherent bientôt des
» mains, & le jeterent à terre, avec un air fâché, comme
» ſi cette plante eût été nuiſible ou de mauvais augure. Nous
» en avons ſouvent mâché la graine, qui eſt très-aromatique,
» ſans en éprouver le moindre inconvénient, & nous étions
» très - convaincus qu'elle n'a rien du tout de pernicieux ;
» mais je ne ſais ſi ce n'étoit point parmi eux un ſigne d'ini-
» mitié ou de défiance, comme beaucoup d'autres paſſent
» dans leur eſprit pour des emblêmes de l'amitié.

» D E R E T O U R à la greve, nous nous trouvâmes environ-
» nés de tous côtés par les Inſulaires. Le Capitaine plaça
» alors une partie des ſoldats de Marine vers la mer, &
» le reſte vers les bois, afin qu'ils puſſent nous défendre
» pardevant & parderriere. Il faut avouer que les Naturels
» n'avoient pas la moindre envie de troubler la paix : nous

» caufions librement avec eux ; la volubilité de leur langue
» affourdiffoit nos oreilles , & le bruit qu'ils faifoient, ref-
» fembloit à celui d'une foire : leur babil fut tout-à-coup
» remplacé par un filence parfait. Nous nous regardâmes
» les uns les autres ; nous jetâmes des yeux effrayés autour
» de nous, & les deux aîles de notre garde fe replierent &
» fe difpoferent au combat. Les Indiens fembloient s'at-
» tendre à quelque malheur ; mais, voyant que nous reftions
» tranquilles, ils fe mirent à parler de nouveau, & en peu
» de minutes, la confiance réciproque fe rétablit. Voici ce
» qui donna lieu à cette alarme : l'un des Matelots ayant
» prié un des Infulaires de lancer une flèche en l'air le
» plus haut poffible, l'Indien y confentit, & il avoit déjà
» bandé fon arc, lorfque fes Compatriotes, craignant que
» cette flèche décochée ne nous parût une infraction de
» la paix, lui crierent de s'arrêter, & effrayerent tout le
» Peuple qui étoit fur la greve, en prononçant quelques
» mots, qui, à l'inftant, produifirent un filence univerfel.
» Les Peintres & les Poëtes auroient eu une belle occafion
» de peindre la confternation & la frayeur : l'épouvante
» étoit peinte fur le vifage des Naturels ; tout annonçoit
» leur inquiétude ; les uns avec un œil égaré ; les autres avec
» un regard fombre ; ceux-ci avec une phyfionomie finiftre ;
» ceux-là avec un maintien intrépide & affuré ; tous, dans
» des attitudes différentes, faifirent leurs armes.

» Dès que l'alarme eut ceffé, nos coupeurs de bois re-
» prirent leurs travaux, & les Naturels admiroient leur
» habileté : quelques femmes s'approcherent alors de nos
» lignes, mais elles s'en tinrent un peu éloignées : elles

» étoient d'une petite taille, & les plus laides de celles que
» nous avions vues dans la mer du Sud : celles qui étoient
» d'un âge mûr, c'est-à-dire, probablement celles qui étoient
» mariées, portoient autour de leurs reins des pièces d'étoffe,
» ou plutôt de nattes, qui descendoient presque jusqu'aux
» genoux : d'autres n'y portoient qu'un torchon de paille suf-
» pendu à un cordon, & celles qui avoient moins de onze
» ans, alloient entièrement nues, ainfi que les petits gar-
» çons du même âge. La tête de quelques-unes de ces
» femmes étoit couverte de poudre de terre mérite, couleur
» d'orange ; d'autres avoient barbouillé leur vifage & plu-
» fieurs tout leur corps de cette peinture, qui, fur leur
» peau brune, produifoit à nos yeux un très-mauvais effet.
» Nous n'obfervâmes point qu'elles euffent des colifi-
» chets à leurs oreilles, autour de leurs cols ou de leurs
» bras ; car, à ce qu'il femble, c'est la mode fur cette Ifle,
» que les hommes fe parent feuls : par-tout où cela arrive,
» le fexe eft ordinairement opprimé, méprifé, & dans une
» fituation déplorable : nous les voyions en effet traîner fur
» leur dos des paquets qui contenoient leurs enfans : les
» hommes ne paroiffoient avoir aucun égard pour elles ; ils
» ne leur permettoient pas de s'approcher de nous, & dès
» que nous allions vers elles, ces pauvres femmes s'en-
» fuyoient.

» A MIDI, la plupart des Indiens de cette foule fe dif-
» perferent vraifemblablement pour aller dîner. L'un des
» Chefs pria le Capitaine de l'accompagner à fon habitation,
» fituée dans les bois ; mais M. Cook le remercia. Nous
» nous rembarquâmes tous fans éprouver d'obstacles de la

» part des Naturels qui resterent sur la greve, jusqu'à ce
» que nous fûmes à bord. M. de Bougainville ne fut pas si
» heureux à l'Isle des Lépreux; les Naturels lui montrerent
» des dispositions amicales, jusqu'à ce que tout son monde
» fût embarqué; mais alors ayant décoché une grele de
» flèches, ils en furent bien punis, car on lâcha sur eux
» une volée de mousqueterie, qui tua plusieurs Indiens :
» comme ces deux Isles font à la vue l'une de l'autre, &
» que l'expédition du Navigateur françois est très-récente,
» nos Insulaires connoissoient probablement la puissance
» des Européens, & voilà pourquoi ils agirent avec pré-
» caution. »

APRÈS avoir envoyé le bois que nous avions coupé, nous
nous rembarquâmes.

LE JOUR étoit trop avancé pour retourner à terre après
dîné, & les Gens de l'équipage furent employés aux diverses
réparations nécessaires dans les manœuvres; mais, appercevant un Indien du rivage qui portoit une bouée qu'il avoit
prise, dans la nuit, d'un ancre de jet, je descendis sur la
côte pour la reprendre. Au moment que je débarquai, elle
fut rendue par l'homme même, qui se retira sans prononcer
une parole. Je dois observer que cette bouée fut l'unique
chose que ces Insulaires chercherent à nous enlever. Comme
nous étions descendus près de quelques maisons & plantations, précisément à l'entrée du bois, j'engageai un Insulaire
à nous y conduire; mais il ne voulut jamais permettre à
personne qu'à M. Forster de me suivre : ces cabanes font assez
semblables à celles que nous avions vues dans les autres

ANN. 1774.
Juillet.

Ifles; elles font un peu baffes, & couvertes de feuilles de latanier : quelques-unes étoient fermées tout autour , avec des planches, & une ouverture quarrée, qui fervoit de porte, étoit la feule entrée: cette efpèce de porte étoit clofe alors, & l'on refufa de nous l'ouvrir: en cet endroit , il n'y avoit gueres que fix huttes, & quelques petites plantations de racines, &c. entourées d'une haie de rofeaux , comme aux Ifles des Amis. On y voyoit encore des cocotiers, des arbres à pain , des bananiers; mais ces arbres, en petit nombre, étoient chargés de peu de fruits. Nous apperçûmes une provifion affez confidérable de belles ignames qu'on avoit mifes en tas fur des branchages, ou fur une efpèce de plate-forme, une vingtaine de cochons & des poules qui rodoient autour de ces habitations. Ayant tout obfervé, nous rentrâmes dans la chaloupe, & nous rangeâmes le rivage jufqu'à la pointe Sud-Eft du havre, où nous defcendîmes pour aller à pied le long de la plage, & nous ne tardâmes pas à découvrir les Ifles qui font au S. E., & dont nous avons fait mention. Nous apprîmes alors les noms de ces Ifles & de celle où nous étions, qu'ils appellent Mallicollo (a). Celle qui eft au-deffus de la pointe méridionale d'Ambrym reçoit le nom d'Apée; & l'autre, fur laquelle s'éleve un pic, eft appellée Apoom. Nous trouvâmes fur la plage un fruit reffemblant à une orange , que les Infulaires nomment Abbi-mora; mais, comme il étoit pourri , je ne dirai pas s'il eft bon à manger.

(a) Ou, *Mallicolla*. Quelques-uns de nos gens prononçoient *Manicolo*, ou *Manicola*, & c'eft ainfi qu'elle eft écrite dans les Mémoires de Quiros, que M. Dalrymple a fait imprimer. Voyez le *Vol. II*, pag. *146*.

« LE NOM

« LE NOM que les Insulaires donnoient à ce fruit, étoit celui que lui donne Quiros ; nouvelle preuve que les descriptions des terres qu'il a découvertes sont exactes. Nous avions trouvé des pimplemouses aux Isles des Amis ; mais jamais aucune orange n'avoit frappé nos regards sur les Isles de la Mer Pacifique. Delà on peut croire ce que dit Quiros des productions naturelles de Mallicolo.

» DURANT la nuit, plusieurs des Matelots essayerent de pêcher, & quelques-uns furent assez heureux. L'un prit un goulu de neuf pieds de long, qui nous fut d'autant plus agréable que toutes nos provisions fraîches étoient consommées, excepté un petit nombre d'ignames que nous mangions en place de biscuit : un autre prit un poisson suceur indien (*Eeheneis naucrates*) de près de deux pieds de longueur : un troisieme, deux grands poissons rouges, de l'espèce des bremes de mer, (probablement le *Sparus Erythrinus*. Linn.). Le goulu n'est pas trop bon ; mais il est, dans tous les temps, préférable aux provisions salées, & la nécessité nous le fit trouver d'un excellent goût : c'est ce maître sévere qui donne au Groënlandois l'amour de l'huile de baleine, & au Hottentot, celui des intestins les plus dégoûtans. Ouvrant ce poisson, on vit une flèche empoisonnée dans sa tête : la blessure étoit si parfaitement guérie, qu'il n'en paroissoit pas la plus petite trace à l'extérieur : un morceau de bois tenoit encore à la pointe osseuse, ainsi que quelques-unes des filasses avec lesquels on l'avoit attaché ; mais le bois & les filasses étoient si pourris, qu'ils tomberent en poussiere dès qu'on les toucha. Ces flèches, que nous

Tome III. K

» fuppofons empoifonnées, n'affectent donc pas les
» poiffons. »

NOUS LONGEAMES enfuite l'autre côté du havre, où
nous defcendîmes à terre près de quelques maifons, à l'in-
vitation des habitans qui étoient venus fur le rivage; mais
nous n'y fûmes pas cinq minutes, qu'ils defirerent de nous
voir partir. Nous eûmes cette complaifance, & nous continuâmes de prolonger le rivage, pour prendre les fondes &
chercher quelque fource; car, jufqu'à ce moment, nous
n'avions vu d'autre eau douce que celle que les Indiens
avoient bien voulu nous apporter; & nous ne favions point
où ils alloient la puifer. A cet égard, nos recherches furent
fans fuccès; mais cela ne prouve point qu'on ne puiffe y
en découvrir. Le jour, déjà trop avancé, ne nous permit
pas d'examiner affez la place pour déterminer ce point.
Comme nous retournions à bord, nous entendîmes le fon
d'un tambour; &, je crois, de quelques autres inftrumens;
& nous vîmes danfer les Infulaires; mais, dès qu'ils enten-
dirent le bruit des rames, ou qu'ils nous apperçurent, ils
refterent tranquilles.

« CETTE MUSIQUE, ainfi que celle de la nuit précédente,
» n'étoit pas remarquable par l'harmonie ou la variété des
» fons; mais elle fembloit plus animée & plus gaie que celle
» des Ifles des Amis.

» MON PERE me dit, à fon retour, qu'il avoit trouvé le
» fond du havre rempli de mangliers, que probablement
» une riviere couloit à travers ces arbres dans la mer; mais

» qu'on effayeroit envain de s'ouvrir un paffage, à travers
» leurs branches ferrées, qui fe reproduifent par chaque
» extrémité, fans former un arbre féparé.

» Pendant cette excurfion, aucun Infulaire ne parut
» fur la côte méridionale où nous avions débarqué le matin;
» mais nous entendîmes dans les bois le grognement des
» cochons, & nous en conclûmes que les Naturels poffé-
» dent un grand nombre de ces animaux. Après le départ
» du Capitaine Cook, plufieurs Naturels vinrent faire des
» échanges au côté de la Réfolution, fur des pirogues qui
» n'avoient pas plus de vingt pieds de longueur, affez
» mal travaillées, & fans ornement; mais garnies d'un
» balancier.

» Une vieille femme nous vendit deux morceaux demi-
» tranfparens de felenite, taillés en forme conique, &
» joints enfemble aux deux extrémités pointues. Le diamètre
» de la bafe étoit d'environ un pouce, & la longueur de
» chaque morceau de trois quarts d'un pouce. Elle les déta-
» cha du cartilage de fon nez, qui avoit un trou fort large,
» & qui étoit barbouillé d'une peinture noire. »

Le 23, à fept heures du matin, je fis lever l'ancre pour
profiter du clair de lune; &, à l'aide d'une légere brife, nous
nous fîmes remorquer par un bâtiment à rames, pour fortir
du port, dont à midi la pointe méridionale nous reftoit
à l'O. S. O. à la diftance d'environ deux milles.

23.

Les Indiens, nous voyant fous voile, arriverent dans

leurs pirogues. Les échanges se firent avec plus de confiance qu'auparavant, & ils nous donnerent des preuves si extraordinaires de leur loyauté, que nous en fûmes surpris. Comme le vaisseau marcha d'abord fort vîte, nous laissâmes en arriere plusieurs de leurs canots qui avoient reçu nos marchandises, sans avoir eu le tems de donner les leurs en échange. Au-lieu de profiter de cette occasion pour se les approprier, comme auroient fait nos Amis des Isles de la Société, ils employerent tous leurs efforts pour nous atteindre & nous remettre ce dont ils avoient reçu le prix. Un des Indiens nous suivit pendant un tems considérable; &, le calme survenant, il parvint à nous joindre. Dès qu'il fut au vaisseau, il montra ce qu'il avoit vendu; plusieurs personnes voulurent le lui payer, mais il refusa de s'en défaire, jusqu'à ce qu'il apperçût celui qui le lui avoit déjà acheté, & il le lui remit. La personne, ne le reconnoissant pas, lui en offrit de nouveau la valeur; mais cet honnête Indien ne voulut point l'accepter, & lui fit voir ce qu'il avoit reçu en échange. Les pièces d'étoffes & le papier marbré furent fort recherchés de ces Insulaires, qui ne mettoient aucun prix à nos clous, à nos outils de fer, à nos grains de rassade. Les pirogues ne furent jamais plus de huit ensemble devant le vaisseau, & il n'y avoit pas plus de quatre ou cinq Indiens dans chacune; ce qui prouve qu'ils ne sont pas habiles pêcheurs. Il arrivoit quelquefois qu'ils se retiroient subitement au rivage, sans avoir fait la moitié des échanges qu'ils paroissoient s'être proposés; & d'autres venoient ensuite les remplacer.

C o m m e nous sortions du havre à la marée basse, un grand

Pl. 4.

Benard Direx

HOMME DE L'ISLE DE MALLICOLO.

nombre d'Habitans étoient alors fur les récifs qui bordent
l'Ifle, pour y amaſſer des coquillages. Notre féjour fur leur côte ne les empêcha point de ſuivre leurs occupations ordinaires. Sans doute que, ne leur cauſant aucune inquiétude, fi nous euſſions fait un plus long féjour, nous aurions été dans une plus étroite amitié avec eux. On pourroit preſque les regarder comme une eſpèce de ſinges; car ils font très-hideux & très-mal proportionnés; &, à tous égards, ils diffèrent beaucoup des Nations que nous avons viſitées dans cette mer (a). Ces hommes, d'une très-petite race, font d'une couleur bronzée; ils ont la tête longue, le viſage plat, & la mine des ſinges. Leurs cheveux, généralement noirs ou bruns, font courts & crépus, mais fans être auſſi doux & auſſi laineux que ceux d'un Nègre d'Afrique. Leur barbe eſt forte, touffue, & ordinairement noire & courte. Mais ce qui ajoute infiniment à leur difformité, c'eſt une ceinture ou corde qu'ils portent tous autour des reins, & qu'ils ſerrent fi étroitement fur le ventre, que la forme de leur corps eſt ſemblable à celle d'une groſſe fourmie. Ce cordage eſt auſſi gros que le doigt, & il forme une entaille fi profonde fur le nombril, que le corps paroît en quelque forte double. Les hommes vont tout nuds, & à peine ſe couvrent-ils les parties naturelles d'un mor-

---

(a) Quand à la maniere particuliere de porter la Pagne, on peut en voir une deſcription détaillée dans le Voyage de Wafer, qui fait mention de cette coutume finguliere, qui exiſte chez les Indiens de l'Iſthme de Darien.

ceau de nattes, ou d'une feuille dont ils se servent comme d'une pagne (a).

Nous vîmes peu de femmes, & elles n'étoient pas moins hideuses que les hommes. Elles se peignent la tête, le visage & les épaules de rouge. Elles portent une espèce de jupe. Quelques-unes avoient, sur le dos, une sorte d'écharpe, où elles placent leurs enfans. Il n'en vint aucune à bord, & quand nous étions à terre, elles se tinrent toujours à une certaine distance. Leurs parures sont des pendans d'oreilles, d'écaille de tortue, & des bracelets. Un de ces bracelets nous a paru très-curieux : sa largeur étoit de quatre à cinq pouces ; il étoit fait avec de la tresse ou de la ficelle, & garni d'écaille, & il se mettoit précisément au-dessus du coude. Au poignet droit ils ont un cercle de dents de cochons, & de grands anneaux d'écaille ; & on a déjà indiqué l'usage d'une plaque de bois arrondie qu'ils portent autour du poignet gauche. Ils sont encore dans l'usage de se percer la cloison du nez, pour la décorer d'une pierre blanche courbe d'environ un pouce & demi de longueur.

En signe d'amitié, ils présentent un rameau verd, & jettent, avec la main, un peu d'eau sur la tête.

Leurs armes sont la massue, la lance, l'arc & la flèche.

_____

(a) On a déjà donné quelques-uns des détails qu'on va lire ; mais, après avoir rapporté les Observations particulieres, on a coutume, dans cet Ouvrage, d'en présenter le résultat à la fin des Chapitres sur chaque Isle.

Les deux premieres sont de bois de fer : leurs arcs, d'environ quatre pieds de longueur, sont un bâton fendu vers le milieu ; ce bâton n'est point courbé en demi-cercle, mais de cette maniere

ILS ONT, pour flêches, des roseaux armés d'une pointe longue & aigue, d'un bois très-dur, & quelquefois d'un os. Ces pointes sont toutes couvertes d'une substance que nous prîmes pour du poison. On a déjà dit que ces Indiens confirmerent encore nos soupçons, en nous faisant signe de ne pas toucher la pointe, en nous avertissant que la piquure seule nous donneroit la mort. Ils sont eux-mêmes très-attentifs à s'en préserver, & ils les portent toujours enveloppés dans un carquois. Quelques-unes des flêches ont deux ou trois pointes, chacune desquelles est garnie sur les arêtes de petites pointes barbelées, pour empêcher de les retirer de la plaie.

APRÈS avoir remis en mer, nous voulûmes essayer, sur un chien, l'effet d'une des flêches empoisonnées. Dès le premier jour de notre arrivée dans ce port, nous avions déjà fait cette épreuve ; mais, comme elle ne produisit rien de funeste, nous imaginâmes que l'opération avoit été trop légere. Le Chirurgien fit donc une profonde incision dans la cuisse d'un chien, où il inséra une grande partie du poison qui couvroit les flêches, & banda ensuite la plaie. Pendant quelques jours, nous crûmes que le chien n'étoit pas aussi-bien qu'auparavant, & je n'assurerai même pas si cela étoit en effet, ou si nous nous faisions illusion ; mais l'animal se trouva bientôt dans le même état que s'il ne lui étoit rien arrivé, & il est revenu,

plein de vie, en Angleterre. Je ne puis guères douter cependant que la matiere, dans laquelle ces Indiens trempent
leurs flêches, ne foit d'une efpèce venimeufe, puifqu'ils ne
fe propofent point d'autre objet. Mais ils paroiffent peu
connoître la nature du poifon; car, lorfqu'ils nous apporterent de l'eau fur le rivage, ils en buvoient d'abord, pour
nous faire comprendre que nous pouvions la boire avec
fûreté.

Les Habitans de Mallicollo paroiffent être une Nation
abfolument différente de toutes celles que nous avons vues
jufqu'à préfent. D'environ quatre-vingt mots de leur langue,
que M. Forfter a raffemblés, à peine s'en trouve-t-il un qui
ait quelque affinité avec les langues des autres Ifles où nous
avons relâché. Ils emploient la lettre R dans beaucoup de
leurs mots, & fréquemment il s'en rencontre deux ou trois
enfemble, ce qui en rend la prononciation très-difficile. On
a déjà obfervé qu'ils prononçoient, fans aucune peine, la
plupart des termes Anglois: ils expriment leur admiration
par un fifflement, affez femblable à celui d'une oie.

Je coris que leurs fruits ne font pas fi bons que ceux
des Ifles des Amis ou des Ifles de la Société. J'en fuis du
moins affuré à l'égard des cocos: & leurs arbres à pain &
leurs bananiers ne paroiffent pas valoir mieux; mais les ignames femblent y être excellentes.

« Mallicolo a environ vingt lieues de long du Nord
» au Sud: fes montagnes intérieures font très-élevées, cou-
» vertes de forêts, & contiennent, fans doute, de belles
                                                          » fources

» fources d'eau douce, quoique nous n'ayons pas pû les
» découvrir entre les arbres. Le fol, autant que nous l'avons
» examiné, eft riche & fertile, comme celui des plaines des
» Ifles de la Société; & le voifinage du volcan d'Ambrym,
» nous donne lieu de fuppofer qu'elle en a un auffi. Ses
» productions végétales femblent être abondantes & fort
» variées, & les plantes utiles ne font pas moins nombreufes
» qu'aux Ifles que nous venions de vifiter. Peut-être qu'elles
» y font moins bonnes, comme le croit M. Cook.

ANN. 1774.
Juillet.

» LES COCHONS & les volailles font leurs animaux domef-
» tiques; nous y avons ajouté des chiens, en leur donnant un
» mâle & une femelle, qu'ils reçurent avec un extrême
» plaifir. Je fuis perfuadé qu'ils en prendront un grand
» foin; mais, parce qu'ils les appelloient *broas*, (ce qui
» fignifie cochon) nous fûmes convaincus qu'ils étoient
» abfolument nouveaux pour eux. Nous n'y avons point
» trouvé d'autre quadrupède durant notre petite relâche,
» & il n'eft pas probable que, dans une Ifle fi éloignée des
» Continens, il y ait des quadrupèdes fauvages : à la vérité,
» un feul jour employé fur une greve ftérile, ne fuffit pas
» pour fe former une idée complète des animaux & des
» végétaux d'un pays; mais nous avons eu occafion de
» remarquer que les bois font habités par plufieurs efpèces
» d'oifeaux, parmi lefquels il y en a, fans doute, d'inconnus
» aux Naturaliftes.

« A JUGER du nombre des Habitans, par la foule que nous
» apperçûmes au port où nous mouillâmes, on croiroit qu'il
» eft confidérable; mais, vu la grande étendue de l'Ifle, je ne

Tome III. L

ANN. 1774.
Juillet.

» puis pas la fuppofer très-peuplée. Il n'y a pas, je penfe,
» cinquante mille Infulaires ; & ils ne font point difperfés,
» comme à Taïti, aux bords des collines, mais ils font
» répandus fur plus de fix cens mille quarrées. Le pays
» femble être une forêt étendue ; ils ont feulement com-
» mencé à ouvrir & à planter quelques petits cantons perdus
» dans le vafte efpace, comme de petites Ifles dans la mer
» Pacifique. Peut-être que fi l'on venoit à bout de péné-
» trer l'Hiftoire de cette race, on trouveroit qu'elle eft
» arrivée, fur cette Terre, beaucoup plus tard que les Natu-
» rels des Ifles de la Société & des Amis : il eft fûr du moins
» qu'elle paroît très-différente, comme on a déjà eu occa-
» fion de le remarquer.

» LES NATURELS de quelques parties de la Nouvelle-
» Guinée & de la Terre des Papous, femblent correfpon-
» dre, en plufieurs points, avec les Mallicolois. Le teint
» noir & les cheveux laineux, caractérifent particulière-
» ment les deux Nations. En admettant l'influence du cli-
» mat, fi bien défendue par M. de Buffon, c'eft une nou-
» velle preuve que Mallicolo a été peuplé depuis peu, puif-
» que l'intervalle de tems qui s'eft écoulé, n'a pas fuffi pour
» changer la couleur & les cheveux des Habitans ; mais je
» fuis loin de croire à l'influence générale des climats, &
» fi j'ai hafardée cette conjecture, je fuis prêt à changer
» d'opinion, dès qu'on en imaginera une plus raifonnable.
» La Nouvelle-Guinée & les Ifles voifines, font les feuls
» pays d'où nous puiffions attendre des lumieres fur ce
» fujet, & nous n'en connoiffons encore ni la pofition géo-
» graphique, ni les Habitans. D'après les Voyageurs, qui ont

» reconnu cette partie du Monde (a), il paroît que plusieurs
» Tribus distinctes habitent ses différens cantons. Il faut
» remarquer qu'outre la race noire, il y a des Naturels
» d'un teint plus clair, qui se rapprochent de ceux des
» Isles de la Société & des Isles des Amis. Peut-être y trou-
» veroit-on d'autres Tribus, qui, suivant toute appa-
» rence, sont un mélange des deux races. Je crois que
» les formes grêles des Mallicolois sont particulieres à
» eux & aux Habitans de la Nouvelle-Hollande, avec
» lesquels cependant ils ne semblent pas avoir d'autres
» rapports.

» LE CLIMAT de Mallicolo & des Isles des environs, est
» très-chaud. Peut-être qu'il y a des tems où il est moins
» tempéré qu'à Taïti, parce que l'Isle est infiniment plus
» étendue. Nous n'y avons pas éprouvé de chaleur extraor-
» dinaire. Le thermomètre de Fahrenheit étoit à 76^d &
» 78^d, c'est-à-dire à un point très-modéré pour la zone tor-
» ride. Le vêtement, dans une pareille contrée, est un
» objet de luxe, & on ne peut pas le mettre au rang des
» premiers besoins. Sous leurs bocages touffus, ils ne sen-
» tent pas les rayons brûlans du Soleil, & ils ne connois-
» sent point la rigueur du froid. Les arbrisseaux & les ronces
» les obligent cependant à quelques précautions, & les
» impulsions de la Nature, pour la propagation de l'es-
» pèce, leur ont suggéré les moyens les plus simples de
» conserver leurs organes, & de les empêcher d'être

(a) Dampierre, Carteret, M. de Bougainville.

L 2

» déchirés *(a)*. Nous sommes trop portés à regarder comme
» innés les principes que l'éducation infpire à notre efprit,
» & nous prenons fouvent un fentiment moral pour un
» inftinct phyfique. En étudiant les Peuples barbares, on
» voit que la modeftie & la chafteté font des idées locales,
» inconnues dans l'état de nature, & modifiées fuivant les
» divers degrés de civilifation. Les Mallicolois, par exem-
» ple, ne peuvent pas avoir renoncé à des idées naturelles,
» en inventant un ufage qui ne paroît propre qu'à exciter
» leurs defirs. Je ne fais point fi le peu de vêtemens que met-
» tent leurs femmes, provient d'un fentiment de pudeur ou
» de l'envie de plaire.

» ILS PAROISSENT fe nourrir principalement de végé-
» taux, & ils s'appliquent à l'agriculture : de tems en tems
» ils fe régalent de porc & de volaille ; &, quoique nous
» n'ayions pas eu occafion d'obferver beaucoup d'uftenfiles
» de pêche, puifqu'ils ont des pirogues, on peut fuppofer
» que l'Océan fournit auffi à leur fubfiftance. Comme leur
» Ifle eft entièrement couverte de forêts, il leur faut un
» grand travail, pour cultiver une quantité de terre fuffi-
» fante à leur entretien. Nous avons jugé la contrée fer-
» tile ; mais les végétaux fauvages qui croiffent fpontané-
» ment, de toutes parts, détruifent les bourgeons plus foi-
» bles de ceux qu'on plante. Peut-être expliquera-t-on
» par-là l'ufage de rappetiffer & d'amincir leurs mem-
» bres avec des cordes, des bracelets, &c. Ces inven-

(*a*) Ils mettent pour cela une efpèce de ceinture qui ne cache rien;
mais qui préferve les parties naturelles.

» tions monftrueufes, femblent avoir été établies par la
» néceffité, & on les aura regardé, dans la fuite, comme
» des traits de beauté.

» L'ABAISSEMENT & le creux de leurs forêts, dont on a
» déjà dit un mot, peuvent être artificiels auffi ; car on fait que
» les Peuples ont la manie de comprimer la tête des enfans
» pour lui donner différentes formes. Plufieurs Nations du
» continent de l'Amérique fe déforment la tête, pour ref-
» fembler au Soleil, à la Lune, ou à quelqu'autre objet (a).
» Le front des Mallicolois n'eft pas exceffivement difforme,
» & n'augmente pas beaucoup la laideur du refte de leurs
» traits.

» L'AGRICULTURE employant la plus grande partie de
» leur tems, ils n'ont point de loifir pour fabriquer des vête-
» mens, dont ils n'ont pas un befoin abfolu. Le repos &
» l'indolence forment le bien furprême des petites Sociétés,
» qui ne font pas civilifées ; & la néceffité feule les force à
» devenir induftrieufes. Nous avons remarqué que les Malli-
» colois donnent bien des momens à la mufique & à la
» danfe. Leurs inftrumens font très-fimples ; nous n'avons
» entendu que des tambours : les tambours, les fifflets &
» les flûtes font très-aifés à inventer. Les événemens or-
» dinaires de la vie domeftique, font fi paifibles & fi
» réguliers, que la Nature humaine paroît avoir befoin de
» quelque mouvement étranger qui l'anime. Pour adoucir

(a) Voyez, fur cette matiere, l'Efprit des Ufages & des Coutumes des différens Peuples. L. VIII, de la Beauté & de la Parure.

ANN. 1774.
Juillet.

» les travaux de la journée, les hommes barbares se livrent » quelquefois à des mouvemens de corps extravagans ; ils » tirent des sons de différentes substances, & ils portent » les organes de la parole au-delà de leur échelle ordi- » naire.

» LES TAMBOURS des Mallicolois, qui leur servent de » passe-tems, leur servent aussi de tocsin dans les alarmes. » Nous avons lieu de croire qu'ils ont des querelles fré- » quentes avec les Insulaires des environs ; & il est probable » que, vivant dispersés, en petites familles, sur une grande » Isle, ils ont souvent des disputes entr'eux. Excepté ceux » qui entrerent dans la chambre du Capitaine, nous ne les » avons jamais vu sans armes, & ils paroissent avoir mis plus » d'art & d'adresse à les fabriquer, qu'à aucun autre de leurs » ouvrages.

» LES TRAITS, que nous jugeâmes empoisonnés, étoient » ornés avec soin. La petitesse de leur stature & la minceur » de leurs membres, semblent avoir besoin d'artifice pour » suppléer à la force ; & si réellement leurs traits sont em- » poisonnés, ce qui est douteux, d'après les deux expérien- » ces que nous fîmes, il ne faut pas chercher d'autre ori- » gine à cet usage. Les Insulaires de Santa-Cruz *(a)*, qui » tuerent quelques hommes de l'équipage du Capitaine » Carteret, ressemblent beaucoup aux Mallicolois, & le » Navigateur Espagnol, qui les découvrit le premier, les

_____

(a) « De l'Isle d'Egmont, du Capitaine Carteret. *Voyez* la Collection » d'Hawksworth. »

» accufe auffi d'empoifonner leurs traits (a) : Quiros trouva
» également des traits empoifonnés chez les Naturels de la
» baie de Saint-Philippe & Saint-Jago (b).

» LES MALLICOLOIS étant toujours fur leurs gardes, ils
» ont vraifemblablement des Chefs pour les mener au com-
» bat, & ils leur obéiffent dans le moment de l'action,
» comme les Habitans de la Nouvelle-Zélande. Ils ne mon-
» troient aucun refpect au feul homme que nous prîmes
» pour un Chef, & nous ne jugeâmes de fon autorité, que
» parce qu'ils nous procura un peu d'eau douce. On n'ob-
» ferve pas trop bien un Peuple à la premiere entrevue : auffi
» on ne doit pas s'attendre à trouver ici des réfultats fur cette
» matiere. Leur Religion & les coutumes particulieres de
» leur vie domeftique, ne nous font pas moins inconnues, &
» nous ne favons rien non plus de leurs maladies : nous
» n'avons apperçu aucun malade ; cependant M. de Bou-
» gainville dit que les Naturels d'une Ifle voifine font telle-
» ment fujets à la lépre, qu'il l'a nommé, pour cela, l'Ifle des
» Lépreux.

» LES MALLICOLOIS nous parurent quelquefois défians ;
» &, en effet, difperfés en petites Tribus, qui ont des caufes
» fréquentes de difputes, il n'eft pas étonnant qu'ils foient

(a) « Ces traits étoient d'une longueur remarquable, car ils avoient
» fix pieds cinq pouces, & leurs traits quatre pieds quatre pouces. »

(b) Je ne puis m'empêcher d'obferver ici, que ces raifonemens de M. Forfter ne font pas très-juftes ; car on trouve ces traits empoifonnés chez
les Peuples robuftes, ainfi que chez les Peuples foibles, comme on peut
le voir dans l'Efprit des Ufages des différens Peuples; Liv. VI, de la
Guerre.

» d'un pareil caractere. Leur conduite d'ailleurs n'annon-
» çoit aucun defir de nous intenter une querelle ; & ils
» témoignerent du mécontentement à ceux qui entrepre-
» noient de rompre la paix. On a déjà parlé des cérémonies
» qu'ils obfervent en figne d'amitié : j'ajouterai que l'ufage
» de verfer de l'eau fur leurs têtes, confirme la reffemblance
» que je leur attribue avec le Peuple de la Nouvelle-Guinée.
» Dampierre obferva la même coutume à Pulo-Sabuda, fur
» la côte occidentale de la Nouvelle-Guinée (a).

    » ENFIN, comme ils nous ont donné de grandes preuves
» d'intelligence & de pénétration, leur entendement eft
» fufceptible de beaucoup de progrès ; ils n'ont befoin que
» d'un individu ambitieux pour les civilifer davantage.»

    LE HAVRE, fitué fur le côté N.E. de Mallicolo, à très-peu
de diftance de la pointe du S. Eft, par les 16ᵈ 25′ 20″ de
latitude Sud, & 167ᵈ 57′ 23″ de longitude à l'Eft, reçut le
nom de port Sandwich. Il a environ une lieue de profondeur au S. O. ¼ S., & fa largeur eft d'un tiers de lieue.
En-dehors, il part de chaque pointe un récif de peu d'étendue ; mais le canal eft d'une bonne largeur, & l'on y trouve
depuis quarante jufqu'à vingt-quatre braffes d'eau. Dans le
port, la profondeur de l'eau eft depuis vingt jufqu'à quatre
braffes ; & il eft fi bien abrité, qu'un vaiffeau à l'ancre ne
peut jamais y être incommodé des vents. Il offre un autre
avantage ; on peut mouiller affez près de la grève pour y
protéger les Travailleurs.

_____

(a) Voyez les Voyages de Dampierre ; Vol. III.

CHAPITRE IV.

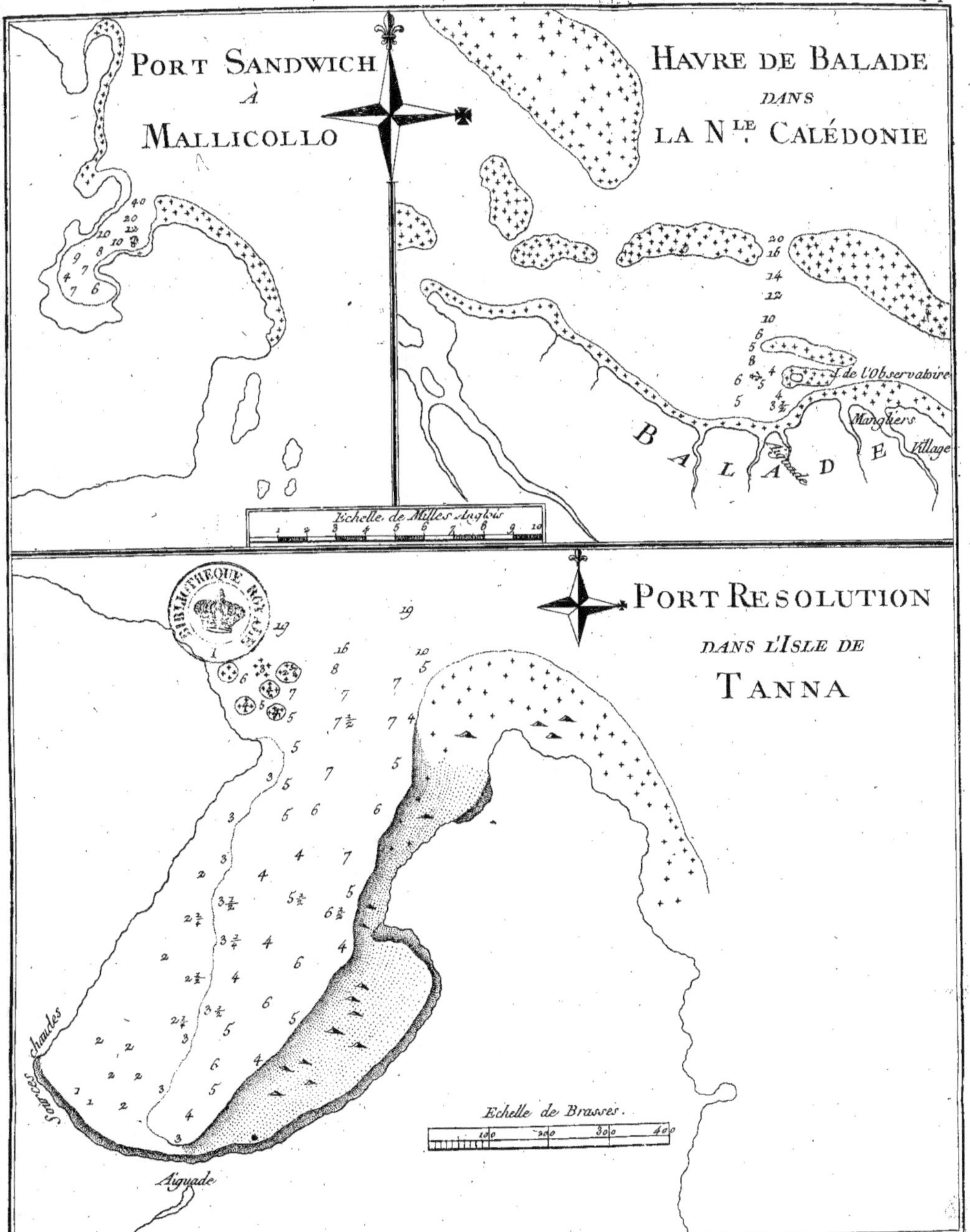

Pl. 44

PORT SANDWICH
À
MALLICOLLO

HAVRE DE BALADE
DANS
LA N.LE CALÉDONIE

40
20
10
10
9
8
7
6

20
16
14
12
10
8
8
6 5 4
5 3½

f. de l'Observatoire

B A L A D E

Manghers

Village

Echelle de Milles Anglois

PORT RESOLUTION
DANS L'ISLE DE
TANNA

BIBLIOTHEQUE ROYALE

19
1
6
6
5

16
8
7
7½

10
5
7
7
7
4

19

5
3
7

3
5
6

6

2
4
7

2¾
3¾
5½
5

6½

2
3½
4
6

2⅓
4
6

2¾
3½
5
6

2
2
3
5

1
2
2
3
4

Sources chaudes

Aiguade

Echelle de Brasses.

100   200   300   400

Benard Direx

CHAPITRE IV.

Découverte de plusieurs Isles ; Entrevue & Escar-
mouche avec les Habitans. Arrivée du Vais-
seau à Tanna ; Réception que nous font les
Insulaires.

ANN. 1774.
23 Juillet.

Aussi-tôt que nous eûmes remis en mer, nous eûmes
une brise de l'E. S. E. qui nous permit de gouverner sur
Ambrym jusqu'à trois heures de l'après-midi, que le vent
ayant passé à l'E. N. E., nous revirâmes de bord : nous fîmes
voile au S. E., & doublâmes la pointe S. E. de Mallicolo,
à la hauteur de laquelle nous découvrîmes trois ou quatre
Isles, qui s'étoient d'abord montrées comme une seule Terre.
A midi, leur pointe nous restoit au Sud 77ᵈ Ouest, à la distance de trois lieues, & la côte paroissoit de-là courir à
l'Ouest. Dans ce moment, l'Isle d'Ambrym s'étendoit du
N. 3ᵈ E. au N. 65ᵈ E., l'Isle Paoom du N. 76ᵈ E. au S. 88ᵈ
E., & l'Isle d'Apée du S. 83ᵈ E. au S. 43ᵈ E. Nous gouvernâmes sur cette derniere ; &, à minuit, nous en étions très-
près ; ce qui nous obligea de mettre en panne jusqu'au point
du jour.

« AMBRYM, qui contient le volcan, paroît avoir plus
» de vingt lieues de tour. Paoom, le pic élevé qui est au
» Sud, est peu étendu ; mais nous ne découvrîmes point si

Tome III. M

» la Terre, que nous vîmes auparavant à son Ouest, lui est
» jointe : en supposant que ces deux parties ne forment
» qu'une seule Isle, la circonférence n'est pas de plus de cinq
» lieues. La quantité de tourbillons de fumée, qui s'élevoient
» des différentes Isles, nous donnerent lieu de croire que les
» Naturels apprêtent leurs alimens au-dessus de terre, en
» plein air. Aux Isles de la Société & des Amis, où les Habi-
» tans cuisent leurs mets sous terre, avec des pierres chaudes,
» nous appercevions rarement du feu ou de la fumée. »

24. LE 24, nous fîmes voile au Sud-Est, dans le dessein
de serrer le vent à l'Est, en prolongeant la côte méridionale
d'Apée. Au lever du Soleil, nous découvrîmes plusieurs
autres Isles, qui s'étendoient du S. E. de la pointe d'Apée
Sud, jusqu'au Sud-Est $\frac{1}{4}$ Sud. Nous nous approchâmes
de la plus voisine sur les dix heures ; &, ne pouvant point
passer au vent de cette Isle, nous virâmes de bord à un mille
du rivage, par quatorze brasses d'eau. Cette Isle, d'environ
quatre lieues de tour, est remarquable par trois collines,
qui forment trois pics; circonstance qui lui a fait donner ce
nom. Un récif très-étendu sort de la pointe méridionale de
l'Isle. « Elle est fort boisée & probablement bien peuplée; car
» nous vîmes, sur la côte, plusieurs des Naturels qui res-
» sembloient à ceux de Mallicolo, & qui étoient, comme
» eux, armés d'arcs & de traits. »

DANS l'après-midi, le vent ayant passé au Nord, nous
reprîmes notre route à l'Est; &, ayant doublé trois collines,
nous portâmes sur un grouppe de petites Isles, qui sont au
S. E. de la pointe d'Apée. Je les nommai les Isles *Shepherd*,

en l'honneur de mon digne Ami, le Docteur Shepherd, Pro-
fesseur d'Astronomie à Cambridge. La brise étoit favorable,
& je me proposai de passer entre ces petites Isles ; mais les pas-
sages se trouvant étroits, & voyant la mer briser dans le
canal sur lequel nous nous avançions, j'abandonnai ce dessein, & nous arrivâmes pour marcher en-dehors ou au Sud de
ces Isles. Le calme, qui survint, nous fit demeurer à la
merci du courant, tout près des Isles, où une ligne de cent
quatre-vingt brasses ne donnoit point de fond. Nous avions
alors, dans toutes les directions, la terre ou les Isles, qui
nous environnoient, sans que nous pussions en connoître le
nombre. Le pic de Paoom, qu'on appercevoit pardessus la
pointe orientale d'Apée, nous restoit au N. N. O. Vers les
huit heures, une brise, qui s'éleva du S. E., dissipa les inquiétudes que le calme avoit occasionnées; & nous restâmes la
nuit sur les bords.

ON A DIT que, la veille de notre départ du port Sandwich,
on prit, à la ligne, deux poissons rougeâtres, de la taille des
grosses brêmes, & d'une forme à-peu-près semblable. La
plupart des Officiers & des Bas-Officiers dînerent, le lendemain, de ces deux poissons. La même nuit, tous ceux
qui en avoient mangé, se sentirent de violentes douleurs à la
tête & aux os, suivies d'une chaleur brûlante sur toute la
peau, & d'une espèce d'insensibilité dans les jointures. On ne
douta point que cet accident ne fut occasionné par le poisson, sans doute d'une espèce venimeuse ; il avoit communiqué la même indisposition à tous ceux qui en avoient
goûté, & même aux cochons & aux chiens, dont il
mourut un de chaque espèce dans l'intervalle de seize

heures; & il se passa huit ou dix jours, avant que les hommes pussent recouvrer la santé.

« UN JOLI PERROQUET des Isles de la Société, qui se pla-
» çoit familièrement sur l'épaule de son Maître, ayant
» avalé un très-petit morceau de ce poisson, mourut le
» lendemain. Heureusement notre Chirurgien avoit diné ce
» jour-là avec le Capitaine, & il échappa ainsi au sort de
» ses Commensaux. »

CES POISSONS sont probablement de l'espèce de ceux que Quiros (a) décrit sous le nom de Pargos (b), qui mirent sur les quadres, pour long-tems, la plus grande partie des Gens de son équipage. Nous nous serions trouvés dans le cas du Navigateur Espagnol, si plus de monde en avoit mangé.

« LA PLUPART des Isles, qui nous entouroient, étoient
» habitées; nous en fûmes du moins assurés le soir, en voyant
» des feux, même sur celles que nous avions jugées désertes
» pendant le jour. Après le coucher du Soleil, nous fûmes
» en calme, pendant plusieurs heures, au milieu de ces
» terres. L'obscurité de la nuit, & les rochers brisés qui nous
» serroient de tous côtés, rendirent notre position très-
» critique. Le Navigateur, qui veut reconnoître de nou-
» velles Isles, & décrire exactement leur position, est sou-

(a) Cela est d'autant plus vraisemblable que la Breme de mer s'appelle *pagrus* en Espagnol.

(b) *Voyez* la Collection des Voyages publiés par M. Dalrymple, *pag.* 140, 141, *Vol. I.*

» vent en danger de perdre fon vaiffeau. Il lui eft impoffible
» de fe former une jufte idée de la côte, fans en approcher
» de très-près ; mais alors il s'expofe néceffairement aux
» dangers d'une tempête fubite, d'un rocher couvert, ou
» d'un courant rapide, qui fuffifent pour détruire, en quel-
» ques momens, toutes fes efpérances. La prudence & la
» précaution font toujours indifpenfables dans chaque
» grande entreprife ; mais dans un Voyage de découvertes,
» comme dans toutes les autres expéditions importantes,
» un certain degré de témérité & de confiance en la fortune,
» font des moyens d'avoir du fuccès, & de parvenir à la
» gloire. »

AU POINT DU JOUR, le 25, nous courûmes à l'Eft des
Ifles Shepherd, tenant le plus près du vent, jufqu'après le
lever du Soleil, que, ne voyant plus de terre dans cette
direction, nous revirâmes de bord, & gouvernâmes, avec une
jolie brife du S. E., fur une Ifle que nous avions apperçue dans
le Sud. Nous paffâmes à l'Eft de Trois-Collines & d'une Ifle
rafe qui eft à fon S. E., entre un rocher remarquable par fa
forme pyramidale, que nous nommâmes le Monument, &
une petite Ifle appellée *Deux-Collines*, à caufe de fes deux
collines, taillées en piç, & féparées par un ifthme étroit &
bas. Le canal, entre cette Ifle & le Monument, a près d'un
mille de largeur, fur un fond de vingt quatre braffes d'eau.
Excepté ce rocher, qui n'eft acceffible qu'aux oifeaux, nous
n'avons pas découvert une feule Ifle inhabitée. « La houle,
» en brifant fur le Monument, y avoit formé des fillons &
» des canaux très-profonds. Il eft noirâtre, de cinquante
» verges de haut, & pas abfolument dépouillé de verdure. »

ANN. 1774,
Juillet.

A MIDI, nous obfervâmes 17ᵈ 18′ 30″ de latitude Sud; la longitude, prife du port Sandwich, fut de 45′ à l'Eft. Dans cette pofition, le Monument nous reftoit au N. 16ᵈ E. à deux milles; Deux-Collines, au Nord 25ᵈ Oueft, à deux milles, & fur la même ligne que la partie du S. O. de Trois-Collines; & les Ifles, au Sud, s'étendoient du S. 16ᵈ 30′ E. au S. 42ᵈ Oueft.

POURSUIVANT notre route au Sud, nous nous trouvâmes, à cinq heures après-midi, dans le voifinage des Ifles méridionales, qui confiftent en une grande Ifle, dont les extrémités Sud & Oueft s'étendent à perte de vue, & trois ou quatre petites fituées fur la côte du Nord. Les deux plus feptentrionales, qui font les plus vaftes, ont leurs terres affez élevées, & elles giffent entr'elles E. ¼ S. E. & O. ¼ N. O. dans un éloignement de deux lieues. Je nommai l'une Montagu, l'autre Hinchinbrook, & la plus confidérable Sandwich, en l'honneur du Comte de Sandwich, mon Protecteur. Voyant la mer brifer de l'avant entre les Ifles Montagu & Hinchinbrook, nous virâmes de bord; &, bientôt après, il y eut un calme, qui dura jufqu'au lendemain matin.

« SUR la fin du jour, nous apperçûmes une pirogue,
» avec une voile triangulaire, qui s'avançoit du côté de
» Trois-Collines: les Naturels de ces différentes Ifles, com-
» muniquent probablement entr'eux de la même maniere
» que les Habitans des Ifles des Amis & des Ifles de la
» Société.

» LA NUIT ne fut pas moins dangereufe que la précé-

» dente ; feulement la Lune nous éclairoit, & nous pouvions
» juger des progrès rapides que nous faifions vers l'Ifle
» Oueft. Sa pointe, la plus feptentrionale, eft très-élevée &
» remplie de rochers, noire & prefque perpendiculaire ; elle
» n'a qu'une greve étroite & quelques rochers difperfés au
» fond. Nous reftâmes dans l'inquiétude la plus alarmante
» jufqu'à près de dix heures, parce que le courant étoit fi
» fort, qu'il auroit été inutile de mettre les chaloupes en
» mer. L'avant, l'arriere & les flancs du vaiffeau, fe diri-
» geoient tour-à-tour vers la côte fur laquelle nous enten-
» dions la houle brifer, avec un bruit épouvantable. »

LES COURANS & les lames nous avoient emporté du S. E.
dans le O. N. O., à près de quatre lieues ; nous dépaffâmes
l'Ifle Hinchinbrook ; nous apperçûmes l'extrémité occidentale
de l'Ifle Sandwich nous reftant au S. S. O., à environ cinq
lieues, & en même-tems nous découvrîmes une petite Ifle dans
cette direction. La brife s'étant levée de la partie de l'Oueft,
à fept heures du matin du 26, je gouvernai S. E., pour paffer   26.
entre l'Ifle Montagu & la pointe Nord de l'Ifle Sandwich.
A midi, nous étions au milieu du canal, & nous y obfervâmes 17^d 31' de latitude auftrale. La diftance, d'une Ifle à
l'autre, eft de quatre à cinq milles environ ; mais le canal,
qui eft refferré par des brifans, n'a pas, à beaucoup près, cette
largeur. Une ligne de quarante braffes n'y rapporta point
de fond.

COMME nous doublions l'Ifle Montagu, plufieurs Indiens
s'avancerent fur le rivage, &, par leurs fignes, parurent nous
inviter à defcendre à terre. Nous apperçûmes auffi des

Ann. 1774.
Juillet.

Habitans fur l'Ifle Sandwich, dont l'afpeêt eft très-riant : des plaines, des bofquets, en diverfifient agréablement le terrain : du pied des montagnes, qui font d'une médiocre hauteur, il y a une pente douce jufqu'au bord de la mer, défendu par une chaîne de brifans, qui rendent l'Ifle inacceffible de ce côté. Plus à l'Oueft, au-delà de l'Ifle Hinchinbrook, la côte femble fe replier, pour former une baie à l'abri des vents régnans.

« En avançant, nous apperçûmes des cocotiers, des
» palmiers, & différens autres arbres, parmi lefquels on
» découvroit de petites huttes & des pirogues échouées fur
» la greve. Nous admirions ailleurs des bocages touffus &
» des efpaces confidérables de terrain défriché, qui, par
» leur couleur jaunâtre, reffembloient exaêtement aux
» champs de bled d'Europe. Nous convînmes tous que cette
» Ifle eft une des plus belles de ce nouveau grouppe, & elle
» paroît très-bien fituée pour y faire un établiffement Euro-
» péen. A en juger de la diftance d'où nous la vîmes, elle
» nous parut moins habitée que celles que nous avions
» laiffées au Nord ; ce qui faciliteroit encore l'établiffemént
» d'une Colonie. D'après ce que nous avons obfervé à Mal-
» licolo, cette race d'Infulaires eft très-intelligente, & rece-
» vroit, avec empreffement, les avantages de la civili-
» fation. »

Je me proposois bien moins d'examiner l'Ifle Hinchinbrook, que d'arriver au Sud, dans le défir de reconnoître l'extrémité méridionale de l'Archipel. Je gouvernai donc au Sud Sud-Eft, & cette direêtion celle de la côte de l'Ifle
Sandwich.

Sandwich. Nous n'étions pas encore hors du canal, que la brise de l'Oueft nous abandonna à des vents variables, légers, presqu'infensibles & entremêlés de calmes ; de forte que nous commencions à craindre d'être portés en arriere par les courans, ou du moins d'être forcés de retourner, pour ne pas être pouffés fur quelque écueil : nous n'avions point la reffource de mouiller, puifque, avec une ligne de cent foixante braffes, nous ne trouvions point de fond. Heureufement il fe leva une brife du S. O. qui nous permit de marcher au N. E. ; &, au coucher du Soleil, le Monument nous reftoit au Nord 14ᵈ 30′ Oueft ; & l'Ifle Montagu, au Nord, 28ᵈ à l'Oueft, à trois lieues. Nous jugeâmes que nous voyions l'extrémité S. E. de l'Ifle Sandwich, qui nous reftoit à-peu-près au S. ¼ S. E.

Je continuai de porter au S. E. jufqu'à quatre heures après-midi, le 27, que nous changeâmes de bordée pour gouverner à l'Oueft. Je voulois approcher de la nouvelle Terre dont nous avions eu connoiffance au Sud, au lever du Soleil, & qui fe préfentoit fous la forme de trois mondrains. Dans ce même tems, l'Ifle Montagu nous reftoit au N. 52ᵈ O. à treize lieues. A midi, nous l'eûmes à-peu-près dans la même direction ; & la nouvelle Terre s'étendoit du S. ½ E. au S. ¼ S. O., & les Trois-Collines paroiffoient être contiguës. D'après l'obfervation, nous nous trouvâmes par 18ᵈ 1′ de latitude Sud, & 1ᵈ 23′ de longitude, prife à l'Eft du port Sandwich.

27.

« Notre vaisseau reffembloit alors à un véritable » hôpital ; ceux que la brême avoit empoifonnés, étoient

Tome III. N

» toujours dans une situation déplorable. Ils avoient en-
» core des tranchées & des douleurs aiguës dans tous leurs
» os; des vertiges, & beaucoup de pefanteur à la tête pen-
» dant le jour; &, la nuit, dès qu'ils fentoient la chaleur du
» lit, leur douleur augmentoit, & les privoit entièrement
» du fommeil. Ils jetoient une exceffive quantité de falive :
» la peau fe détachoit de deffus tout leur corps, & des bou-
» tons fe montroient fur leurs mains. Ceux qui fouffroient
» moins, étoient beaucoup plus foibles en proportion, &
» ils fe traînoient fur les ponts, femblables à des fquelettes.
» Aucun des Lieutenans ne pouvoit faire le fervice; &,
» comme l'un des *Mates* & plufieurs des Officiers de poupe
» étoient auffi malades, le Cannonier & les autres Mates
» commandoient le quart. Les chiens, qui avoient mangé
» de ce poiffon, étoient d'autant plus tourmentés, que
» nous ne pouvions pas les fecourir; ils buvoient beaucoup
» d'eau; ils gémiffoient & foupiroient douloureufement :
» ceux qui avoient rongé des entrailles, étoient encore
» plus affectés que les autres. Un de ces pauvres animaux, le
» même fur lequel on avoit déjà fait l'expérience du trait
» empoifonné, & fur lequel on en fit une feconde, dont je
» vais parler, étoit malade; mais il échappa heureufement
» à toutes ces épreuves, & nous l'avons amené en An-
» gleterre.

» PEUT-ÊTRE ces poiffons ne font-ils pas toujours veni-
» meux; comme plufieurs efpèces des Indes orientales &
» des Ifles d'Amérique, ils acquierent peut-être cette mau-
» vaife qualité, en fe nourriffant de végétaux venimeux :
» puifque les inteftins font plus empoifonnés que le refte,

» cela confirme cette fuppofition : car on peut dire que la
» plus grande partie du venin refte dans les premieres voies,
» tandis que le chyle & le fang en portent peu dans les
» mufcles. »

NOUS POURSUIVÎMES notre route au S. E. par une jolie
brife du S. O. & du S. S. O., jufqu'au lever du Soleil, que le
vent ayant paffé au Sud, nous revirâmes, afin de mettre le
cap à l'Oueft. Nous reconnûmes alors que les Trois-Collines,
dont nous avons fait mention, appartenoient à une feule
Ifle, qui s'étendoit du Sud 35ᵈ au 71ᵈ Oueft, à la diftance
de dix ou douze lieues.

CONTRARIÉS par les vents, les calmes & les courans qui
portoient au N. O., nous employâmes trois jours à parcourir
cet efpace ; &, dans cet intervalle, nous eûmes la vue d'une
haute Terre au Sud de cette derniere. Elle fe préfenta d'a-
bord fous l'afpect de plufieurs mondrains détachés, mais nous
jugeâmes qu'ils étoient liés par des Terres baffes.

« LE 30, nous renouvellâmes l'épreuve du trait empoi-
» fonné des Mallicolois. On fit une incifion, avec une lan-
» cette, dans la cuiffe du chien, & la fubftance réfineufe,
» attachée à la pointe offeufe du trait, ainfi que la terre
» verdâtre qui rempliffoit les compartimens formés par les
» fibres de la noix de cocos, furent rapées, mis dans la blef-
» fure, & recouverts d'une emplâtre. L'animal ne tarda pas
» à être affecté de l'expérience.

30.

» LE 31, nous revîmes plus diftinctement l'autre Ifle que

31.

» nous avions découvert au Sud le 28. La terre la plus proche
» paroiſſoit moins fertile & moins agréable que celle que
» nous avions examinée juſqu'alors : la fumée cependant qui
» en ſortoit, en grande quantité, nous la fit croire habitée.
» Notre ſituation étoit d'autant plus déſagréable, que nous
» ne pouvions ſatisfaire le deſir que nous avions de deſ-
» cendre à terre. Quoiqu'elle ſemblât ſtérile, nous ſouhai-
» tions beaucoup d'y aborder. Nous n'avons jamais ſenti
» avec plus de peine, l'ennui d'être confinés dans un vaiſ-
» ſeau, & jamais nous n'avons deſiré plus ardemment de
» communiquer avec des Créatures humaines. Nous pri-
» ſions infiniment la compagnie des Sauvages, & une occa-
» ſion d'examiner leurs mœurs, leurs habitations & leurs
» plantations. L'après-midi, on prit, autour du vaiſſeau,
» deux goulus, qui étoient accompagnés de pilotes & de
» poiſſons ſuceurs. L'un de ces voraces animaux n'avoit pas,
» dans ſa mulette, moins de quatre petites tortues de dix-
» huit pouces de diamètre, deux grandes ſéches, & les
» plumes & la carcaſſe d'un boobi. Dès que les Matelots
» l'eurent amené ſur le pont, chacun d'eux tira ſon couteau ;
» ils le diviſerent en morceaux, qu'ils ſe partagerent &
» qu'ils ſe hâterent de manger. Les proviſions ſalées don-
» nent plus de dégoût dans les climats chauds que par-tout
» ailleurs ; ce qui provient, en partie, de la ſoif brûlante
» qu'elles occaſionnent. Comme, depuis notre départ d'Ana-
» mocka, nous vivions de viande ſalée, on imagine bien que
» la chair du goulu nous parut excellente. »

LE PREMIER D'AOUST, ſur les dix heures du matin, nous
eûmes un bon frais de vent de l'E. S. E., qui, bientôt après

paſſa au N. E., & nous fîmes voile pour accoſter la bande
du N. O. de l'Iſle. L'ayant amené vers les deux heures après-
-midi, nous prolongeâmes la côte occidentale à un mille du
rivage, où les Habitans ſe montrerent en différens endroits,
&, par leurs ſignes, nous inviterent à deſcendre.

« NOUS OBSERVAMES des plantations de bananes, enfer-
» mées par des enclos. Pluſieurs des Naturels marcherent
» quelque tems dans l'eau pour nous appeller à terre. Les
» hommes paroiſſoient, de loin, très-baſanés, & reſſem-
» bloient aux Inſulaires de Mallicolo. Nous apperçûmes
» auſſi quelques femmes qui portoient une eſpèce de jupon
» de feuilles & de paille, & qui deſcendoit juſqu'à mi-jambe,
» ou quelquefois juſqu'à la cheville du pied: les hommes au
» contraire étoient nuds comme les Mallicolois. »

ON SONDA, ſans trouver de fond, juſqu'à ce que nous
parvînmes à une petite baie, ou enfoncement de la côte,
où, près du rivage, il y eut trente & vingt-deux
braſſes d'eau, fond de ſable. Je penſai d'abord à y jeter
l'ancre; mais le vent qui, dans cet inſtant, paſſa au N. O.,
m'obligea d'abandonner ce deſſein. D'ailleurs je ne voulois pas perdre l'occaſion, qui ſe préſentoit, de gagner le
S. E., pour reconnoître les Terres qui giſſent dans ce parage.
Je rangeai donc la côte au Sud, à la même diſtance du rivage;
mais bientôt nous n'eûmes plus de ſondes. A une lieue environ au Sud de cette baie, qui a preſque deux milles d'étendue, on en découvre une autre plus vaſte: & comme, ſur
le ſoir, la briſe commença à mollir, le Soleil paſſa ſous l'horizon, avant que nous puſſions en reconnoître la longueur. Je

crus ne devoir pas m'arrêter , & j'employai la nuit à gouverner
au Sud à petites voiles; mais , à huit heures, faisant route au
S. S. E. , nous apperçûmes une lumiere de l'avant à nous. Ne
sachant point si elle ne partoit pas de quelqu'isle basse , qu'il
seroit périlleux d'approcher dans les ténèbres, nous tînmes
le plus près du vent, & nous passâmes la nuit à louvoyer à
petits bords, ou plutôt à aller en dérive; car le vent étoit
très-foible.

« DEUX PETITS ACCIDENS causerent ce jour de grandes
» alarmes sur le vaisseau : à dix heures , on cria au feu: A
» ce cri la confusion & la frayeur se peignirent sur tous
» les visages, & le saisissement empêcha , dans les premiers
» momens , de prendre des précautions convenables pour
» en arrêter les progrès. Il est très-rare de trouver des carac-
» teres que les dangers subits ne déconcertent point, &
» il ne faut pas s'étonner si le petit nombre de ceux qui fai-
» soient le service du bâtiment perdirent la tête. Etre à bord
» d'un vaisseau dévoré par les flammes, c'est peut-être la
» position la plus terrible qu'on puisse imaginer : une tem-
» pête sur une côte dangereuse est moins effrayante , parce
» qu'alors on conserve toujours quelque espoir de se sauver.
» Heureusement on éteignit bientôt ce feu. Nous crûmes
» d'abord que c'étoit dans la chambre aux voiles ; mais nous
» reconnûmes ensuite qu'une pièce d'étoffe de Taïti , laissée
» négligemment près d'une lampe dans le poste du Commis
» des vivres , s'étoit allumée.

» LE MATIN & le soir , les Matelots lavoient les ponts
» d'une extrémité à l'autre , pour empêcher la chaleur de

» les trop deffécher, & de les gercer. Un des soldats de
» Marine, tirant de l'eau pour cela, tomba dans la mer. Il
» ne savoit pas nager ; mais, comme à l'inftant on mit en
» panne, & qu'on lui jeta un grand nombre de cordes par-
» deffus le platbord, il en faifit une, & on vint à bout de
» le fauver. Les foldats de Marine, fes camarades, le con-
» duifirent fur-le-champ dans les entreponts ; pour diffiper
» fa foibleffe & fa frayeur, ils changerent fes habits, ils lui
» donnerent un ou deux verres d'eau-de-vie, & ils le trai-
» terent avec une tendreffe toute particulière ; effet de cet
» efprit de Corps que ne connoiffent point les Matelots. »

LE 2, au lever du Soleil, nous n'apperçûmes d'autres terres
que la côte fur laquelle nous étions ; mais nous reconnûmes
que les courants nous avoient portés quelques milles au
Nord, & nous effayâmes, affez infructueufement, de regagner l'efpace que nous avions perdu. A midi, nous nous étions
élevés à environ une lieue de la côte, qui s'étendoit du S. S.
E. au N. E. La latitude obfervée fut de 18ᵈ 46′ Sud. L'après-
midi, voyant que le vaiffeau, qui dérivoit dans le Nord,
étoit encore pouffé fur le rivage, & que nous nous trouvions
au Nord de la baie, que nous avions reconnue le jour précédent, je fongeai à jeter l'ancre avant la nuit, tandis qu'il
étoit en notre pouvoir de choifir un mouillage : je fis donc
mettre dehors deux bâtimens à rames ; l'un fut envoyé de
l'avant pour prendre le vaiffeau à la remorque ; & l'autre,
fous les ordres de M. Gilbert, partit pour fonder. Bientôt le
bateau qui nous remorquoit, alla aider l'autre. On perdit
tant de temps à fonder cette baie, que notre vaiffeau, déri-
vant outre mefure, il fallut rappeller les bateaux afin de le

2.

tenir à la hauteur de la pointe du Nord. Nous nous y tînmes effectivement à l'aide d'un bon frais qui s'éleva du S.O. de forte que nos bateaux, de retour, furent hiffés à bord, & je fis fervir, courant fur la côte feptentrionale de l'Ifle, dans le deffein de la doubler & de tourner à l'Eft. M. Gilbert m'informa qu'au Sud de la baie, il n'avoit eu de fondes qu'au moment qu'il étoit arrivé tout près du rivage, qui n'étoit qu'une roche efcarpée, & qu'étant defcendu pour goûter l'eau d'une fource qu'il avoit apperçue, cette eau s'étoit trouvée très-faumâtre. Quelques Habitans s'étoient montrés, mais dans l'éloignement. En longeant la côte au Nord, il avoit eu, à trois quarts de mille & à un mille du rivage, vingt, vingt-quatre & trente-braffes d'eau, fond d'un beau fable brun, & il avoit vu courir fur la greve des Naturels; le canon de fignal qu'on tira, ne parut produire fur eux aucun effet: il eft fûr qu'ils ne connoiffoient ni nos armes, ni les Européens.

3.   LE 3, au lever du Soleil, nous parvînmes, par le travers d'un grand Cap, fur la côte Sud-Eft. de l'Ifle, à la diftance d'environ trois lieues. Comme nous n'avions qu'un vent trèsfoible, qui, étant du Sud, nous venoit de l'avant, & que le befoin de bois commençoit à fe faire fentir, j'envoyai le Lieutenant Clerke, avec deux bateaux, à une petite Ifle, qui eft à la hauteur du Cap, pour y en couper, s'il étoit poffible. Dans cet intervalle, nous tînmes toujours le plus près du vent; mais le chemin que nous gagnions à la voile, le courant nous le faifoit perdre. Enfin il s'éleva, vers midi, une brife de l'E. S. E. & de l'E. avec laquelle il fut aifé de nous maintenir à la hauteur du cap; & bientôt M. Clerke revint fans avoir pu mettre à terre, par l'obftacle que lui

oppofa

opposa la lame qui brisoit avec furie sur le rivage. Sur l'Isle, il ne parut aucun Habitant; mais ils avoient vu une grosse chauve-souris, quelques oiseaux, & ils avoient pris un serpent d'eau.

« L'ESPOIR de faire des découvertes en Botanique , nous
» engagea à nous embarquer sur la chaloupe du Lieutenant
» Clerke; mais nous fûmes trompés dans notre attente.
» Seulement nous eûmes occasion d'examiner une montagne
» très-remarquable, qui avoit un double sommet qui res-
» sembloit un peu à une selle. Le serpent d'eau (*Coluber*
» *laticaudatus.* Linn.) que nous prîmes, étoit de l'espèce
» que nous avions observé en si grande abondance, sur une
» des Isles-basses situées à la hauteur de la baie Marie , à
» Tonga-Tabbou.

» DE RETOUR A BORD , nous portâmes dans une baie ,
» tout près & au-dessous du pic-à-selle : la baie avoit plus
» de huit milles de large & seulement deux de profondeur.
» La selle, qui forme une sorte de Péninsule, gît sur son
» côté Est., & la met à l'abri du vent alisé : elle est très-
» escarpée vers la pointe, mais elle dégénere insensiblement
» en collines plus petites vers le fond. Chaque partie de la
» côte étoit bien cultivée parmi les bocages, & toutes les
» plantations paroissoient enfermées de belles haies de
» roseaux , exactement pareilles à celles des Isles des
» Amis. »

NOUS PARVÎNMES , à six heures du soir , sous le côté N. O. du Cap, où nous laissâmes tomber l'ancre par dix-sept

braſſes d'eau, fond d'un beau ſable brun, à un demi-mille
du rivage, ayant la pointe du Cap au N. 18 E. une demi-
lieue; l'Iſlôt mentionné, au N. E. $\frac{1}{4}$ E. $\frac{1}{2}$ E. & la pointe du
N. O. de la baie au N. 32^d O. Pluſieurs Habitans parurent
ſur le rivage, quelques-uns même tenterent de nager ver le
vaiſſeau; mais, dès que j'eus envoyé le bateau pour ſonder de
l'avant, ils ſe retirerent en le voyant arriver. Cette tentative
cependant nous fit prendre, de ces Inſulaires, une opinion
favorable.

« Ils pousserent vers nous des cris & des hurlemens;
» & ils reſſembloient, de loin, aux Mallicolois : l'un d'eux
» avoit des cheveux rougeâtres, & il étoit plus blanc que
» les autres. Il faut remarquer que nous ne vîmes pas une
» ſeule pirogue, ou en mer, ou échouée ſur la côte : il eſt
» difficile pourtant de ſuppoſer qu'une ſi belle Iſle n'ait
» point de canots.

» La découverte de cette Iſle nous fut d'autant plus
» agréable, que nous avions grand beſoin de deſcendre à
» terre. Ceux qui avoient mangé des bremes de Mallicolo,
» n'étoient pas encore guéris : ils ſentoient toujours des
» douleurs chaque nuit : leurs dents étoient relâchées, &
» leurs gencives & leurs palais excoriés ; ils eſpéroient tous
» recouvrer leurs forces & leur ſanté, en deſcendant ſur
» cette terre. »

Le 4, au point du jour, j'allai, avec deux bateaux, examiner la côte, pour reconnoître un lieu propre à la deſcente,
& à faire de l'eau & du bois. Dans ce même tems, les Inſu-

Iaires s'affemblerent fur le rivage, &, par leurs fignes, nous
inviterent à venir à terre. J'arrivai d'abord à une petite pointe

du côté du Cap, où je ne trouvai point le débarquement
facile, à caufe des rochers qui bordent, de toute part, la côte.
Néanmoins je pouffai l'avant de ma chaloupe fur le rivage,
& je diftribuai des étoffes, des médailles, &c. aux Infulaires
qui y étoient. Ils m'offrirent de tirer les bateaux pardeffus
les brifans de la pointe fablonneufe. Je ne doutai pas que cette
offre ne fût amicale ; mais j'eus enfuite lieu de changer
d'opinion. Voyant que nous nous refufions à ce qu'ils defiroient, ils nous firent figne de remonter la baie, & nous y
confentîmes, & les Infulaires, dont le nombre croiffoit
prodigieufement, nous fuivirent à la courfe. J'effayai de débarquer en deux ou trois endroits ; mais, la greve ne
me paroiffant point commode, je ne mis pas à terre.
Les Naturels, qui s'étoient, fans doute, apperçus de ce
que je defirois, me conduifirent autour d'une pointe de
roche, ou fur une plage d'un très-beau fable. Je débarquai
à fec, en préfence d'une grande multitude, n'ayant à la
main qu'un rameau verd, que j'avois reçu de l'un d'eux. Je
n'étois accompagné que d'une feule perfonne, & j'ordonnai
à l'autre bateau de fe tenir à une petite diftance du bord.
Ils me reçurent de l'air le plus honnête & le plus obligeant,
& ils s'éloignerent de ma chaloupe, dès que je les en priai
par un figne de la main. L'un d'eux, que je pris pour un
Chef, leur fit former un demi-cercle autour de l'avant du
bateau, & il frappa ceux qui tentoient de paffer cette ligne.
Je le comblai de préfens : mes libéralités s'étendirent auffi
fur les autres, & je leur demandai, par fignes, de l'eau fraîche, dans l'efpérance de voir la fource où ils la puifoient.

Le Chef parla tout-de-suite à un Indien, qui courut à une maison, d'où il revint avec de l'eau dans un vase de bambou. J'étois, par-là, peu instruit de ce que je voulois savoir. Je demandai ensuite des rafraîchissemens, & à l'instant, on m'apporta une igname, & des noix de cocos. J'étois assez content de leur conduite, & la seule chose qui pût me laisser du soupçon, c'est que la plupart d'entr'eux étoient armés de massues, de lances, de dards, d'arcs & de flèches. Par cette raison, j'avois continuellement l'œil sur le Chef, & je n'observai pas moins attentivement ses regards que ses actions. Il me fit plusieurs signes, pour hâler le bateau sur le rivage, & enfin il s'avança dans la foule, où je le vis causer avec plusieurs Indiens : revenant ensuite vers moi, il me répéta, par signes, de haler le bateau, & il hésita, pendant quelque tems, à recevoir des clous que je lui offrois. Cela me fit suspecter quelque dessein, & je m'approchai aussi-tôt du canot, en l'avertissant, par signes, que j'allois revenir. Mais leur intention n'étoit pas que nous nous séparassions si vîte, & ils essayerent de nous obliger, de force, à ce qu'ils n'avoient pu obtenir par des manieres plus douces. La planche ne se trouva malheureusement pas mise pour entrer dans le bateau. Je dis malheureusement, car si elle n'eût pas été ôtée, & que l'équipage eût été plus prompt à tenir le bateau prêt, les Indiens n'auroient pas eu le tems d'exécuter leur dessein, & la scène désagréable qui suivit, n'auroit pas eu lieu. Au moment où nous voulions rentrer à bord, ils saisirent la planche de débarquement, & la décrocherent de l'arriere; mais, comme ils ne l'emportoient pas, je crus que cela s'étoit fait par accident, & j'ordonnai de la remettre. Alors ils l'accrocherent eux-mêmes sur l'étrave, & essayerent

Pl. 46.

Benard direx.

DÉBARQUEMENT À ERRAMANGA, L'UNE DES NOUVELLES HÉBRIDES.

de tirer le bateau fur le rivage : d'autres, en même-tems, fe
jeterent fur les rames, pour les arracher des mains des Matelots. En voyant que je leur préfentois le bout de mon fufil,
ils lâcherent prife; mais, un inftant après, ils revinrent, avec
la réfolution de haler notre bâtiment fur la greve. Le Chef
étoit à la tête de ce parti; & ceux d'entr'eux qui ne pouvoient pas nous ferrer de près, fe tenoient derriere, ayant
à la main des traits, des lances, des pierres, des arcs & des
flèches prêts à foutenir les premiers. Les fignes & les menaces ne les contenant plus, il fallut penfer à notre fûreté. Cependant je ne voulois pas tirer fur la multitude,
& je réfolus de rendre le Chef feul la victime de fa per-
fidie ; mais, dans cet inftant critique, l'amorce brûla, fans
que le coup partît. Quelqu'idée qu'ils fe fuffent formée de
nos armes, ils ne devoient plus les regarder que comme des
armes d'enfans, & ils montrerent combien les leurs étoient
fupérieures, en faifant pleuvoir fur nous une grêle de pierres,
de darts & de flèches. Je fus dans la néceffité d'ordonner
de tirer. La premiere décharge les mit dans une grande
confufion; mais une feconde fut à peine fuffifante pour les
chaffer du rivage; &, malgré ces fufiliades, ils continuerent
de jeter des pierres de derriere les arbres & les buiffons,
&, de tems à autre, ils s'avançoient, afin de lancer des
darts. De quatre, qui paroiffoient être reftés morts fur le
rivage, nous en vîmes enfuite deux qui fe traînerent dans les
brouffailles. Ce fut pour eux une chofe très-heureufe, qu'il
n'y eût pas la moitié des moufquets qui prît feu; fans cela, il
en feroit refté fur la place un plus grand nombre. Un des
nôtres fut bleffé, à la joue, d'un dart; dont la pointe étoit
de l'épaiffeur du doigt, & qui cependant étoit entrée de

ANN. 1774.
Août.

deux pouces ; ce qui montre avec quelle force le trait avoit été lancé. M. Gilbert fut atteint, à la poitrine, d'une flèche, à la distance d'environ trente verges ; cette flèche avoit rencontré quelque obstacle, car elle ne fit guères qu'effleurer la peau. Les flèches étoient armées de pointes d'un bois dur.

« LES PREMIERS COUPS de fusil exciterent sans doute la
» colere de ces Insulaires, car on les vit alors courir des
» plantations sur les collines, & traîner après eux des morts
» & des blessés. Ils se formerent ensuite en bataille, & pa-
» rurent disposés à venger la mort de leurs Compatriotes.

» SI LES FUSILS avoient parti toutes les fois qu'on essaya
» de leur tirer dessus, il est difficile de dire combien nous
» en aurions massacré ; heureusement les pierres étoient mau-
» vaises. J'observerai à cette occasion que, quoiqu'on puisse
» avoir les meilleures pierres en Angleterre, quoique le
» Gouvernement les paie extrêmement cheres à ceux qui
» se chargent d'en fournir, nos Troupes en ont de très-mau-
» vaises. On devroit faire quelque attention à cet objet,
» d'où la vie de plusieurs milliers de sujets, & souvent le
» succès des combats dépendent en grande partie (a). »

(a) « Des Etrangers, qui connoissent nos manœuvres militaires, ont
» observé, que toutes les fois qu'une Compagnie de Soldats tire par pelo-
» ton HIDE park, six hommes, au moins, se retirent derriere les lignes
» pour décharger leurs fusils qui ne sont pas partis. Cette circonstance
» singuliere ne provient pas du défaut des fusils, mais de la mauvaise
» qualité des pierres. Toutes les Troupes étrangeres ont, à cet égard,
» des avantages sur celles d'Angleterre. »

» APRÈS que le premier feu eut ceſſé, nous apperçûmes
» des Naturels qui ſe traînoient à quatre dans les buiſſons;
» d'autres ſe cacherent derriere une élévation ſablonneuſe,
» qui leur ſervoit de retranchement, & d'où ils tâcherent
» d'aſſaillir nos Gens, qui, à leur tour, s'amuſerent quelque
» tems à les guetter & à leur tirer deſſus.

» M. HODGES a deſſiné cette entrevue mémorable, &
» on en trouve ici une Gravure. Je ne puis pas croire que
» ces Inſulaires euſſent de mauvaiſes intentions, quand ils
» entreprirent de retenir notre bateau. Le coup de fuſil
» qu'on tira ſur eux, ou plutôt ſur leur Chef, les porta
» à attaquer l'Équipage. D'un autre côté, cette violence,
» de notre part, étoit néceſſaire : il faut regretter que les
» Européens ne puiſſent pas faire de Voyages, ſans nuire
» aux Nations qu'ils vont viſiter. »

A NOTRE ARRIVÉE à bord, je fis lever l'ancre, dans le
deſſein de mouiller plus près du débarquement. « Toute
» la côte occidentale étoit couverte de palmiers qui pro-
» duiſoient un bel effet, & qui paroiſſoient différens du
» cocotier. » Sur ces entrefaites, pluſieurs Habitans ſe
montrerent à la pointe baſſe du rocher, & nous firent
voir deux rames que nous avions perdues dans le démêlé.
Je regardai cela comme un ſigne de leur ſoumiſſion & du deſir
qu'ils avoient de nous rendre ces rames. Néanmoins on tira
une pièce de quatre, pour leur donner une idée de l'effet
de nos grands canons. Le boulet ne porta pas juſqu'à eux,
mais il leur cauſa une telle frayeur, qu'ils ne réparurent plus,
& ils laiſſerent les rames contre des buiſſons.

ANN. 1774.
Août.

LE TEMS étoit alors calme; mais l'ancre étoit à peine au bossoir, qu'il s'éleva une brise du Nord, dont nous profitâmes pour sortir de la baie; nous n'espérions pas y pourvoir à nos besoins, du moins comme nous l'aurions desiré : d'ailleurs il étoit toujours en mon pouvoir d'y revenir, en cas que nous ne trouvassions pas une descente plus commode, en nous avançant plus au Sud.

CES INSULAIRES paroissent être une race différente de celle qui habite Mallicolo; aussi ne parlent-ils pas la même langue; ils sont d'une médiocre stature, mais bien pris dans leur taille, & leurs traits ne sont point désagréables; leur teint est très-bronzé, & ils se peignent le visage, les uns de noir, & d'autres de rouge; leurs cheveux sont bouclés & un peu laineux. Le peu de femmes que j'ai apperçues, sembloient être fort laides; elles portent une espèce de jupe de feuilles de palmier, ou de quelque autre semblable plante; mais les hommes, comme les Habitans de Mallicolo, vont nuds, & ils n'ont autour des reins qu'une corde. Je n'ai vu de pirogues en aucun endroit de la côte; ils vivent dans des maisons couvertes de feuilles de palmier, & leurs plantations sont alignées & entourées d'une haie de roseaux.

A DEUX HEURES de l'après-midi, nous étions en dehors de la baie; &, après avoir rangé le Cap, nous portâmes S. S. E., pour amener la pointe méridionale de l'Isle; le vent étant au N. O. joli frais. Sur le côté Sud-Ouest du Cap, est une belle baie profonde, qui, en dedans, paroît courir derriere celle qui est sur le côté du N. O. : ses rives sont basses, & les terres adjacentes semblent être fertiles « des deux
» côtés ;

» côtés; elles font revêtues de forêts touffues d'un coup-
» d'œil enchanteur; au Sud, elles fe penchent doucement,
» & préfentent une vafte étendue prefqu'entièrement cul-
» tivée. » La baie eft expofée aux vents du S. E. : par cette
raifon, jufqu'à ce qu'elle foit mieux connue, celle du N. O.
eft préférable, parce qu'elle eft à l'abri des vents régnans, &
que les vents, auxquels elle eft ouverte, ceux du N. E. $\frac{1}{4}$ N.
& de l'E. $\frac{1}{4}$ N. E., foufflent rarement avec une certaine force.
J'ai appellé le Cap, ou la Péninfule qui fépare ces deux baies,
le Cap des Traîtres, d'après la conduite perfide des Habitans.
Ce Cap, qui eft la pointe N. E. de l'Ifle, gît par 18ᵈ 43′
de latitude Sud, & 169ᵈ 28′ de longitude Eft; il aboutit à
une montagne affez haute pour être apperçue de feize ou
dix-huit lieues. Comme nous avancions au S. S. E., la nouvelle Ifle que nous avions déjà découverte commençoit à
paroître au-deffus de la pointe S. E. de l'Ifle, que nous
prolongions, nous reftant dans le S. $\frac{1}{2}$ E., à la diftance de
dix ou douze lieues. Après avoir quitté cette Ifle, nous gouvernâmes vers la pointe orientale de l'autre, dirigés par une
grande lumiere que nous appercevions fur cette terre. Parmi
les feux, l'un d'eux flamboyoit comme la flamme d'un
volcan.

A une heure après minuit, nous voyant près du rivage,
nous changeâmes de bordée, & nous pafsâmes le refte de
la nuit à faire de petits bords. Au lever du foleil, nous
découvrîmes une autre Ifle, dont les terres hautes fe préfentoient fous la forme d'une table, dans l'E. $\frac{1}{4}$ S. E., & une
Ifle baffe au N. N. E. que nous avions doublé la nuit, fans
l'appercevoir. Nous avions encore la vue du Cap des Traîtres,

Tome III.   P

qui nous reſtoit au Nord 20ᵈ Oueſt, à quinze lieues, & l'Iſle au Sud s'étendoit du S. 7ᵃ O. au S. 87ᵈ O., dans un éloignement de trois ou quatre milles. Nous reconnûmes alors que la lumiere, que nous avions vue la nuit, étoit occaſionnée par un volcan, d'où ſortoit une grande quantité de feu & de fumée, avec un bruit ſourd, qui ſe faiſoit entendre à une grande diſtance.

« La colline la plus baſſe de toutes celles de la même
» rangée, & d'une forme conique, avoit un cratere au mi-
» lieu : elle étoit d'un rouge-brun, & compoſée d'un amas
» de pierres brûlées, parfaitement ſtériles. Une colonne
» épaiſſe de fumée, pareille à un grand arbre, en jailliſſoit
» de tems-en-tems, & ſa tête s'élargiſſoit à meſure qu'elle
» montoit. Toutes les fois qu'une nouvelle colonne de
» fumée étoit ainſi jetée en l'air, nous entendions un ſon
» bruyant pareil à celui du tonnerre, & les colonnes ſe
» ſuivoient de près. La couleur de la fumée n'étoit pas tou-
» jours la même : en général, elle nous paroiſſoit blanche
» & jaunâtre ; mais quelquefois d'un ſale-gris un peu rouge :
» nous jugeâmes que cette différence provenoit en partie
» du feu du cratere, qui éclairoit la fumée & les cendres.
» Toute l'Iſle, excepté le volcan, eſt bien boiſée, & con-
» tient une grande quantité de jolis palmiers. Nous y remar-
» quions une belle verdure, même à cette ſaiſon de l'année
» qui étoit l'hiver pour ce climat. »

Nous gouvernames alors ſur l'Iſle, &, l'inſtant d'après, nous découvrîmes une petite ouverture dans la côte, qui avoit l'apparence d'un bon Port. Afin de nous en mieux

assurer, j'envoyai deux bateaux armés, aux ordres du Lieutenant Cooper, pour y prendre les sondes : pendant cette
opération, nous tâchâmes de nous maintenir à portée de
le suivre, ou de lui donner les secours dont il pourroit avoir
besoin. Sur la pointe orientale de l'entrée, nous apperçûmes assez distinctement un certain nombre d'Habitans,
plusieurs maisons & des pirogues ; &, au moment que nos
bateaux entrerent dans le port, ils en lancerent quelques-
unes à l'eau, pour les suivre, mais sans oser en approcher.
Bientôt M. Cooper fit signal de bon mouillage, & nous
essayâmes aussi-tôt de le rejoindre. Le vent étant à l'Ouest,
& notre route Sud-Sud-Ouest, nous rangeâmes de très-
près la pointe occidentale, & nous passâmes sur des roches
noyées, que nous aurions évitées, en nous approchant un
peu plus de l'Est, ou environ à un tiers du canal. Nous
étions à peine entrés dans le port, que le vent se calma,
& nous fûmes forcés de laisser tomber l'ancre sur quatre
brasses d'eau : alors je renvoyai les bateaux reconnoître les
sondes ; &, dans cet intervalle, je fis mettre dehors la chaloupe avec les ancres, pour touer le vaisseau, aussi-tôt que
nous aurions pris connoissance du canal.

« Ce fut le seul mouillage où nous restâmes quel-
» que tems dans le vaste grouppe d'Isles, que nous ve-
» nions de découvrir. On dira plus bas que nous y prî-
» mes du bois & de l'eau, mais peu de rafraîchissemens.
» Durant cette relâche, nous fîmes quelques remarques
» sur une race d'Hommes différente de toutes les tribus
» connues. »

P 2

TANDIS qu'on remorquoit le vaiſſeau, les Inſulaires s'aſ-
ſemblerent en divers endroits du rivage ; tous étoient
armés d'arcs, de flêches, &c. Quelques-uns s'avancerent
vers nous à la nage, d'autres dans des pirogues : ils ſe montrerent d'abord timides, & n'approcherent qu'à la diſtance d'un jet de pierre ; mais inſenſiblement ils devinrent
plus hardis, & des pirogues, qui paſsèrent ſous l'arrière, y
firent des échanges. Une des premieres s'étant approchée
d'auſſi près que la crainte le lui permit, jeta à bord des noix
de cocos ; je deſcendis dans un canot pour la joindre, &
je lui donnai quelques pièces d'étoffe & d'autres articles. Ce
traitement engagea les autres à ſe rendre ſous l'arrière &
le long des côtés, où leur conduite devint inſolente & témé-
raire. Ils tenterent d'enlever tout ce qu'ils pouvoient atteindre;
ils ſaiſirent le pavillon, en voulant l'arracher de deſſus ſon
bâton ; d'autres eſſayoient de faire ſauter les gonds du gouvernail : ils nous contraignirent à veiller les bouées des ancres,
qui ne furent pas plutôt hors des bateaux, qu'ils chercherent
à les enlever. Des coups de mouſquet, tirés en l'air,
n'eurent aucun effet ; mais, au bruit de la décharge d'un canon
de quatre, la frayeur les ſaiſit, & ils ſauterent tous hors de
leurs pirogues pour ſe jeter à la nage. Dès qu'ils virent qu'il
ne leur étoit arrivé aucun mal, ils rentrerent dans leurs
canots, pouſſerent des cris, en nous menaçant de leurs
armes, & retournerent hardiment aux bouées. Il fallut
faire ſiffler quelques balles autour de leurs oreilles. Quoiqu'aucun d'eux n'eût été bleſſé, on leur avoit inſpiré aſſez
de crainte pour les écarter des bouées : bientôt ils ſe retirerent ſur le rivage, & il nous fut permis de dîner ſans être
troublés de leur part.

« JE COMPTAI les pirogues qui nous entouroient, & elles
» étoient au nombre de dix-sept; les unes portoient vingt-
» deux hommes; d'autres dix, sept, cinq, & les plus petites
» deux : de sorte qu'en tout il y avoit plus de deux cens
» Insulaires; ils disoient quelques mots par intervalle, &
» ils sembloient nous proposer des questions; mais, quand
» nous prononcions un mot du dialecte de Taïti ou de
» Mallicollo, ils le répétoient sans paroître le connoître en
» aucune manière.

» LE PREMIER VOL qu'ils entreprirent de commettre,
» fut de prendre un réseau, qui contenoit la viande salée de
» notre dîné, qu'on laissoit flotter dans la mer pour l'y rafraî-
» chir : comme nous nous en apperçûmes, on poussa des cris
» pour les engager à s'arrêter. Ils s'arrêterent effectivement;
» mais l'un d'eux brandit sa pique contre nous, & un second
» ajusta un trait sur son arc, & il sembla viser tour-à-
» tour plusieurs personnes placées sur le gaillard d'arriere.
» M. Cook, afin de les effrayer, se disposa à tirer un coup
» de canon; mais auparavant, il fit signe aux pirogues de
» de se ranger de côté, pour qu'elles ne fussent pas expo-
» sées à l'action du boulet. Ces marques d'autorité ne les
» offenserent point, & ils vinrent promptement se placer
» à notre arriere. Au bruit du canon, on vit les deux cens
» Indiens se jeter à la mer, & au milieu de cette conster-
» nation générale, un jeune homme bien fait, & d'une phy-
» sionomie très-ouverte, resta seul dans sa pirogue, sans
» donner le moindre indice d'étonnement ou de crainte;
» mais, avec un air de gaieté, il jeta des regards de dédain
» sur ses Compatriotes effrayés. Voyant ensuite que notre

» bravade n'avoit eu pour eux aucune fuite funeſte, ils
» cauſerent d'un ton très-haut, & ils parurent rire de leur
» propre épouvante.

     » J'OBSERVAI un autre trait de courage dans un vieillard
» qui ſe trouvoit autour d'une bouée, qu'il vouloit proba-
» blement enlever : quoiqu'il eût été bleſſé par un premier
» coup de fuſil, il ne déſempara point, & il garda ſon poſte
» à la ſeconde & à la troiſieme décharge, & même, après
» avoir ainſi enduré notre feu, il eut aſſez de généroſité
» pour venir nous offrir ſon amitié, & nous préſenter une
» noix de cocos. »

CE MÊME VIEILLARD fit pluſieurs voyages du rivage
au vaiſſeau, apportant chaque fois des noix de cocos, ou
une igname, & prenant en échange tout ce qu'on vouloit
lui donner. Un ſecond, au moment qu'on tira le canon, étoit
dans la galerie du faux pont, & je ne pus le raſſurer aſſez
pour l'engager à reſter. Vers le ſoir, après avoir amarré le
vaiſſeau, j'allai, avec un fort détachement, deſcendre à
l'entrée de la baie, ſur la pointe du S. E. Les Indiens ne
s'oppoſerent pas à notre deſcente : ils formoient deux corps,
l'un à notre droite, & l'autre à la gauche; tous étoient armés
de maſſues, de dards, de lances, de frondes & de pierres,
d'arcs & de flêches, &c. Après avoir diſtribué aux plus âgés
(car nous ne diſtinguions pas les Chefs) & à quelques autres,
des pieces d'étoffe, des médailles, on mit à terre deux pieces
à l'eau, pour les remplir à un étang, qui ſe trouvoit environ
à vingt pas du débarquement, faiſant entendre aux Inſulaires que c'étoit-là une des choſes dont nous avions beſoin.

Pl. 46.

DÉBARQUEMENT À TANNA L'UNE DES NOUVELLES HÉBRIDES.

Bernard Direx

Nous ne pûmes obtenir de ces Indiens que des noix de cocos, qui paroissoient être en grande abondance sur les arbres ; mais nous ne parvînmes point à leur faire échanger quelques-unes de leurs armes. Ils se tinrent toujours dans l'attitude de gens prêts à se défendre ou à attaquer, & il n'auroit fallu que le plus petit motif pour causer un engagement : c'est du moins ce que nous présumions, en les voyant se pousser sur nous, malgré tous nos efforts pour les écarter. Il est probable que nous déconcertâmes leur projet d'attaque, en nous rembarquant plutôt qu'ils ne s'y étoient attendus. Dès que nous fûmes à bord, tous se retirerent. Le bon vieillard dont j'ai parlé, étoit dans l'un des partis ; & nous le jugeâmes d'un caractere pacifique.

« LEUR CONDUITE, pendant notre débarquement, mérite
» des éloges : car en ayant trouvé d'abord quelques-uns
» assis sur l'herbe, le long de la greve, ils s'enfuirent, mais
» ils revinrent, dès que nous les rappelâmes par signes.
» Nous les priâmes ensuite de s'asseoir, & la plupart s'as-
» sirent : nous leur défendîmes de passer une ligne que nous
» traçâmes sur le sable, & ils obéirent. Dès que nous de-
» mandâmes à couper du bois, ils nous montrerent eux-
» mêmes des arbres : seulement ils nous inviterent à ne pas
» abattre des cocotiers, dont une quantité innombrable
» couvroit la côte. Quoique les soldats de Marine fussent
» rangés en bataille, quoiqu'au moindre de leurs mouve-
» mens, les Naturels s'enfuissent à une distance considé-
» rable, & qu'il ne restât près de nous que des vieillards,
» ils ne craignoient pas de se rapprocher, dès que nous le
» desirions. Nous leur ordonnâmes de mettre bas les

» armes, & la plupart acquiefcerent à ce commandement
» déraifonnable.

» ILS ÉTOIENT d'une moyenne ftature, mais infini-
» ment plus forts & mieux proportionnés que les Habi-
» tans de Mallicolo, & comme ceux-ci, entièrement
» nuds ; feulement ils portoient autour du ventre une
» corde qui ne coupoit pas leur corps d'une manière
» auffi choquante que celle des Infulaires dont on a parlé
» ailleurs. Quelques femmes que nous vîmes de loin, me
» paroiffoient moins laides que celles de Mallicolo : deux
» filles tenoient chacune une longue pique dans leurs
» mains.

» EN CAUSANT avec eux, nous raffemblâmes un grand
» nombre de mots entièrement nouveaux pour nous : quel-
» quefois ils exprimoient la même idée par deux termes,
» dont l'un étoit nouveau pour nous, & le fecond répondoit
» au langage des Ifles dés Amis, d'où nous conclûmes qu'ils
» ont des voifins d'une autre race qui parlent cette langue.
» Ils nous dirent que leur Ifle s'appelle *Tanna*, mot qui
» fignifie *Terre* dans la langue Malaife.

» LE SOIR, nous vîmes briller la flamme du volcan, &
» de cinq en cinq minutes, nous entendions une explofion.
» Ce phénomene merveilleux avoit attiré notre attention
» toute la journée : le bruit de quelques-unes des explo-
» fions égaloit celui des plus violens coups de tonnerre, &
» un fracas fourd retentiffoit pendant une demi-minute ; l'air
» étoit rempli de particules de fumée & de cendres, qui

» nous

» nous caufoient beaucoup de douleur, quand elles nous
» tomboient dans les yeux. Les ponts, les agrêts & toutes
» les parties du vaiffeau furent remplis de cendres noires
» l'efpace de quelques heures, & le même fable, mêlé de
» fraifil & de pierre ponce, couvroit la côte de la mer. Ce
» volcan étoit éloigné de notre havre de cinq ou fix milles;
» mais, comme plufieurs collines occupoient l'efpace inter-
» médiaire, nous n'en appercevions que le fommet, qui
» vomiffoit continuellement de la fumée. »

CHAPITRE V.

Commerce avec les Insulaires. Description de l'Isle de Tanna. Divers incidens survenus durant le séjour du Vaisseau.

Ann. 1774.
Août.
Comme nous avions besoin de faire une grande quantité de bois & d'eau, & que j'avois observé à terre, qu'on pouvoit approcher davantage le vaisseau de l'endroit du débarquement, ce qui faciliteroit considérablement les travaux, puisque nous serions en état de couvrir, de protéger les Travailleurs & de contenir les Insulaires par la crainte, 6. le 6, on toua le vaisseau à la place désignée pour le nouveau mouillage.

« A F I N de rendre plus intelligible ce qui se passa
» dans cette journée, il est à propos de décrire l'aspect du
» pays qui environne le havre. La pointe, qui compose sa
» côte orientale, est très-basse & très-plate ; elle s'éleve bien-
» tôt en forme d'une colline, d'environ 15 ou 20 verges de
» hauteur, & entièrement remplie de plantations, & qui
» enferme la bande Est & Sud de la baie : elle presente
» un front de trois milles de longueur, & elle s'étend à
» plusieurs milles dans l'intérieur des terres, jusqu'à la mer
» de l'autre côté. A l'endroit où se termine cette coline plate,
» une belle plaine revêtue de plantations court au Sud,

» bordée de différentes rangées de collines agréables, dont
» les plus proches font d'une pente aifée. A l'Oueft, cette
» plaine, ainfi que toute la baie, eft environnée d'une
» colline efcarpée de trois ou quatre cens verges d'élé-
» vation, & prefque par-tout perpendiculaire. Il y a
» une greve étroite le long de la côte occidentale; mais
» un rocher perpendiculaire la fépare de la greve du S.: cette
» derniere eft compofée d'un fable noir ferme; elle entoure
» la plaine, & e'eft la même où nous coupâmes du bois, &
» où nous remplîmes nos futailles. Une greve de rocher de
» corail & de fable de coquille, fuit de-là le pied de la col-
» line plate jufqu'à la pointe orientale du havre. La col-
» line plate ne fe trouve pas tout près de cette greve;
» mais un efpace de terre uni de trente ou quarante ver-
» ges de largeur, couvert de bocages, de palmiers, s'étend
» au bas. Tout le coin Sud-Eft de la baie eft rempli d'un
» récif plat de corail, inondé à la mer baffe. »

TANDIS qu'on remorquoit le bâtiment, les Infulaires arrivoient de tous les côtés de l'Ifle, & formant deux corps
féparés, ils fe rangerent de chaque côté du débarquement,
comme ils avoient fait le jour précédent; ils portoient tous des
mêmes armes. Une pirogue, montée par un feul homme, &
quélquefois par deux ou trois, venoient de tems à autre au vaiffeau: elle étoit chargée de noix de cocos ou de bananes, qu'elle
offroit fans rien demander en retour; mais j'avois foin qu'on
lui fît toujours des préfens. Le Chef parut nous inviter à defcendre à terre. Le vieillard, qui avoit fi bien fu fe concilier notre amitié, fut du nombre de ceux qui fe rendirent au vaiffeau:
je lui fis entendre, par fignes, qu'ils devoient mettre bas leurs

Q 2

armes. Il commença par prendre celles qui étoient dans la
pirogue, & les jeta dans la mer : je lui donnai une grande
pièce d'étoffe rouge, je ne pouvois pas douter qu'il ne
m'eût compris, & il porta ma requête à ses Compatriotes; car, dès qu'il fut à terre, nous le vîmes passer successivement de l'un à l'autre corps, & conférer avec les Insulaires, & depuis il ne reparut plus avec des armes. L'instant
d'après une pirogue, où étoient trois Indiens, s'approcha
de l'arriere; l'un d'eux branlant sa massue d'un air arro-
gant, en frappa le côté du vaisseau, & commit divers
actes de violence; mais il offrit enfin de l'échanger pour un
rang de grains de rassade, & d'autres bagatelles. On les lui
descendit du vaisseau avec une corde; mais, au moment
qu'il les eut en sa possession, il se retira avec ses Compagnons,
en forçant de rames, sans vouloir livrer sa massue, ou
quelque autre chose en retour. C'étoit-là ce que j'attendois,
& je n'étois pas fâché d'avoir une occasion de convaincre
la multitude qui bordoit le rivage, de l'effet de nos armes
à feu, en ne leur faisant que le moins de mal possible. J'avois
un fusil de chasse, chargé à dragées (N°. 3.) que je
tirai; &, quand ils furent hors de la portée du mousquet,
on lâcha quelques coups de mousqueton. A ce bruit, ils
sauterent pardessus bord, se couvrant de leur pirogue,
& nageant avec elle jusqu'au rivage. Cette mousquetade ne
produisit que peu ou point d'impression sur ces Insulaires:
ils n'en parurent que plus insolens, & commencerent à faire
des cris & des huées.

APRÈS avoir assuré, sur ses ancres, le vaisseau, qui pré-
sentoit le travers au rivage, & placé l'artillerie de maniere à

commander tout le havre, je m'embarquai avec les Soldats
de la Marine & un détachement de Matelots, dans trois
bateaux, & nous ramâmes fur le rivage. Les deux Corps
avoient laissé entr'eux un espace d'environ 30 ou 40 verges,
dans lequel étoient placés des régimes de bananes, une
igname & deux ou trois racines. Entre ces fruits & la greve,
ils avoient dressé, dans le fable, (je n'ai jamais fu à quel
propos) quatre petits roseaux, chacun d'environ deux
pieds, fur une ligne à angles droits avec la côte, (on les y
trouva encore deux ou trois jours après.) Le vieillard, déjà
connu, & deux autres étoient isolés, & nous invitoient, par
signes, à descendre à terre ; mais je n'avois pas oublié
le piége qu'on nous tendit, & où je pensai me laisser
prendre dans la derniere Isle. Tous ces apprêts devoient
nous donner des soupçons fur leur dessein. Je répondis, en
faisant signe aux deux divisions, composées d'environ neuf
cens hommes, de se retirer en arriere, & de nous laisser un
plus grand espace. « Nous voulûmes aussi leur dire, par
» signes, de mettre bas les armes, mais ils n'y firent pas la
» moindre attention ; ils trouvoient probablement absurde
» & injuste qu'une poignée d'Etrangers vînt leur prescrire
» des loix chez eux, & prétendît désarmer plus de neuf cens
» hommes. » Le vieillard parut les y engager ; mais ils n'eurent pas plus d'égard pour lui que pour nous. Ils se rappro-
cherent encore davantage ; &, à l'exception de deux ou
trois, ils étoient tous armés. En un mot, tout tendoit à
nous faire croire qu'ils se proposoient de nous attaquer à
notre descente. Il étoit aisé d'en prévoir les conséquences ;
un grand nombre d'entr'eux auroient été tués ou blessés, &
nous-mêmes aurions difficilement échappé à leurs traits ;

deux chofes que je voulois également prévenir. Voyant
qu'ils refufoient de nous laiffer de la place, je crus qu'il étoit
plus à propos de les effrayer que de les contraindre à la
fuite, par des décharges meurtrieres. Je fis tirer un coup de
moufquet fur la divifion de notre droite, qui étoit la plus
nombreufe; (il y avoit environ fept cens Indiens) mais
l'alarme ne fut que momentanée. Bientôt ils revinrent
de leur frayeur, & commencerent à nous menacer avec
leurs armes. Un des plus impudens nous montra fon derriere, dans une attitude qui ne laiffoit aucune équivoque.
« Il fe frappoit les feffes avec fa main; ce qui eft un défi &
» un appel au combat chez toutes les Nations de la mer du
» Sud. » Nous répondîmes à ces bravades par trois ou
quatre coups de fufil; c'étoit le fignal de commandement
pour le vaiffeau, qui, dans ce moment, fit jouer l'artillerie,
& le rivage fut bientôt balayé. « On ne tira pas moins de
» cinq pièces de quatre, deux pierriers & quatre moufque-
» tons. » Alors nous defcendîmes à terre, & marquâmes des
limites par une ligne, à droite & à gauche. Notre vieil Ami
étoit refté feul à fon pofte, & je reconnus fa confiance par
un préfent. Les Habitans revinrent peu-à-peu, &, en apparence, avec des difpofitions plus pacifiques; quelques-uns
même reparurent fans armes, mais la majeure partie reftoit
armée: & quand nous leur fîmes figne de les mettre bas, ils
répondirent que nous devions commencer par pofer les nôtres.
Ainfi, de part & d'autre, on refta toujours armé. « Comme
» ils fortoient peu-à-peu des buiffons pour fe rendre fur la
» greve, nous défendîmes aux nouveaux venus de paffer
» les bornes que nous leur avions établies; &, en ce point,
» ils obéirent tous. « Les préfens que je fis aux vieillards, & à

quelques autres Indiens de confidération, n'eurent que très-
peu d'effet fur leur conduite. Il eft vrai qu'ils monterent fur des
cocotiers, & qu'ils nous en donnerent les noix, fans en rien
exiger; mais j'étois toujours attentif à leur faire accepter
quelque chofe en échange : ils nous prierent inftamment de
ne plus tirer. J'obfervai que plufieurs craignoient de toucher
à ce qui nous appartenoit, & qu'ils paroiffoient n'avoir aucune
notion d'échange. Prenant avec moi le vieillard, (fon nom,
comme je l'appris alors, étoit Paowang) je le conduifis dans
le bois : là je lui expliquai que nous étions obligés de
couper des arbres, & de les prendre à bord du vaiffeau;
&, dans le même tems, nous en abattîmes quelques-uns
qu'on tranfporta dans nos chaloupes, avec des petites pièces
à l'eau, dans le deffein de montrer à ces Indiens que c'étoit
principalement ce que nous leur demandions. Paowang confentit fur-le-champ à la coupe du bois, & les autres n'y
formerent point d'oppofition. Il nous fupplia feulement de
ne pas couper de cocotiers ; ce que nous lui promîmes.
« M. Hodges a mis beaucoup de talent dans fon deffin du
» débarquement de Tanna : il y en a une gravure dans ce
» Voyage, & c'eft un des morceaux où l'habileté de cet
» Artifte fe montre le plus. »

« NOUS ESSAYAMES, tout-de-fuite, de pénétrer dans
» les bois, pour y chercher des plantes ; mais, dès que nous
» eûmes fait trente pas, nous apperçûmes, derrière chaque
» buiffon, un grand nombre de Naturels, qui entrete-
» noient une communication avec les deux détachemens
» placés fur la greve. Nos découvertes furent donc peu
» confidérables, & il fallut nous contenter de deux ou trois

» espèces nouvelles. De retour au rivage, en tâchant de
» converser avec la division qui étoit à notre gauche, (à
» l'Est de nous) nous remplîmes nos Vocabulaires de plu-
» sieurs mots de leur langue. Nous demandâmes souvent
» à acheter leurs armes; mais ils refuserent toujours de les
» vendre. L'un d'eux nous céda un morceau cylindrique
» d'albâtre, de deux pouces de long, qu'il portoit suspendu
» à son nez; avant de le donner, il le lava dans l'eau : je
» ne sais pas si c'étoit par propreté. Durant notre séjour à
» terre, ce matin, les Naturels n'entreprirent point de
» nous nuire ou de nous attraper. Ceux qui occupoient
» notre gauche, paroissoient très-bien disposés à notre égard,
» & ils nous faisoient espérer d'établir, bientôt avec eux, des
» liaisons d'amitié. » Nous nous rembarquâmes pour revenir dîner à bord, & les Indiens ne tarderent pas à se
disperser. Je n'ai pas appris qu'aucun de ces Insulaires eût
été blessé dans les affaires précédentes; circonstance très-
heureuse.

L'APRÈS-MIDI, nous retallâmes à terre pour faire de l'eau;
&, avec nos filets, nous prîmes, en trois coups, plus de trois
cens livres de mulets & d'autres poissons : « Et entr'autres
» une espèce commune aux Isles d'Amérique. (Esox-
» Argenteus, N.º 5.) » Les Insulaires ne revinrent que
quelque tems après : ils étoient au nombre de vingt ou
trente. Notre bon Ami Paowang, qui se trouvoit parmi la
foule, nous fit présent d'un petit cochon, & ce fut le seul
que nous eûmes de cette Isle.

«NOUS DESCENDÎMES à terre, de notre côté, sans trouver
» un seul

Pl. 47.

VUE DE L'ISLE DE TANNA.

» un feul Infulaire fur la greve. A une diftance confidéra-
» ble, à l'Eft, nous en vîmes environ trente affis à l'ombre
» de leurs palmiers; mais ils ne daignerent pas venir près
» de nous. Nous profitâmes de l'occafion pour faire trois
» ou quatre cens pas dans le pays, où je raffemblai plu-
» fieurs plantes nouvelles. Cette partie de la plaine, au pied
» de la colline unie, étoit en friche, & remplie de différens
» arbres & arbriffeaux; nous craignîmes d'aller plus loin,
» parce que nous ne connoiffions pas encore le caractere
» des Infulaires : nous nous en approchâmes peu-à-peu, &
» bientôt ils fe rendirent près de nous fans armes, & caufe-
» rent le mieux qu'ils purent, & avec la plus grande cor-
» dialité. »

Pendant la nuit, le volcan, qui nous reftoit à l'Oueft,
à quatre milles, vomit des torrens de feu & de fumée,
comme la nuit précédente, & les flammes s'éleverent au-
deffus de la montagne qui nous en féparoit. A chaque éruption, il grondoit avec un bruit, femblable à celui d'une mine
profonde, au moment qu'elle éclate. Une pluie abondante,
qui tomba alors, parut lui donner encore plus d'activité.

« Il avoit cessé fes éruptions l'après-dînée de la veille;
» mais il les recommença de nouveau à quatre heures du
» matin : il étoit tombé de la pluie la nuit. Ses feux produi-
» foient un très-beau coup-d'œil. La fumée, qui s'échap-
» poit en gros tourbillons épais, étoit teinte de différentes
» couleurs, de jaune, orange, cramoifi & pourpre, &
» elle fe terminoit en gris rougeâtre & brun. Dès qu'il y
» avoit une nouvelle explofion, les champs & les forêts de

Tome III.   R

» tout le pays, prenoient aussi une teinte orange & pour-
» pre, suivant leur distance, ou leur exposition particuliere
» à la lumiere du volcan. »

DE BONNE-HEURE, dans la matinée, les Habitans se
rassemblerent près de l'Aiguade, armés, comme auparavant, mais non pas en si grand nombre. Après le déjeûner,
nous allâmes à terre pour couper du bois & remplir
des futailles. Je trouvai plusieurs Insulaires, & sur-tout
les vieillards, disposés à être de nos Amis; mais les plus
jeunes furent audacieux & insolens, & nous obligerent à
demeurer en armes. Je restai, avec les Travailleurs, jusqu'à
ce que je fusse comme assuré qu'ils ne commettroient point
de désordre, & je retournai à bord, laissant le détachement
sous les ordres des Lieutenans Clerke & Edgcumbe. Quand
ces Messieurs arriverent au vaisseau pour dîner, ils m'infor-
merent que les Indiens s'étoient toujours comportés avec la
même irrégularité qu'à notre débarquement, qu'un plus mu-
tin encore que les autres, avoit mis M. Edgcumbe dans la
nécessité de lui lâcher son fusil chargé à dragées, & que
cette correction les avoit enfin rendu plus circonspects. Tous
s'étoient retirés, en voyant nos bateaux retourner à bord.
Tandis que nous étions à table, un vieillard vint sur la Résolution, examina les différentes parties du bâtiment & rega-
gna ensuite le rivage.

L'APRÈS-MIDI, il ne se rendit à l'Aiguade qu'un petit
nombre d'Indiens, avec lesquels nous commencions à avoir
un peu plus de liaison. Paowang nous rapporta une hache
que les Travailleurs avoient laissée dans le bois, ou sur le

rivage. Quelques autres articles, qu'on avoit perdus par négligence, ou que les Habitans avoient furtivement enlevés,
nous furent encore rendus, tant ils craignoient de nous offen-
fer à cet égard.

« Au coucher du Soleil, ils fe difperferent tous, excepté
» quelques-uns, qui vinrent nous dire qu'ils vouloient aller
» dormir : ils fembloient nous en demander la permiffion.
» Nous leur fîmes figne de partir, & à l'inftant ils nous
» quitterent. Nous jugeâmes qu'il y avoit une efpèce de
» cérémonial dans cette conduite, & qu'ils ne croyoient
» pas qu'il fût honnête de laiffer leurs Hôtes feuls dans leur
» pays ; ce qui paroît fuppofer qu'ils ont des idées de poli-
» teffe & de décence, que nous ne comptions pas trouver
» chez un Peuple auffi peu civilifé. »

Le lendemain, de bonne-heure, je fis partir la chaloupe, protégée par un détachement de la Marine dans un
autre bateau, pour prendre du left, dont nous avions befoin. Ce travail fut exécuté avant le déjeûner ; & je renvoyai
enfuite le même bateau faire de l'eau & du bois, avec les Matelots employés à ce fervice, fous la protection d'un Sergent
de garde : ce que je crus alors fuffifant ; les Infulaires paroiffant réconciliés avec nous. On me rapporta que des Indiens
avoient invité quelques-uns de nos Gens à les fuivre dans
leurs maifons, à condition qu'ils y iroient nuds, comme
ils étoient eux-mêmes. Cela fait du moins voir que leur deffein, quel qu'il fût, n'étoit pas de les voler.

8.

« Je débarquai, avec le Docteur Sparrman & mon

R 2

» Pere, fous la montagne efcarpée, qui eft dans la partie au
» côté Oueft de la Baie. Une petite houle, qui bat le rivage
» en cet endroit, nous obligea de faire quelques pas à gué.
» Sur les flancs de la colline, nous cueillîmes plufieurs plantes
» nouvelles, & nous manquâmes, à diverfes reprifes, de
» tomber dans des précipices. Nous y vîmes différentes
» efpèces de minéraux: les principales couches de cette col-
» line, confiftent en une efpèce d'argille très-molle, & qui
» fe met en pièces quand elle eft expofée à l'air & à l'humi-
» dité. Nous y trouvâmes auffi une pierre de fable noir, une
» fubftance reffemblante à une pierre pourrie, (Lapis
» Suillus) & des morceaux de craie, purs ou teints de
» couleur rouge; couleur qu'occafionnoient peut-être des
» particules de fer. Après avoir fait deux ou trois cens pas
» le long de la greve, vers la pointe Occidentale du havre,
» nous prîmes un fentier qui conduifoit au haut de la col-
» line; & nous nous préparions à avancer dans l'intérieur du
» pays, lorfque nous rencontrâmes un grand nombre de
» Naturels tous armés: nous rejoignîmes alors le détache-
» ment qui chargeoit du left, & les Naturels nous vendi-
» rent des cannes de fucre & des noix de cocos. Ils s'affirent
» tous, fur les rochers, près de nous; & l'un d'eux, pour
» qui les autres avoient des égards, changea de nom avec
» mon Pere. Il s'appelloit Oomb-Yégau. Cet ufage, de fe
» choifir un Ami en changeant réciproquement de nom,
» eft commun fur toutes les Ifles de la Mer du Sud où nous
» avons abordés, & il a quelque chofe de tendre. Ayant été
» ainfi adopté parmi les Infulaires, nous caufâmes en très-
» bonne intelligence, & nous étendîmes beaucoup les mots
» de notre Vocabulaire. Ils nous donnerent des feuilles de

ANN. 1774.
Août.

» figues, enveloppées dans des feuilles de bananes, & cuites
» à l'étuvée. Elles étoient d'un très-bon goût, & elles pou-
» voient tenir lieu d'épinards. Ils nous offrirent aussi deux
» gros plantains de l'espèce la plus grossiere ; ce qui prouve
» que l'esprit d'hospitalité est naturel, même à ces Habi-
» tans : ce sont les femmes & les enfans qui nous présenterent
» ces mets ; mais ils étoient si timides que, dès que nous
» jetions les yeux sur eux, ils s'enfuyoient en hâte, & cela
» divertissoit infiniment les hommes. Cependant la fami-
» liarité de ces femmes prouvoit assez que nous avions
» gagné une partie de leur confiance : quelques-unes avoient
» le sourire sur la bouche ; mais, en général, elles parois-
» soient tristes & mélancoliques. Elles portoient des pen-
» dans d'oreille & des colliers comme les hommes, & celles
» qui étoient mariées des chapeaux de nattes : la plupart
» avoient aussi des pierres blanches dans les narines. Si
» nous présentions un grain de verre, un clou, ou un ruban
» à un de ces Indiens, ils refusoient de le toucher ; ils nous
» prioient de le mettre à terre, & ils le ramassoient ensuite
» dans une feuille : j'ignore si la superstition, ou des idées
» bizarres de propreté, ou de politesse, ont produit cet
» usage. Vers midi, nous nous rembarquâmes avec le déta-
» chement : la plupart des Naturels s'étoient déjà retirés à
» leurs habitations sur la colline. »

» L'APRÈS-MIDI se passa à pêcher ; mais, en plusieurs
» coups de seine, nous ne prîmes que vingt-quatre poissons.
» Les Insulaires étoient très-nombreux sur la greve, & nous
» n'osâmes pas errer fort avant dans les bois : nous nous

» tînmes donc aux bords de la forêt, & nous notâmes divers
» mots de leur langue. »

9.
LE 9, j'envoyai le bateau long pour faire encore du
lest, & la Garde & les Travailleurs prirent leur poste ordinaire. Je débarquai, avec eux, sur le rivage, où se trouvoit
un bon nombre d'Habitans : quoiqu'ils fussent armés, leur
conduite fut douce, honnête & circonspecte ; de sorte qu'il
ne fut pas besoin de les contenir dans les limites que nous
leur marquions par une ligne : ils s'y conformerent d'eux-
mêmes sans cette précaution. Comme il étoit nécessaire de
veiller, à terre, sur les instrumens de M. Wales, pendant le
milieu du jour, la Garde ne revint point pour dîner, ainsi
que cela s'étoit fait la veille, & elle attendit qu'une autre
allât la relever. Quand je quittai le rivage, j'engageai un jeune
Indien, appellé Whà-à-gou, à me suivre à bord. Avant le
dîné, je lui montrai toutes les parties du vaisseau ; mais je
remarquai que rien ne pouvoit fixer un moment son attention, ni lui causer la moindre surprise. Il n'avoit jamais vu de
chèvres, ni de chiens, ni de chats, & il les prenoit pour des
cochons, en les appellant *Booga*, ou *Bougas*. Je lui fis présent d'un chien & d'une chienne, qu'il paroissoit préférer
aux autres espèces d'animaux. Bientôt il revint à bord ; quelques-uns de ses Amis le suivirent dans une pirogue, & le
demanderent ; probablement par inquiétude pour sa sûreté.
Il regarda par le haut des bouteilles ; &, dès qu'il eut parlé,
ils retournerent au rivage, & lui rapporterent aussi-tôt un
coq, une petite canne à sucre & des noix de cocos qu'il me
donna. A table, il ne voulut goûter d'autre viande que du

porc falé ; mais il mangea volontiers de l'igname, & but un
verre de vin.

« DE RETOUR à terre, au même endroit où notre déta-
» chement avoit chargé du left la veille, nous gravîmes,
» fur les rochers, pendant plufieurs heures, & au milieu de
» la chaleur du jour, fans beaucoup de fuccès : nous fûmes
» bien tentés de pénétrer dans une belle forêt ; la prudence
» nous arrêta. Avant de nous rembarquer, nous découvrî-
» mes une fource chaude qui fortoit du rocher ; tout près
» du bord de l'eau. Nous n'avions point de thermomètre ;
» mais le degré de chaleur étoit fi fort, que nous ne pou-
» vions pas y tenir le doigt plus d'une feconde.

» EN ARRIVANT au Vaiffeau, nous reconnûmes que le
» jeune Indien qu'y venoit d'amener M. Cook, étoit celui
» qui montra tant de fang froid & de bravoure, en reftant
» feul dans fa pirogue, lorfque deux cens autres Infulaires
» fauterent dans la Mer, à l'explofion du canon.

» AINSI que fes Compatriotes, il n'avoit pas la même
» facilité de prononciation que les Mallicolois ; &, quand
» il nous demanda nos noms, nous fûmes obligés de les lui
» dire, en les adouciffant, fuivant les organes plus flexibles
» des Taïtiens. Il avoit de beaux traits, de grands yeux très-
» vifs ; & toute fa phyfionomie annonçoit de la bonne hu-
» meur, de l'enjouement & de la pénétration. Voici un exem-
» ple de fon intelligence. Le Capitaine Cook & mon Pere
» comparant leur Vocabulaire, trouverent qu'ils avoient noté
» un mot différent pour exprimer le Ciel, & ils s'en rap-

» porterent à lui pour favoir lequel des deux termes étoit le
» véritable. A l'inftant, il étendit une de fes mains vers le ciel,
» & il la pofa fur un des mots; il remua enfuite fon autre
» main fous lui, & il prononça le fecond, en nous faifant
» comprendre que le premier fignifioit proprement le fir-
» mament ; &, le fecond, les nuages qui fe trouvent au-
» deffous. Il nous apprit auffi les noms de plufieurs Ifles des
» environs. Il appelloit *Irromanga* celle d'où nous partîmes
» pour Tanna, & fur laquelle le Capitaine eut un malheu-
» reux différend avec les Naturels. Il appelloit *Immer*, l'Ifle-
» baffe que nous avions dépaffée en entrant dans le havre ;
» *Irronan;* une autre Ifle que nous avions découverte à l'Eft
» de Tanna, le même jour; & *Anattom*, une troifieme, au
» Sud, que nous n'avions pas encore vue. Ses manieres, à
» table, furent très-décentes & pleines de graces ; la feule
» chofe qui nous parut mal-propre, c'eft qu'en place de
» fourchette, il fe fervoit d'un petit bâton, qu'il portoit
» dans fes cheveux, & avec lequel il fe gratoit de tems-en-
» tems la tête : comme fes cheveux étoient arrangés, fui-
» vant la derniere mode du pays, *à la porc-épi*, & remplis
» d'huile & de peinture, il nous dégoûta encore davan-
» tage; mais il ne croyoit pas manquer de politeffe. »

Aussi-tôt que nous eûmes remis nos hôtes à terre, le jeune-
homme & fes Amis me prirent par la main, dans le deffein,
comme je le préfumai, de me mener à leurs habitations. Nous
n'étions pas encore bien loin, que deux ou trois d'entr'eux, je
ne fais par quelle raifon, ne voulurent point continuer la
route; en conféquence tout le monde s'arrêta; &, fi je ne
me trompai pas, l'un d'eux fut chargé d'aller me chercher
quelque

quelque chofe; car ils me prierent de m'affeoir & d'attendre;
ce que je crus devoir faire. Dans cet intervalle, les Officiers
vinrent nous joindre; cette réunion parut leur caufer de
l'ombrage, & ils me prefferent de retourner à la greve, avec
tant d'inftance, que je fus obligé d'y confentir. Ils voyoient,
avec inquiétude, nos excurfions dans la contrée, & même
le long du rivage du havre. Sur ces entrefaites, notre ami
Paowang arriva avec un préfent de fruits & de racines, que
portoient environ vingt perfonnes; & j'imaginai que c'étoit
dans la vue de le faire paroître plus confidérable. L'un portoit un régime de bananes; l'autre une igname; un troifieme
une noix de cocos, &c. & affurément deux hommes auroient
porté le tout fort à l'aife. Ce préfent me fut fait en retour
d'un don qu'il avoit reçu dans la matinée: je crus néanmoins
devoir payer les Porteurs.

Après avoir congédié Paowang, j'allai retrouver Whà-
à-gou & fes Amis, qui m'arrêterent encore. Ils fembloient
attendre quelque chofe, avec une grande impatience: je crus
m'appercevoir qu'ils étoient honteux d'avoir accepté les deux
chiens, fans avoir rien donné en retour. Mais, comme la nuit
approchoit, je les preffai de me laiffer aller; ils y confenti-
rent, & nous nous féparâmes.

On me confirma le nom des Ifles telles que Whà-à-gou
nous les avoit dit. On voit de Tanna Erromango, (M. Forfter
l'appelle Irromanga) Erronam, ou Footona & Annamatom.

Ces Insulaires me firent entendre, d'une maniere qui
me parut fort claire, qu'ils mangent de la chair humaine,
& que la Circoncifion eft pratiquée parmi eux. Ils entame-

Tome III. S

rent les premiers cette matiere, en me demandant si nous
mangions de cette chair; sans cela, je n'aurois pas songé à
leur proposer cette queftion. J'ai vu des perfonnes prétendre
que la faim feule peut rendre une Nation antropophage, &
rapporter ainfi cet ufage à la néceffité. Les Habitans de cette
Ifle forment au moins une exception à ce fyftême, car ils
ont des cochons, des poules, des racines & des fruits en abondance; mais, comme nous ne les avons point vu fe nourrir
de chair humaine, nous voulons bien douter, avec ces Philofophes, que ce Peuple foit antropophage.

« Nous fîmes une promenade à l'Eft, le long de la côte
» de la Baie, en examinant les bocages qui bordent la
» colline plate dont j'ai parlé plus haut: c'étoient des coco-
» tiers, & plufieurs efpèces de figuiers qui portoient des fruits
» comeftibles, à-peu-près de la groffeur des figues ordinaires:
» nous obfervâmes auffi divers hangards, fous lefquels on
» voyoit des pirogues; mais nous n'apperçûmes aucune habi-
» tation, excepté vers la pointe orientale. Nous en étions
» encore à plus de trois cens verges, lorfqu'un grand
» nombre de Naturels vinrent nous prier de ne pas nous
» avancer davantage; d'autres allerent en hâte vers le
» Capitaine Cook, & le conjurerent de nous rappeller.

» Nous essayames enfuite de pénétrer dans le pays,
» par le derriere de l'endroit où les Matelots rempliffoient
» les futailles. Un fentier nous conduifit, à travers différens
» arbriffeaux, fur les collines plates. Nous paffâmes au mi-
» lieu de quelques clarieres ou prairies enfermées de bois
» de tous côtés, & couvertes d'herbages du verd le plus
» brillant. Comme nous montions, trois Naturels vinrent

» à notre rencontre, & tâcherent de nous perfuader de
» retourner fur nos pas ; mais ils nous accompagnerent
» enfin, voyant que nous étions réfolus d'aller au-delà
» d'un petit bofquet aëré : nous atteignîmes des plantations
» étendues de bananes, d'ignames, d'eddoes & de figuiers
» qu'enfermoient, en quelques endroits, des murailles de
» pierre de deux pieds de hauteur. Nous entendions la
» houle battre la côte au Sud, & voyant les trois Naturels
» mécontens de ce que nous ne nous arrêtions pas, nous
» leur dîmes que fi nous continuions notre route, c'étoit
» feulement pour contempler la mer. Ils nous menerent à
» une petite éminence, d'où nous la découvrîmes à plein,
» ainfi que l'Ifle d'Annatom, éloignée de fix ou dix lieues :
» cette Ifle paroiffoit d'une hauteur confidérable, &, quoi-
» que moins étendue que Tanna, elle fembloit avoir en-
» viron huit ou dix lieues de tour.

Ann. 1774.
Août.

» APRÈS que nous eûmes examiné cette Ifle, les Natu-
» rels nous inviterent à les fuivre plus loin dans l'intérieur
» des terres, & ils mirent à cette priere le même empref-
» fement qu'ils avoient témoigné auparavant, pour nous
» engager à retourner en arriere ; mais, comme nous remar-
» quâmes que l'un d'eux avoit été envoyé en avant, nous
» n'osâmes pas alors nous fier à leurs invitations, qui, peut-
» être, étoient finceres & amicales. Nous nous retirâmes donc
» peu-à-peu vers la greve, après avoir cueilli une nouvelle
» plante & apperçu affez de cantons de l'Ifle, pour avoir
» grande envie de les examiner. Les Naturels, nous voyant
» pécher, firent attention à notre maniere de tirer le filet,
» & leurs geftes nous apprirent qu'ils ne connoiffent pas

» cette invention, & qu'ils ne favent que tuer, à coups de
» traits, les poissons, quand ils se levent près de la surface
» de l'eau. Dès que nous avions donné un coup de seine,
» ils ne manquoient jamais de demander du poisson; nou-
» velle preuve qu'ils n'en prennent gueres.

» QUAND ils remarquoient quelque chose de nouveau
» pour eux, ils s'écrioient : *Héebou*. Ils employoient aussi
» le même mot dans leurs mouvemens de surprise, d'ad-
» miration, de dégoût ou de desir. Les différens tons sur
» lesquels ils traînent lentement, ou prononcent avec rapi-
» dité ce mot, exprimoient d'une maniere forte les affec-
» tions diverses de leur ame ; ils faisoient claquer leurs doigts
» en même tems, sur-tout quand ils témoignoient de l'ad-
» miration. »

A MON RETOUR à bord, je fus informé qu'un des Travailleurs de la chaloupe, qui alla sur la côte occidentale de la
Baie pour prendre de l'eau, voulant tirer une pierre d'une
source, avoit ressenti à la main une chaleur très-vive. Cette
circonstance fit reconnoître plusieurs sources chaudes sur
les rochers, que la mer laisse à sec, dans le tems des qua-
dratures.

10.

LE 10, M. Walles, & deux ou trois autres personnes, pénétrerent au milieu de la contrée : ils arriverent vers un petit village isolé, où ils reçurent beaucoup de civilités de la part des Habitans. Depuis ce
tems, les Insulaires, particulièrement ceux du voisinage,
furent si bien réconciliés avec nous, que toutes nos

excursions ne parurent plus leur causer d'inquiétude, ni même
de mécontentement. L'après-midi, quelques jeunes Indiens
s'étant approchés de nos Gens qui coupoient du bois, ils
leur jeterent deux ou trois pierres : les Bas-Officiers eurent
l'imprudence de faire feu : j'étois dans ce moment sur le
rivage, & je fus alarmé d'entendre le bruit des mousquets, &
de voir deux ou trois jeunes Indiens qui couroient hors de la
forêt. Quand je sus ce qui avoit occasionné cette fusiliade,
je fus très-mécontent de ce qu'on faisoit un usage si indis-
cret de nos armes à feu, & je pris des mesures pour prévenir, dans la suite, un pareil abus. Le vent étoit du Sud,
& le tems par grains, avec de la pluie.

« Nous descendîmes à terre, immédiatement après
» déjeûner : ceux des Matelots qui y étoient depuis la pointe
» du jour, nous dirent qu'ils avoient vu plusieurs des Na-
» turels passer près d'eux, chargés de paquets, qu'ils éloi-
» gnoient de la pointe orientale de la Baie dans l'intérieur
» des terres : ils croyoient que les Indiens se retiroient pour
» se mettre hors de la portée de nos armes à feu, & ne
» pas être troublés; mais comme nous n'avons pas vu beau-
» coup d'habitations sur cette partie de la côte, notre arrivée
» y attira probablement des autres cantons un grand nombre
» de Naturels, qui se logeoient dans les bois des environs,
» mais qui retournoient alors à leurs cases, voyant qu'ils
» n'avoient rien à redouter de nous. On essaya de dissiper de
» plus en plus leur défiance, en comptant, par nos doigts,
» que nous ne voulions rester qu'un certain nombre de jours
» sur l'Isle, & cette nouvelle parut les calmer & leur faire

» beaucoup de plaifir. On obferva que les femmes feules
» portoient les fardeaux, tandis que les hommes mar-
» choient librement & fans embarras, chargés de leurs
» feules armes. Ce qui prouve que les Infulaires de Tanna
» ne font pas encore arrivés à ce degré de civilifation qui
» diftingue les Naturels des Ifles de la Société & des Amis;
» car toutes les Nations fauvages traitent le fexe avec une
» extrême rigueur.

» NOUS NOUS APPERÇUMES bientôt de la retraite des
» Naturels, car il en vint très-peu fur la greve. Nous pro-
» fitâmes de l'occafion, pour examiner la plaine derriere
» l'Aiguade. On y trouva plufieurs étangs d'eau ftagnante,
» où les Indiens avoient planté de grandes quantités d'ed-
» does (arum); les cocotiers formoient des bocages fpacieux,
» remplis de différens arbriffeaux, habités par divers oifeaux,
» & fur-tout par des attrape-mouches, des bouvreuils &
» des perroquets. Nous vîmes auffi des arbres élevés, cou-
» verts de noix, communs à Taïti (Invocarpus nov. gen.).
» Ces arbres fourmilloient de pigeons de différentes efpèces,
» & fur-tout de celle qui eft aux Ifles des Amis, & que
» les Naturels apprivoifent.

» IL PAROÎT que les Habitans de Tanna chaffent aux
» oifeaux, car un des Lieutenans tua un pigeon, qui avoit
» deux longues plumes blanches attachées à fa queue avec
» des cordons : il crut d'abord que c'étoit un nouvel oifeau
» fingulier; mais il découvrit enfuite fon erreur.

» DURANT cette excurfion, des Naturels vinrent nous

» dire que l'un d'entre nous avoit tué deux pigeons , &
» pour nous apprendre cette nouvelle, ils se servirent d'une
» langue exactement la même que celle qu'on parle aux
» Isles des Amis. Il nous parut qu'ils employoient cette lan-
» gue, afin de se faire mieux entendre, parce qu'ils avoient
» observé souvent que nous en prononcions plusieurs mots.
» Témoignant notre surprise, sur la connoissance qu'ils
» montroient de cette langue, ils répéterent alors la même
» chose dans la langue de Tanna, qui étoit totalement
» différente de l'autre. Ils ajouterent que le premier lan-
» gage se parloit à Irronam, qui gît à sept ou huit lieues à
» l'Est de Tanna : peut-être une colonie de la même race
» qui habite les Isles des Amis & toutes les Isles orientales
» de la mer du Sud s'est-elle établie sur cette Isle, ou peut-
» être que les Naturels d'Irronam entretiennent une com-
» munication avec les Isles des Amis, au moyen de quelques
» Isles inconnues pour nous ?

Ann. 1774.
Août.

  » Nous fîmes une nouvelle excursion l'après-midi ; nous
» avançâmes jusqu'à près de trois milles dans la plaine ,
» rencontrant peu d'Habitans ; nous leur disions toujours
» que nous voulions tuer des oiseaux, & à l'instant ils se
» retiroient sans s'y opposer. Nous en tirâmes, en effet ,
» plusieurs ; mais l'herbe étoit si épaisse, que nous les per-
» dîmes presque tous. Nous passâmes près de quelques
» plantations de bananes & de cannes de sucre : nous n'ap-
» perçûmes point de maisons ; la plus grande partie du
» terrain étoit en friche, & couverte de grands bois ou de
» petits arbrisseaux. A l'extrémité de la plaine, nous obser-
» vâmes une vallée longue & spacieuse, d'où s'élevoient

» des tourbillons de fumée, & nous entendions un bruit
» confus de voix d'hommes, de femmes & d'enfans. Nous
» fuivîmes un fentier bordé des deux côtés de buiffons épais,
» & la vallée elle-même étoit fi remplie de bocages, que
» nous ne vîmes point les Indiens dont la voix avoit frappé
» nos oreilles, non plus qu'aucune maifon. »

11. DURANT la nuit, & toute la journée du 11, le volcan
devint exceffivement incommode : il grondoit d'une maniere
terrible ; il pouffoit jufqu'aux nues des torrens de feu & de
fumée à chaque explofion, dont l'intervalle n'étoit guere
que de trois ou quatre minutes : du vaiffeau, nous le voyions
lancer en même-tems des pierres d'une prodigieufe groffeur :
les petites colonnes de vapeurs, qui s'élevoient des environs
du cratere, nous paroiffoient être des feux allumés par
les Infulaires. Tandis qu'on s'occupoit à faire de l'eau & du
bois, nous amenâmes notre grand mât de hune, pour ca-
peler fix nouvelles barres maîtreffes, & autant de cal-haubans.

« LE FEU en dedans du cratere du volcan éclairoit en-
» core les nuages de fumée lorfque nous débarquâmes
» fur la greve, où nous vîmes peu d'Habitans : nous nous
» rendîmes dans la partie de l'Oueft, où nous avions obfervé
» un fentier, qui conduifoit à une colline efcarpée fur le
» côté Oueft de la Baie. Nous montâmes fans peine à tra-
» vers les plus jolis bocages d'arbres & d'arbriffeaux qui y
» croifloient d'eux-mêmes, & qui répandoient par-tout une
» odeur parfumée & rafraichiffante. Plufieurs efpèces de
» fleurs embelliffoient le feuillage touffu, & des liferons
» enlacés comme le lierre, jufqu'au fommet des plus grands
          » arbres,

» arbres, les ornoient de guirlandes bleues & pourpres ; un
» grand nombre d'oiseaux voltigeoient autour de nous, &
» animoient la scène. Nous n'apperçûmes pas un seul Naturel
» sur la premiere croupe de cette montagne, & aucune
» plantation n'y frappa nos regards. Après avoir fait environ
» un demi-mille par différens détours, nous atteignîmes une
» petite clariere couverte d'une herbe molle, & environnée
» des arbres les plus charmans de la forêt. Le Soleil étoit
» alors très-chaud, car cet endroit est à l'abri de tous les
» vents. Nous sentions une vapeur de soufre qui s'élevoit
» du terra in, & qui ajoutoit encore à la chaleur du lieu. A
» gauche du sentier, presque caché par les branches des
» figuiers sauvages, il y avoit une petite levée de terre
» blanchâtre, & une vapeur s'élevoit continuellement de
» cette monticule. La terre étoit si chaude que nous pou-
» vions à peine y poser le pied, & nous la trouvâmes im-
» prégnée de soufre. En la remuant, les vapeurs jaillissoient
» avec plus de vivacité, & nous y remarquâmes en partie
» une qualité styptique ou astringente pareille à celle de
» l'alun. De-là, nous montâmes beaucoup plus haut, &
» nous parvînmes à une autre ouverture du bois qui étoit un
» peu stérile. Nous y découvrîmes deux nouveaux cantons qui
» jetoient de la vapeur, mais en moindre quantité, & d'une
» odeur moins forte. La terre, qui couvroit ces solfaterras,
» étoit de la même nature que celle de la premiere, & le
» soufre dont elle étoit remplie, lui donnoit une teinte
» verdâtre. Nous recueillîmes aux environs, de l'ocre rouge
» de l'espèce qu'employent les Naturels pour se peindre le
» visage.

Tome III.   T

Ann. 1774.
Août.

» Le volcan étoit alors plus bruyant que jamais : à
» chaque explosion, la vapeur s'élevoit des solfaterras en
» beaucoup plus grande abondance qu'auparavant, & for-
» moit des nuages épais blancs ; ce qui semble indiquer
» qu'elles ont des liaisons souterraines avec cette montagne
» brûlante, dont les convulsions les affectent par des moyens
» qui nous sont inconnus. Observant que c'étoit la se-
» conde fois que les explosions du volcan recommen-
» çoient après la pluie, on soupçonna que la pluie les
» excite, en quelque sorte, en produisant ou en accroissant
» la fermentation des diverses substances minérales. Après
» avoir examiné ces soupiraux singuliers, nous grimpâmes
» encore quelques pas, & nous découvrîmes un grand
» nombre de plantations en différentes parties de la forêt.
» Le sentier continuoit à être bon, d'une pente aisée, &
» environnée de toutes parts d'arbres touffus ; mais, à l'ap-
» proche des plantations, nous en perdîmes la trace, & il
» sembloit que les Naturels avoient imaginé ce stratageme
» pour ne pas être surpris par leurs ennemis. Enfin nous
» atteignîmes le sommet de cette colline, & nous en des-
» cendîmes l'autre côté, sur un chemin étroit, entre des
» haies de roseaux, à la vue de la mer qui lave la côte
» Nord-Est de l'Isle. Bientôt nous apperçûmes le volcan
» entre les arbres, & il nous parut que, pour y arriver, il
» nous restoit encore à faire deux lieues à travers des col-
» lines & des vallées. Nous voyions cependant son éruption,
» ainsi que les masses énormes de roches qu'il vomissoit
» parmi les tourbillons de fumée : quelques-unes étoient
» au moins aussi grosses que le corps de notre longue cha-
» loupe. Comme il ne nous étoit arrivé aucun accident, &

» que nous n'avions pas rencontré un feul Naturel, nous
» penfions à en approcher ; mais, en caufant, nous alar-
» mâmes fans doute les Infulaires des plantations ; car, à
» l'inftant, nous en entendîmes un ou deux qui fouffloient
» dans de grandes conques, dont les Nations fauvages, &
» fur-tout celles de la Mer du Sud, fe fervent pour fonner
» le tocfin. Nous réfolûmes alors de retourner fur nos pas,
» &, fans être découverts par les Naturels, nous regagnâmes
» la folfaterra que nous avions découverte la derniere.

ANN. 1774.
Août.

» DES INDIENS, qui venoient du bord de la mer, nous ren-
» contrerent fur la colline, & femblerent fort furpris de nous
» trouver fi avant dans leurs retraites. Nous leur dîmes que
» nous nous promenions pour tuer des oifeaux, & nous les
» priâmes de nous apporter quelque chofe à boire ; mais
» ils s'en allerent, fans paroître faire attention à notre de-
» mande : après avoir herborifé plus d'un quart-d'heure, &
» au moment où nous nous préparions à defcendre, des
» hommes, des femmes & des enfans qui nous apportoient
» des cannes à fucre, & deux ou trois noix de cocos, atti-
» rerent nos regards. Nous nous afsîmes ; &, dès que nous
» eûmes bu le fuc de ces végétaux, nous fîmes des préfens
» à ces Infulaires hofpitaliers, & ils nous quitterent bien
» contens. Nous emportâmes les morceaux d'Hiftoire Na-
» turelle que nous avions raffemblés, & nous atteignîmes
» la greve au moment où les chaloupes fe rendoient à
» bord.

» LES NATURELS avoient commencé à nous vendre
» des ignames, des cannes de fucre, des noix de cocos &

T 2

» des bananes, & nous espérions en obtenir davantage
» par la suite. Ils ne vouloient point de nos outils de fer,
» ils préféroient de petits morceaux de pierre néphrétique
» de la Nouvelle-Zélande, de nacre de perle, & pardessus
» tout, d'écaille de tortue. Ils échangerent leurs armes
» contre ces derniers bijoux ; ils ne consentirent, d'abord,
» à donner que des dards & des traits ; mais ils y ajouterent
» ensuite leurs arcs & leurs massues.

» LAPRÈS-MIDI, nous longeâmes la côte de la mer, vers
» la pointe orientale, où les Naturels nous empêcherent
» d'aller deux jours auparavant. Quelques Indiens causerent
» avec nous cinq ou six minutes ; &, pendant cette con-
» versation, nous vîmes un homme assis derriere un arbre,
» qui tenoit son arc bandé, & son trait dirigé sur nous.
» Dès qu'il observa qu'il étoit découvert, & qu'un fusil le
» couchoit en joue, il jeta les armes dans le buisson, il se
» traîna à quatre vers nous : je crois qu'il n'avoit réellement
» aucune mauvaise intention, quoiqu'il fût dangereux de se
» fier à ces sortes de badinage. A la pointe orientale du
» havre, nous cueillîmes de belles fleurs rouges, qui nous
» tentoient, depuis que nous étions à l'ancre : elles appar-
» tenoient à une espèce d'Yamboos ou d'*Eugenia*. Comme
» nous allions traverser la pointe, & poursuivre notre
» marche au-delà le long de la côte, quinze ou vingt
» Naturels se précipiterent autour de nous, & nous sup-
» plierent instamment de revenir sur nos pas. Nous n'avions
» gueres envie de les satisfaire ; mais ils réitérerent leurs prie-
» res, & enfin ils nous dirent par signes qu'on nous tueroit &
» qu'on nous mangeroit. On nous avoit déja annoncé la

» même chose par des gestes un peu moins intelligibles ;
» mais nous y avions fait peu d'attention, &, sur un si léger
» témoignage, nous ne les supposâmes point Antropophages.
» A la fin cependant nous ne pouvions plus nous y
» méprendre ; car, comme nous paroissions ne pas les
» comprendre ; & qu'au contraire semblant croire qu'ils
» nous offroient des provisions, nous continuâmes notre
» route, en témoignant que nous serions bien-aise de manger,
» ils mirent beaucoup d'empressement à nous détromper,
» & ils nous montrerent, par signes, comment ils tuoient
» un homme, comment ils coupoient ses membres, &
» séparoient sa chair de ses os : enfin ils mordirent leur
» propre bras, pour exprimer plus clairement qu'ils
» mangent de la chair humaine.

» Nous tournames donc le dos à la pointe, pour aller
» vers une hutte que nous observions à cinquante verges
» delà, à l'endroit où le terrain commençoit à monter.
» Quand ils virent que nous avancions ainsi, plusieurs sor-
» tirent armés de la hutte ; peut-être pour nous forcer à
» reculer. Ne voulant pas offenser ce Peuple dans son
» propre pays, nous réprimâmes un esprit de curiosité,
» qui auroit pu devenir fatal à quelques-uns d'entr'eux,
» s'ils nous avoient obligés à défendre nos vies. Le motif
» qui nous amenoit sur cette pointe, étoit cependant im-
» portant. Tous les matins, à la pointe du jour, nous
» entendions de ce côté un chant solemnel & lent qui duroit
» plus d'un quart d'heure ; nous le prîmes pour un acte
» religieux : nous crûmes qu'une espèce de temple étoit
» caché dans ces bocages, & les efforts que les Naturels

» ne cefferent pas de faire, afin de nous en écarter, con-
» firmerent notre fuppofition.

» APRÈS avoir commencé à revenir fur nos pas, nous
» réfolûmes de monter fur la colline plate, dans un endroit
» affez proche de la pointe, où la pente étoit aifée, &
» où nous comptions pouvoir faire quelques obfervations.
» Arrivés au fommet, élevé d'environ trente-cinq ou qua-
» rante pieds d'élévation perpendiculaire, nous nous
» trouvâmes dans une plantation fpacieufe, compofée
» principalement d'une quantité innombrable de bananiers,
» & entre-mêlée de cocotiers & d'autres grands arbres
» touffus, qui arrêtoient entièrement la vue de tous côtés:
» elle étoit féparée des autres plantations, par différentes
» haies de rofeaux, très-proprement faits & reffemblant
» beaucoup à celles d'Amfterdam & de Anamoka. Les
» Naturels nous réïtérerent leurs menaces, & ils nous af-
» furerent par des fignes encore plus énergiques que nous
» ferions tués & mangés, fi nous allions plus avant. Nous
» répliquâmes toujours que nous voulions feulement tirer
» des oifeaux; mais ils ne parurent pas goûter cette excufe,
» & il auroit fallu retourner fur-le-champ, fi nous n'avions
» pas rencontré notre ami Paowang (a). Nous témoi-
» gnâmes une joie réciproque de nous retrouver, & le
» vieillard nous conduifit à l'inftant le long du bord de la
» colline, vers l'extrémité occidentale. Nous y vîmes un
» grand nombre de figuiers que les Naturels cultivent autant
» pour les feuilles que pour les fruits; il y en a de deux ou

(a) M. Forfter l'appelle *Paw-yangom.*

» trois différentes espèces ; l'une, en particulier, donne des
» figues d'une grosseur ordinaire, dont la peau est laineuse
» comme celle de la pêche : elles ont une belle pulpe cra-
» moisie, comme les grenades : elles font douces & aqueuses,
» mais un peu insipides. L'Yamboos ou *Eugenia*, fruit
» fondant & rafraîchissant, de la grosseur des poires, qui
» a un goût aigrelet, agréable, croît aussi en abondance
» sur de grands arbres, & nous y observâmes quelques
» choux palmistes (*Areca oleracea*). En passant un petit
» fourré d'arbrisseaux fleuris, nous atteignîmes, en peu de
» minutes, une belle savanne de cent verges en quarré, sur
» les bords de laquelle nous comptâmes trois habitations ;
» des arbres élevés, parés d'un riche feuillage, cachoient
» tellement cette retraite, qu'on ne l'appercevoit pas de
» dehors. Nous y remarquâmes, dans un coin de la prairie,
» un immense figuier sauvage, dont la tige avoit trois
» verges de diamètre, & dont les branches s'étendoient à
» au-moins quarante verges de tous côtés, d'une maniere
» très-pittoresque. Au pied de ce bel arbre, qui conservoit
» toute sa vigueur, une petite famille, assise autour d'un
» feu, rôtissoit des bananes & des ignames : ces Indiens
» s'enfuirent dans leur hutte, à notre approche ; mais, quand
» Paowang leur eut dit qu'ils n'avoient rien à craindre, ils
» revinrent : les femmes & les filles cependant se tinrent
» fort loin, & jeterent sur nous un coup-d'œil furtif de
» derriere les buissons. Nous nous assîmes parmi eux, &
» ils nous offrirent quelques-unes de leurs provisions, avec
» cette hospitalité qui nous avoit enchanté sur les autres
» Isles ; leurs cabanes n'étoient, à proprement parler, que
» de grands hangards : le toit qui forme un faîte au sommet,

» defcend jufqu'à terre : elles font ouvertes aux deux extré-
» mités, où il n'y a qu'une clairevoye de rofeaux & de
» bâtons d'environ dix-huit pouces de haut. L'élévation
» du faîte, dans les plus vaftes, étoit de neuf ou dix pieds,
» & la largeur fur le plancher, entre les toits, d'à-peu-près
» autant : la longueur étoit confidérable, & furpaffoit trente-
» cinq pieds. La conftruction de ces cabanes eft très-fimple :
» des pieux plantés en terre fe recourbent les uns vers les
» autres en deux rangées, & font attachés enfemble : ils met-
» tent par-deffus plufieurs nattes de feuilles de noix de cocos,
» qui forment une couverture fuffifante contre l'inclémence
» de l'air : nous n'y vîmes ni meubles, ni uftenfiles : le
» plancher étoit revêtu d'herbes féches, & en quelques
» endroits de nattes de feuilles de palmier. Nous obfer-
» vâmes auffi que la fumée avoit noirci tout l'intérieur,
» & nous trouvâmes, dans chaque habitation, plufieurs
» foyers : au milieu trois grands bâtons de tiges de coco-
» tiers, & joints au fommet par des lattes de traverfe,
» étoient debout près les uns des autres : un grand nombre
» de petits bâtons y étoient attachés depuis le fommet
» jufqu'à neuf ou dix pieds de terre, & ils portent de
» vieilles noix de cocos : comme ils fe fervent de
» l'huile de l'amande, & qu'ils font des bracelets avec la
» coque, ils les fufpendent probablement ainfi pour les
» conferver.

» TOUS LES BORDS de la colline plate, où nous ne vîmes
» point d'habitations, font, comme je l'ai déjà obfervé,
» remplis d'une quantité immenfe de cocotiers fauvages, &
» le terrain au-deffous eft couvert de noix, dont ils cueillent
» feulement

ANN. 1774.
Août.

» seulement un nombre peu confidérable. Quelques-uns de
» ces petits morceaux d'étoffes, qu'ils portent en ceintures,
» étoient au haut des buiffons qui environnoient la prairié,
» ainfi que les préfens que Paowang avoit reçus, & parmi
» lefquels il y avoit un chapeau bordé. Ce fut pour moi une
» preuve convaincante de leur bonne-foi à l'égard des uns
» des autres. Les Taïtiens font ordinairement obligés de
» fufpendre leurs richeffes aux toits de leurs maifons, pour
» les ôter de la portée des voleurs; mais ici elles font en
» fûreté fur le premier buiffon. A l'appui de cette remarque,
» j'obferverai que, durant notre féjour parmi les Infulaires
» de Tanna, ils n'ont pas dérobé la moindre bagatelle à
» qui que ce foit de l'équipage.

» LES NATURELS voyant que, quoique nous regardaffions
» dans leur hutte, nous ne leur faifions aucun mal, nous ne
» déplacions, ou nous ne prenions rien, fe familiariferent
» bientôt avec nous; & les petits garçons de 6 à 14 ans, qui juf-
» ques-là s'étoient tenus de côté, s'approcherent, & nous per-
» mirent de leur prendre la main. Nous leur donnâmes des
» médailles, des rubans de foie & des mouchoirs d'étoffe
» de Taïti, qui nous concilierent entièrement leur affec-
» tion, & bannirent le refte de leur frayeur & de leur
» réferve. Ayant appris les noms de tous; nous les confer-
» vâmes dans notre mémoire; & cet artifice nous fervit
» à gagner leurs bonnes graces: ils étoient tranfportés de
» joie, dès que nous nous fouvenions d'eux, & ils accou-
» roient dès que nous les appellions. Quand nous eûmes
» paffé quelque tems avec eux, nous nous mîmes en marche
» pour retourner à la greve, & le vieil Paowang ne fe fou-

Tome III. V.

» ciant pas de nous accompagner, parce que le Soleil alloit
» se coucher, ordonna à deux ou trois jeunes-gens de nous
» indiquer la route la plus courte. Nous lui fîmes de ten-
» dres adieux, & nous ajoutâmes quelque chose aux pré-
» sens qu'il avoit déjà reçus. Chemin faisant, nous dîmes à
» nos Conducteurs, en montrant des cocotiers près de la
» greve, que nous avions soif, & que nous serions bien aise
» de boire le jus des noix; & à l'instant ils nous menerent,
» par un autre sentier, à des palmiers qui étoient au milieu
» d'une plantation; là, ils cueillirent des noix, qu'ils nous
» offrirent avec bonté; mais, en goûtant la liqueur, nous
» reconnûmes qu'ils nous avoient donné une marque par-
» ticuliere de civilité & d'attachement: car ces noix étoient
» beaucoup meilleures que celles qu'on trouvoit près de la
» greve. Les arbres étoient bien soignés; ceux du bas
» de la colline étoient abandonnés à eux-mêmes, tandis que
» la culture des Habitans portoit ceux-ci au plus haut
» degré de perfection. On sait que la culture améliore le
» cocotier, ainsi que les autres arbres, & les Javanois ont
» différentes espèces, dont les noix sont beaucoup plus
» exquises (*a*). Celle qui est commune aux Isles de la
» Société, est une des meilleures: elle doit aussi son excel-
» lente qualité à la culture, & je ne me souviens pas d'en
» avoir vu aucun ressemblant au palmier sauvage de Tanna,
» qui croît jusques sur les montagnes. Quand nous fûmes
» bien rafraîchis, nous retournâmes au rivage, &, en peu
» de minutes, nous rejoignîmes ceux des Matelots qui fai-

(*a*) *Voyez* la Collection d'Hawksworth; *Tome IV.* de la Traduction
Françoise.

» foient de l'eau. Après avoir récompenfé nos Conducteurs,
» le mieux qu'il nous fut poffible, nous allâmes coucher à
» bord. »

LE VOLCAN étoit agité de convulfions ; & les cendres qu'il
vomiffoit avec le feu, obfcurciffoient l'air. La pluie, qui tomba dans ce moment, étoit un compofé d'eau, de fable & de
terre ; de telle forte qu'on pouvoit l'appeller une ondée de
vafe. Nous étions couverts de cendres, à moins que le
vent ne foufflât, avec force, dans une direction oppofée.

« L'ESPÈCE finguliere de folfaterra de la colline occiden-
» tale, occupoit fi fort notre attention, que nous nous y
» rendîmes le lendemain au matin. Quelques Officiers, &
» M. Hodges, nous accompagnerent. Le volcan continua à
» gronder toute la journée, & à vomir des quantités prodi-
» gieufes de petites cendres noires, qui, examinées de près,
» furent reconnues pour des shorls de forme d'aiguilles
» à demi-tranfparentes. Tout le pays étoit jonché de ces
» particules, &, en herborifant, elles furent très-nuifibles à nos
» yeux, parce que chaque feuille en étoit entièrement cou-
» verte. Il faut dire que le volcan & fes productions, fem-
» blent contribuer beaucoup à cette richeffe de végétation,
» qui eft fi remarquable fur cette Ifle. Plufieurs plantes y
» prennent deux fois la hauteur qu'elles ont dans les autres
» contrées ; leurs feuilles font plus larges, leurs fleurs plus
» grandes & leur parfum plus fort. On a fait la même obfer-
» vation dans les différentes terres volcaniques : le fol du
» Véfuve & de l'Etna paffe pour le plus fertile de l'Italie &
» de la Sicile, & on en tire des vins qui font au nombre des
» plus exquis que produife l'Italie. Le terrain volcanique de

12.

» l'Habichtfwald, en Heffe, quoique fitué dans un pays
» élevé, froid & ftérile, eft couvert de verdure & d'une
» fertilité étonnante. Les plantes indigènes & étrangeres y
» croiffent en foule & en abondance. On y trouve les jar-
» dins du Landgrave, qui raviffent tous les Spectateurs. Pour
» nous borner ici aux lieux que nous avons parcourus dans
» ce Voyage, les Ifles de la Société, les Marquifes, & quel-
» ques-unes des Ifles des Amis, où nous avons apperçu des
» reftes de volcan, ainfi qu'Ambrym & Tanna, où l'on
» voit des montagnes brûlantes, ont un fol fertile, où la
» Nature déploie la magnificence du régne végétal. L'Ifle de
» Pâque elle-même, entièrement bouleverfée par des érup-
» tions de volcan, produit des végétaux & des racines utiles,
» fans autre fol que des cendres & des pierres-ponces, quoi-
» que la chaleur ardente du foleil fuffît feule pour deffécher
» & détruire toutes les plantes.

» Nous atteignîmes bientôt le premier endroit d'où
» jailliffoit la fumée; mais, voyant au-deffus de nous des
» Naturels, nous montâmes vers eux, fans nous arrêter.
» C'étoient les mêmes qui nous avoient fi bien traité la
» veille; &, dès qu'ils nous découvrirent, ils envoyerent
» trois d'entr'eux dans l'intérieur du pays. M. Hodges def-
» fina des points de vue, tandis que nous examinions des
» plantes & que nous fufpendions un thermomètre, avec une
» échelle de Fahrenheit, fur un arbre à l'ombre. Ce ther-
» momètre fe tenoit à 78ᵈ à bord du vaiffeau, à huit heures
» & demie, tems de notre départ: comme celui qui les
» portoit l'avoit appuyé près de fon corps, il s'étoit élevé à
» 87ᵈ; mais, après avoir été fufpendu cinq minutes à un
» arbre, à vingt verges de la folfaterra, il refta à 80ᵈ. Nous

ANN. 1774.
Août.

» fîmes un trou en terre, affez profond pour contenir le
» thermomètre dans toute fa longueur, & le tenant dans
» ce trou au bout d'un bâton, il monta en une demi-
» minute à 170ᵈ. Nous l'y laiſſâmes quatre minutes, &, à
» la fin de ce tems, il marquoit encore le même degré.
» Au moment où on le ſortit, il tomba à 160ᵈ, & inſen-
» ſiblement dans peu de minutes à 80ᵈ. La vapeur, qui
» partoit de cet endroit, étoit par conſéquent très-chaude.
» Les Naturels, qui s'apperçurent que nous creuſions
» dans la ſolfaterra, nous prierent de ceſſer, en nous diſant
» que le terrain prendroit feu, & qu'il reſſembleroit au
» volcan qu'ils appellent *Aſſoòr*. Ils paroiſſoient beaucoup
» appréhender quelque malheur, & ils étoient très-mal à
» leur aiſe, dès que nous faiſions la moindre tentative pour
» remuer la terre ſulphureuſe. En montant plus haut, nous
» trouvâmes d'autres endroits fumans, & de la même nature
» que celui qu'on a décrit. Les Meſſagers que ces bons In-
» diens avoient dépêché, revinrent alors avec des cannes de
» ſucre & des noix de cocos, & nous régalerent, comme le
» matin de la veille. Après ce rafraîchiſſement, nous nous
» avançâmes encore plus haut, vers une autre colline que
» nous apperçûmes, & d'où nous eſpérions voir le volcan de
» plus près. Mais, à l'approche de quelques plantations,
» les Naturels ſortirent & nous indiquerent un ſentier qui,
» à ce qu'ils prétendoient, menoit directement au volcan ou
» à l'Aſſoòr. Nous le ſuivîmes, l'eſpace de pluſieurs milles,
» à travers différens détours, environnés de bois qui nous
» cachoient le pays de toutes parts. Enfin nous atteignîmes
» la côte de la Mer, d'où nous étions partis, & nous recon-
» nûmes, ou du moins nous jugeâmes que les Naturels

» avoient eu l'adreffe de nous écarter ainfi de leurs habita-
» tions. L'un d'eux, qui étoit très-intelligent, nous donna les
» noms des Ifles des environs, dont quelques-unes étoient
» dans des directions où nous n'avions pas été. Comme nous
» favions que le Capitaine Cook avoit déjà raffemblé des
» noms de Terres, qui enfuite fe trouverent être des dif-
» tricts de l'Ifle de Tanna, nous lui demandâmes particuliè-
» rement fi les endroits dont il parloit étoient auffi fitués fur
» cette Ifle; mais il dit expreffément qu'il y avoit la Mer
» (*Tàffee*) entr'eux: &, nous voyant tracer des cercles dif-
» férens fur le papier, il ajouta, par fignes, que nous ne
» nous trompions pas.

   » NOUS FÎMES, l'après-midi, une excurfion autour
» de la colline plate, au Sud-Eft; nous cueillîmes de
» nouvelles plantes, & des Naturels s'offrirent à nous
» mener à la Mer de l'autre côté. Obfervant qu'ils ne vou-
» loient que nous reconduire à l'Aiguade par un autre
» fentier, nous les quittâmes pour marcher feuls à travers
» les plantations, dont plufieurs étoient enfermées de haies
» de rofeaux de cinq pieds d'élévation; mais un autre Infu-
» laire vint bientôt après nous, & nous ramena à la greve
» de l'autre côté de l'Ifle. Nous vîmes, une feconde fois,
» l'Ifle d'Anattom; & le Naturel tournant fon doigt un
» peu au Nord, nous dit qu'il y avoit une feconde Ifle
» appellée Eetonga: ce qui confirme l'idée que j'ai hafardée
» ailleurs, que Tanna communique avec les Ifles des Amis.
» Le nom de Eetonga reffemble beaucoup à celui de Tonga-
» Tabboo; & quelques-uns des Habitans de l'Ifle de Mid-
» delburg, ou d'Ea-Oowha, l'appellent réellement Eetonga-

» Tabboo. Tabboo, la derniere partie du mot, se place aussi
» comme affixe aux autres Isles de la Mer du Sud ; savoir ,
» Tabboo-Amannoo (Isle de Scanders) & Tabboo-Aï *(a)*.
» Je ne veux pas dire que l'Eetonga des Insulaires de Tanna
» soit l'Isle de Tonga-Tabboo ; mais il y a lieu de croire
» qu'une autre Isle de ce nom, gissant du côté des Isles
» des Amis , facilite la communication entre les deux
» Archipels. Après avoir satisfait notre curiosité, nous re-
» tournâmes sur la greve, dans la Baie où nos Gens avoient
» pris environ 250 liv. de poisson. Cette Baie est très-poisson-
» neuse ; & quelques-uns des Bas-Officiers qui se donnerent
» la peine de pêcher, prirent, pendant la nuit, plusieurs
» albécores & des cavalhas d'une dimension prodigieuse. On
» avoit pris, la veille, deux poissons de l'espèce de ceux
» qui empoisonnerent tant de monde à Mallicolo ; mais
» quoique je souhaitasse beaucoup de dessiner & de décrire
» cette espèce, afin de mieux avertir les Navigateurs d'être
» sur leurs gardes, tel fut l'empressement avec lequel les
» Gens de l'équipage s'emparerent de ces alimens frais, que,
» malgré une funeste expérience qui devoit les rendre sages,
» ils couperent, salerent & poivrerent le poisson au moment
» où il sortit de l'eau. Heureusement ceux qui en mange-
» rent n'en furent pas incommodés ; nouvelle preuve que le
» poisson qui empoisonna les Officiers à l'Isle de Malli-
» colo, s'étoit nourri de végétaux venimeux, & avoit
» acquis par-là une mauvaise qualité, qui ne lui est pas
» naturel. Nos Matelots compterent sur l'épreuve de la cuil-
» lere d'argent, qui ne fut point du tout souillé , après qu'on

---

(*a*) Isle dont nous ont parlé les Taïtiens.

» l'eut fait cuire avec le poiſſon; mais on ſait aujourd'hui que
» cette marque eſt extrêmement trompeuſe, & qu'il n'y a
» que quelques eſpèces de poiſſon qui répandent ſur ce
» métal une couleur extraordinaire. Les Naturels conti-
» nuoient à nous vendre des ignames ; mais ces échanges
» n'étoient pas conſidérables : ils ne vouloient que de l'é-
» caille de tortue. Comme nous n'avions pas compté que
» cet article fût jamais de débit, nous en avions ſeulement
» de petits morceaux qu'on avoit achetés, par haſard, à
» Tonga-Tabboo. Ceux qui en poſſédoient ne furent pas
» en profiter. Nonobſtant le dégoût que nous cauſoient les
» viandes ſalées, le Matelot, ſans penſer à l'avenir, vendoit
» ſon écaille de tortue pour des arcs & des traits, au-lieu d'en
» acheter des ignames, qui lui euſſent ſervi de proviſion
» en mer. »

13.   LE 13, nous eûmes le vent du N. E. & le tems couvert.
Paowang dînant avec nous, je profitai de l'occaſion pour
lui montrer différentes parties du vaiſſeau, & diverſes richeſſes, eſpérant qu'il y auroit peut-être des choſes auxquelles il
attacheroit quelque prix, & que, pour les avoir, il nous ven-
droit des rafraîchiſſemens : car nous n'en avions encore
obtenu qu'une très-petite quantité. Mais il regarda tout avec
la plus grande indifférence, & il ne fit attention à rien, à
l'exception d'un ſable qu'il parut admirer, & qu'il tourna deux
ou trois fois dans ſa main.

« NOS PETITES COURSES, dans l'intérieur du pays, ne
» produiſoient pas aſſez de découvertes en Botanique, pour
» nous obliger à paſſer un jour entier au vaiſſeau, afin de
» les arranger.

» les arranger. Nous allions donc à terre tous les matins.
» Ayant monté la colline plate à l'Est, nous nous ren-
» dîmes près de nos Amis, qui vivoient avec Paowang ;
» nous arrivâmes aux plantations, fans être vu des Natu-
» rels : ils venoient, en petit nombre fur la greve, parce
» que leur curiofité étoit fatisfaite. Nous entendîmes un
» homme coupant un arbre avec fa hache de pierre, &
» nous l'obfervâmes long-tems à travers les buiffons : l'arbre
» n'avoit pas la groffeur de la cuiffe, & c'étoit cependant
» une entreprife très-laborieufe que de l'abattre, à l'aide d'un
» pareil inftrument. Arrivés près de lui, il quitta, fur-le-
» champ, fon ouvrage pour nous parler. Plufieurs petits
» garçons, qui fe reffouvenoient de nous avoir vu, nous
» appellerent par nos noms, & nous apporterent des poi-
» gnées de figues & d'yamboos ; & les femmes fe hafarde-
» rent auffi à s'approcher de nous, & à nous regarder.
» En examinant la hache dont fe fervoit l'Indien, nous
» la trouvâmes exactement pareille à celle des Ifles de
» la Société & des Amis. Le tranchant étoit d'une
» pierre noire reffemblant aux bafaltes qu'on emploie
» fur ces Ifles : il nous dit qu'on les tiroit de l'Ifle d'Anattom.
» Il nous montra en même-tems une autre efpèce de
» hache, à laquelle un coquillage brifé étoit attaché en
» place de tranchant ; il nous apprit que ce coquillage, qui
» paroiffoit faire partie d'une coquille mitrée, (*voluta mitra*)
» venoit de l'Ifle-baffe d'Immer, à quelques lieues au Nord
» de la Baie. Il enlevoit les arbres & les brouffailles d'une
» pièce de terre, où il vouloit planter des ignames ; il
» avoit déjà extirpé une grande quantité de buiffons
» amoncelés en tas, & auxquels il fe difpofoit à mettre

ANN. 1774.
Août.

» le feu. Nous nous rendîmes dé-là vers la côte de la
» mer dans l'autre partie de l'Ifle, fuivis de plufieurs petits
» garçons. Nous tirâmes quelques oifeaux fur notre route ;
» & je raffemblai de nouvelles plantes dans les plantations
» dont la pofition étoit délicieufe : il y avoit beaucoup de
» plantes odoriférantes, & d'autres qui fembloient avoir été
» cultivées pour le coup-d'œil qu'elles produifoient, comme
» cela fe pratique dans nos Jardins. J'y remarquai auffi le
» catappa dont les noix ont une amande excellente, deux
» fois auffi groffes qu'une amande ordinaire : il étoit alors
» dépouillé de fon feuillage ; mais les noix de la derniere
» faifon pendoient encore à fes branches : les petits garçons
» avoient la bonté de brifer entre des pierres, la coque
» dure, & ils nous préfentoient l'amande fur des feuilles
» vertes. Ils nous offroient leurs fervices auffi affiduement
» que les Taïtiens & dans des vues moins intéreffées. Si
» nous avions cueilli une plante fans pouvoir en découvrir
» une feconde qui fût femblable, nous ne faifions que la leur
» montrer, & ils couroient la chercher aux endroits où ils
» favoient qu'elle croît : comme ils aimoient paffionnément
» à nous voir tirer, ils s'empreffoient à nous montrer des
» oifeaux au fommet des cocotiers, & ils étoient tranfpor-
» tés de joie, quand le coup portoit. Nous apperçûmes,
» près de chaque hutte, des volailles & des cochons bien
» nourris ; &, de tems-en-tems, nous obfervions des rats
» qui couroient fur le chemin, & qui étoient de l'efpèce
» commune aux autres Ifles de la mer du Sud ; ils oc-
» cupent en particulier les champs de cannes à fucre, &
» ils y font beaucoup de déprédations. Les Naturels
» avoient creufé tout autour de ces plantations, des trous

ANN. 1774.
Août.

» dans lefquels ils prenoient ces animaux. Nous longeâmes
» la greve au Nord affez long-temps, pour gagner la
» pointe, que les Naturels de l'autre côté de l'Ifle nous
» avoient empêché, à diverfes reprifes, d'examiner. Je re-
» marquai fur le rivage de petites huttes, que nous prîmes
» pour des habitations de pêcheurs, & nous en conclûmes
» que nous nous étions trompés, en fuppofant qu'ils ne
» favoient pas pêcher; nous n'apperçûmes cependant ni
» Habitans, ni filets, ni poiffons dans ces huttes, mais
» feulement des darts, dont ils fe fervent peut-être comme
» des harpons. Les Indiens, qui nous fuivoient, furent fort
» alarmés, quand ils nous virent marcher vers la pointe, &
» ils nous fupplierent inftamment de renoncer au projet
» d'examiner cette partie de l'Ifle. Ils nous dirent de nou-
» veau, par fignes, qu'ils mangent de la chair humaine,
» & il ne faut pas douter que cet ufage ne regne parmi
» eux. Ceux qui prétendent que les hommes ne deviennent
» Antropophages que dans la plus cruelle néceffité, auront
» peine à imaginer pourquoi une Nation, qui vit dans un pays
» fertile, qui a une grande abondance de nourritures ani-
» males, & qui eft bien pourvu d'animaux domeftiques,
» eft cannibale. Il eft plus probable que l'efprit de ven-
» geance a enfanté cette coutume. Les Infulaires de Tanna
» ont entr'eux des brouilleries domeftiques, ou ils font
» fouvent la guerre aux Infulaires voifins. La conduite ré-
» fervée & défiante qu'ils tinrent d'abord à notre égard,
» ainfi que l'habitude où ils font d'aller toujours armés,
» femble prouver clairement la vérité de cette affertion. Il
» y a donc lieu de croire que la violence du reffentiment
» les a conduit peu-à-peu à l'ufage de manger la chair

» humaine. Nous ne connoissons point du tout les raisons
» qui les portoient à nous interdire l'approche de la pointe
» orientale du havre.

» EN RETOURNANT sur nos pas, nous rejoignîmes nos
» Indiens; ce qui leur causa beaucoup de plaisir. Ils nous
» conduisirent par un sentier nouveau, à travers des plan-
» tations fertiles & en bon ordre. Les petits garçons cou-
» rurent devant nous, en nous donnant différentes preuves
» d'habileté dans leurs exercices militaires. Ils jetoient une
» pierre avec adresse, & ils faisoient usage d'un gramen ou ro-
» seau verd en place de dart. Leur dart ne manquoit jamais
» de frapper le but, & ils imprimoient tant de force au roseau
» que le moindre souffle d'air pouvoit détourner de sa
» route, qu'il entroit de plus d'un pouce dans du bois : ils
» le balançoient entre la jointure inférieure du pouce & la
» main, sans le toucher des doigts. Les petits enfans de
» cinq ou six ans, s'accoutumoient déjà à cet exercice, &
» ils se préparoient à manier un jour leurs armes avec
» succès. Différens détours nous reconduisirent aux habi-
» tations, où les femmes apprêtoient leurs dînés. Elles
» grilloient des racines d'ignames & d'eddoes, sur un feu
» allumé au pied d'un arbre. Notre approche les fit tres-
» saillir & les mit en fuite; mais nos Conducteurs les tran-
» quillisent, & elles continuerent leur opération. Nous
» nous assîmes au pied d'un arbre, devant une des maisons,
» & nous essayâmes de causer avec ces Indiens, tandis que
» quelques-uns d'eux étoient allés nous chercher des rafraî-
» chissemens : je notai un grand nombre de mots de leur
» langue, & nous eûmes le plaisir de satisfaire leur curiosité,

» relativement à nos habits, nos armes, &c. fur lefquels ils
» n'avoient pas encore ofé nous propofer une feule quef-
» tion. Les Habitans des plantations voifines, apprenant notre
» arrivée, fe raffemblerent en foule autour de nous, &
» parurent fort charmés de ce que nous converfions ami-
» calement & familièrement avec eux. Je fredonnai, par
» hafard, une chanfon, & ils me prierent inftamment de
» chanter; &, quoiqu'aucun de nous ne fût habile Mufi-
» cien, nous fatisfîmes leur curiofité, & nous leur chantâmes
» différens airs. Les chanfons allemandes & angloifes, fur-
» tout les plus gaies, leur plaifoient infiniment; mais les
» tons fuédois du Docteur Sparrman, obtinrent des applau-
» diffemens univerfels. Quand nous eûmes fini, nous les
» priâmes de vouloir bien auffi nous donner une occafion
» d'admirer leurs talens, & l'un d'eux commença à l'inftant
» un air très-fimple, mais harmonieux; nous n'en avions
» jamais entendu un auffi bon chez les différentes Nations
» de la Mer du Sud. Il embraffoit une plus grande quan-
» tité de notes que ceux de Taïti, ou même de Tonga-
» Tabboo, & il avoit un tour férieux qui le diftinguoit
» avantageufement de la mufique plus douce & plus effé-
» minée de ces Ifles. Les mots paroiffoient difpofés en
» mêtre, & couloient de la bouche avec aifance. Dès que
» le premier eut fini fa chanfon, un autre en entonna une
» feconde : la compofition en étoit différente, mais tou-
» jours dans ce ftyle férieux, qui indique le caractere général
» du Peuple. En effet, on les voyoit rarement rire de bon
» cœur, ou badiner comme les Nations plus polies des
» Ifles des Amis & de la Société, qui favent déjà mettre un
» grand prix à ces petites jouiffances. Les Naturels nous

» montrerent auffi, en cette occafion, un inftrument muſi-
» cal, compofé de huit rofeaux, comme le ſyrinx de Tonga-
» Tabboo, avec cette différence que la groſſeur des rofeaux
» décroiſſoit en proportion réguliere, & qu'il comprenoit un
» octave, quoique les rofeaux ne fuſſent pas parfaitement
» d'accord. Peut-être qu'ils auroient joué devant nous de
» cet inftrument, ſi l'arrivée de quelques-uns de leurs Com-
» patriotes, qui venoient nous offrir des noix de cocos,
» des ignames, des cannes de ſucre & des figues, ne nous
» avoit obligé de négliger les Muſiciens, pour nous occuper
» de ceux qui nous apportoient un pareil préſent. Je re-
» grette beaucoup que l'ingénieux Ami, qui a eu la bonté
» de me communiquer ſes Remarques ſur la Muſique des
» Iſles des Amis, de Taïti & de la Nouvelle-Zélande, n'ait
» pas également viſité l'Iſle de Tanna.

» SI J'AI OBSERVÉ que l'eſprit de vengeance eſt très-vif
» parmi les Inſulaires de Tanna, je dois convenir en même-
» tems que la bienveillance & l'amour des hommes ne ſont
» pas entièrement bannies de leur cœur. Comme la guerre
» trouble probablement leur vie, on ne doit pas être ſur-
» pris de la défiance qu'ils témoignerent tous, à notre
» égard, les premiers jours de notre arrivée ; mais, dès qu'ils
» furent convaincus de nos intentions pacifiques, ils ſe livre-
» rent à leur véritable caractere. Ils ne firent pas beau-
» coup d'échanges, parce qu'ils ne jouiſſent pas d'une opu-
» lence égale à celle des Taïtiens; mais l'hoſpitalité ne con-
» fiſte point à donner une choſe dont on a trop, pour une
» autre dont on n'a pas aſſez.

» ARRIVÉS ſur la greve, nous y paſſâmes quelque tems

» au milieu des Naturels qui y étoient rassemblés. Il y avoit
» plus de femmes que nous n'en avions encore vues. La
» plupart étoient mariées, & portoient leurs enfans dans un
» sac de nattes sur leur dos. Quelques-unes gardoient, dans
» des paniers de baguettes pliantes, une couvée de petits
» poulets, & d'autres nous présenterent des yamboos &
» des figues. Nous en apperçûmes un, qui avoit un panier
» rempli d'oranges vertes ; nous n'avions jamais remarqué
» un seul oranger dans les plantations ; & nous fûmes très-
» charmés de trouver ce fruit à Mallicolo & à Tanna, parce
» qu'il y a lieu de supposer que c'est aussi une production
» des Isles voisines. Une autre femme nous donna un pâté
» ou pudding, dont la croûte étoit de bananes & d'eddoes,
» & qui contenoit en-dedans des feuilles de l'okra, (*Hibis-*
» *cus - Esculentus*) mêlé avec des amandes de noix de
» cocos. Ce pudding, d'un excellent goût, montroit que les
» femmes ont des connoissances sur la cuisine. Nous ache-
» tâmes aussi des flûtes de huit roseaux & des arcs, des traits
» & des massues : nous retournâmes à bord plus tard qu'à
» l'ordinaire.

» L'APRÈS-DÎNÉE, je redescendis à terre avec le Docteur
» Sparrman, & nous allâmes sur la colline plate faire une
» autre visite aux Naturels. Quelques-uns vinrent à notre
» rencontre à moitié chemin, & nous conduisirent à leurs
» huttes. Dès que nous fûmes assis avec le Pere d'une de ces
» familles, homme d'un moyen-âge, & d'une physionomie
» intéressante, nos Amis nous prierent de nouveau de chan-
» ter. Nous y consentîmes volontiers, & lorsqu'ils paru-
» rent s'étonner de la différence de nos chansons, nous

» tâchâmes de leur faire comprendre que nous étions de
» différens pays. Alors, nous indiquant un vieillard, dans la
» foule de nos Auditeurs, il nous dirent qu'il étoit natif
» d'Irromanga (a), & ils l'engagerent à nous amuser par
» ses chants. L'Indien s'avança à l'instant au milieu de
» l'assemblée, & il commença une chanson, pendant la-
» quelle il fit différens gestes, qui nous divertirent, ainsi que
» tous les Spectateurs. Son chant ne ressembloit point du
» tout à celui des Insulaires de Tanna, & il n'étoit ni désa-
» gréable, ni discordant avec la musique. Il paroissoit aussi
» avoir un certain mètre, mais très-différent du mètre lent
» & sérieux que nous avions entendu le matin. Après qu'il
» eut cessé de chanter, il nous parut que les Naturels de
» Tanna lui parloient dans sa langue, mais qu'il ne connois-
» soit pas la leur. Nous ne pouvons pas dire s'il étoit venu
» de son gré sur cette Isle, ou s'il avoit été fait prisonnier.
» Les Indiens nous apprirent, à cette occasion, que leurs
» meilleures massues, faites de bois de Casuarina, se tirent
» d'Irromanga; de sorte qu'ils ont probablement des liai-
» sons de commerce ou d'amitié avec les Habitans de cette
» Isle. En comparant les traits de sa physionomie avec ceux
» des Indiens de Tanna, nous n'observâmes aucune diffé-
» rence remarquable; il s'habilloit & il s'ornoit comme
» eux: ses cheveux étoient laineux & courts, mais non pas
» divisés en petites queues. Il étoit d'un caractere très-
» gai, & il paroissoit plus disposé à rire qu'aucun des Habi-
» tans de Tanna.

(a) La derniere Isle que nous avions quitté en venant de Tanna.

» TANDIS

» TANDIS que l'Insulaire d'Irromanga chantoit, les
» femmes fortirent de leurs huttes, & vinrent former un
» petit grouppe autour de nous. En général, elles étoient
» d'une stature beaucoup moindre que celle des hommes,
» & elles portoient de vieils jupons d'herbes & de feuilles,
» plus ou moins longs, suivant leur âge. Celles qui avoient
» fait des enfans, & qui sembloient âgées d'environ trente
» ans, ne conservoient aucune des graces de leur sexe, &
» leurs jupons touchoient à la cheville du pied. De jeunes
» filles, d'environ quatorze ans, avoient des traits fort agréa-
» bles, & un sourire qui devint plus touchant, à mesure
» que leur frayeur se dissipa. Elles avoient les formes sveltes,
» les bras d'une délicatesse particuliere, le sein rond &
» plein, & elles n'étoient couvertes que jusqu'au genou.
» Leurs cheveux bouclés flottoient sur leurs têtes, ou
» étoient retenus par une tresse, & la feuille de banane
» verte qu'elles y portoient ordinairement, montroit, avec
» plus d'avantage, leur couleur noire. Elles avoient des
» anneaux d'écaille de tortue à leurs oreilles: nous remar-
» quâmes que la quantité de leurs ornemens s'accroît avec
» l'âge: les plus vieilles & les plus laides étoient chargées
» de colliers, de pendans d'oreille & de nez, & de bracelets.
» Il me parut que les femmes obéissoient au moindre signe
» des hommes, qui n'avoient pour elle aucun égard. Elles
» traînoient tous les fardeaux, & peut-être que ce genre de
» travail & de fatigue contribue à diminuer leur stature,
» car les charges ne sont pas toujours proportionnées à
» leur force.

» LES INSULAIRES de Tanna présenterent à nos yeux un

Tome III.   Y

ANN. 1774.
Août.

» exemple d'affection, qui prouve que les paſſions & les
» bonnes qualités des hommes ſont les mêmes dans chaque
» pays. Une petite fille d'environ huit ans, d'une phyſio-
» nomie intéreſſante, nous examinoit furtivement entre
» les têtes des Indiens aſſis à terre. Dès qu'elle s'apperçut
» qu'on la regardoit, elle alla en hâte ſe cacher dans la
» hutte. Je lui fis ſigne de revenir, &, pour l'y engager, je
» lui montrai une pièce d'étoffe de Taïti ; mais je ne pus
» pas la déterminer à ſe rapprocher. Son Pere ſe leva, &, à
» force de careſſes, il la ramena. Je pris la main de l'en-
» fant, & je lui donnai l'étoffe, avec de petits ornemens : la
» joie & le contentement ſe peignirent auſſi-tôt ſur le viſage
» du Pere.

» NOUS RESTAMES parmi ces Inſulaires juſqu'au coucher
» du Soleil, & ils chanterent, & firent des tours d'adreſſe
» pour nous plaire. A notre priere, ils décocherent leurs
» traits en l'air & contre un but ; ils ne les lançoient pas
» à une hauteur extraordinaire : mais ils tiroient avec beau-
» coup d'adreſſe, à peu de diſtance, comme on l'a déjà
» obſervé. A l'aide de leurs maſſues, ils paroient les dards de
» leurs Antagoniſtes, à-peu-près comme les Taïtiens (a). Ils
» nous dirent que toutes les maſſues, qui ont un tranchant
» latéral comme une flamme, ſe tirent de l'Iſle-Baſſe, qu'ils
» appellent Immer ; mais nous n'avons pas découvert ſi
» elles y ſont fabriquées par les Naturels, ou ſi l'Iſle eſt dé-
» ſerte, & s'ils y vont ſeulement, par occaſion, pour y raf-
» ſembler des coquillages & couper du bois.

(a) Voyez le premier Volume.

» AVANT notre départ des huttes, les femmes allu-
» merent différens feux dans l'intérieur & aux environs, &
» elles se mirent à apprêter leurs soupers. Les Indiens se
» précipitoient autour de ces feux, & il sembloit que l'air
» du soir étoit un peu trop froid pour leurs corps nuds.
» Plusieurs avoient, à la paupiere supérieure, une tumeur,
» que nous attribuâmes à la fumée, dans laquelle ils sont
» toujours assis : elle obstruoit tellement leur vue, qu'ils
» étoient obligés de tourner la tête en arriere, jusqu'à ce
» que l'œil fût dans une ligne horizontale, avec l'objet
» qu'ils desiroient de regarder ; plusieurs petits garçons de
» cinq ou six ans, avoient cette tumeur : ce qui nous fit
» penser qu'elle se propage peut-être d'une génération à
» l'autre.

» QUAND nous arrivâmes au rivage, il n'y avoit plus de
» Naturels. La fraîcheur de la soirée fut délicieuse pour nous
» qui portions des vêtemens, & nous errâmes, dans des
» bois déferts, jusqu'à la fin du crépuscule. Un nombre pro-
» digieux de petites chauves-souris sortoient de chaque
» buisson, & voltigeoient autour de nous : nous essayâmes
» envain d'en tuer : nous ne les appercevions que lorsque
» nous en étions très-près, & alors nous les reperdions
» tout de suite de vue. »

LE LENDEMAIN, au matin, nous partîmes plusieurs pour
aller reconnoître le volcan d'aussi près qu'il nous feroit pof-
sible. Nous prîmes le chemin de l'une de ces crevasses, par
où s'exhalent des fumées. En y arrivant, nous creusâmes la
terre dans l'endroit le plus chaud, « & nous répétâmes l'expé-

14.

» rience du 12, avec cette différence, que le thermomètre
» fut enfeveli entièrement dans la craie blanche d'où fortoit
» la vapeur. Après qu'il y eut refté une minute, il s'éleva
» à 210ᵈ, ce qui eft à-peu-près la chaleur de l'eau bouil-
» lante; & il fut à ce point, tant que nous le tînmes dans le
» trou, c'eft-à-dire, l'efpace de cinq minutes. Dès qu'on l'en
» fortit, il retomba fur-le-champ à 95ᵈ, & peu-à-peu à 80ᵈ,
» point où il étoit avant l'immerfion. La hauteur perpen-
» diculaire de la premiere folfaterra, au-deffus du niveau de la
» mer, eft d'environ quatre-vingt verges. »

LA TERRE, autour de cette place, étoit d'une odeur ful-
phureufe, douce & humide; la furface formoit une légere
croûte, fur laquelle on voyoit du foufre, & une fubftance
vitriolique, d'un goût d'alun. Le terrain, affecté par la chaleur, n'étoit guères que de huit ou dix verges quarrées;
&, tout à côté, croiffoient des figuiers, qui, étendant
leurs branches au-deffus de cette terre brûlante, paroiffoient
fe plaire dans leur fituation. Nous penfâmes que cette chaleur extraordinaire étoit occafionnée par la vapeur de l'eau
bouillante, fortement imprégnée de foufre. On m'avoit dit
qu'en plufieurs autres endroits, la terre étoit également
échauffée dans un efpace plus confidérable; mais nous ne
nous détournâmes point de notre chemin pour les obferver, & nous continuâmes de monter par une route fi couverte d'arbres fauvages, d'arbuftes, & d'autres plantes, que
les fruits à pain & les cocotiers fe trouvoient, en quelque
maniere, étouffés. De diftance en diftance, nous trouvions des
maifons, des Habitans & des terrains cultivés. Quelques cantons étoient depuis long-tems en état de culture; plufieurs

y étoient depuis peu, & quelques-uns commençoient
seulement à être défrichés, & on n'y avoit encore rien planté.

Le défrichement, qui précède une plantation, doit être
un travail bien pénible, en considérant les instrumens
aratoires dont se servent les Habitans, & qui, quoique beaucoup inférieurs à ceux des Isles de la Société, sont faits sur le
même modèle. Leur pratique néanmoins est judicieuse &
aussi expéditive qu'elle peut l'être. Ils coupent les petites
branches des grands arbres, creusent la terre sous les racines, & ils brûlent les branches, les arbustes & toutes les
plantes qu'ils déracinent. Le sol est, en quelques endroits,
une espèce de riche terrain noirâtre; ailleurs il paroît composé de végétaux, tombés en dissolution, & de cendres,
que le volcan répand dans tout le voisinage. Nous étant
écartés du sentier frayé, nous vînmes à une plantation où
travailloit un Indien. Cet homme, soit par bonté de caractere, soit pour nous éloigner de son champ, offrit à nous
servir de guide. Nous acceptâmes sa proposition, & bientôt nous parvînmes à la jonction de deux chemins, à
l'un desquels un second Indien, armé d'une fronde & d'une
pierre, se mit en devoir de nous disputer le passage; mais,
dès qu'on lui eut présenté le bout d'un mousquet, il laissa
tomber ses armes. Son attitude, la férocité de ses regards, la
conduite qu'il tint ensuite, nous confirmerent que son dessein étoit de défendre l'entrée du sentier qu'il occupoit.
Il obtint, à certain égard, ce qu'il vouloit; car notre
Guide prit l'autre route, & nous le suivîmes, non sans suspecter qu'il nous menoit hors du chemin ordinaire. Le
dernier Indien nous accompagnoit aussi; nous adressant la
parole à diverses reprises, & jetant des cris, sans doute

pour appeler du secours ; car nous fûmes joints, dans le moment, par deux ou trois Insulaires, parmi lesquels étoit une jeune femme, qui tenoit une massue à la main. Ils nous conduisirent au sommet d'une colline ; &, nous montrant un sentier qui descendoit au havre, ils nous engagerent à le suivre. Comme nous ne voulions pas abandonner notre premier dessein, nous retournâmes au chemin, que nous avions quitté, & dans lequel nous marchâmes seuls ; notre Guide refusant de nous y accompagner. Après avoir monté une nouvelle colline, non moins boisée que celles que nous avions déjà passées, nous vîmes plusieurs montagnes, entre nous & le volcan, qui nous parut encore tout aussi éloigné que du lieu de notre départ. Cette perspective rallentit notre ardeur ; &, ne pouvant engager les Habitans à nous servir de Guides, nous prîmes la résolution de retourner. Nous eûmes à peine formé ce projet, que nous rencontrâmes une trentaine de Naturels, que l'Indien, dont j'ai fait mention, avoit rassemblés, pour nous empêcher vraisemblablement de pénétrer dans la contrée. « Ils étoient » accroupis en rond, & ils tressaillirent en nous voyant. » Quelques vieillards, parmi eux, sembloient avoir des » intentions pacifiques ; mais deux ou trois jeunes-gens bran- » dissoient leurs armes contre nous. » Comme nous revenions sur nos pas, ils nous laisserent le chemin libre. Plusieurs nous mirent dans la route, & nous accompagnerent jusqu'au bas de la montagne ; là, ils nous inviterent à nous reposer ; ils nous présenterent des noix de cocos, des bananes, des cannes à sucre, & ils porterent sur le rivage ce que nous ne mangeâmes point sur le lieu. Ainsi, ces Peuples se montroient hospitaliers, civils & d'un bon naturel, quand

nous n'excitions point leur jaloufie ; & , lorfqu'ils entreprirent
de faire réfiftance , on ne peut guères blâmer leur conduite.
Car enfin, fous quel point de vue devoient-ils nous confidérer ?
Il leur étoit impoffible de connoître notre véritable deffein.
Nous entrons dans leurs ports , fans qu'ils ofent s'y oppofer ;
nous tâchons de débarquer comme Amis ; mais nous def-
cendons à terre , & nous nous y maintenons par la fupériorité de nos armes. En pareilles circonftances , quelle opinion pouvoient prendre de nous les Infulaires ? Il doit leur
paroître bien plus plaufible que nous fommes venus pour
envahir leur contrée , que pour les vifiter amicalement. Le
tems feul & des liaifons plus intimes leur apprirent nos
bonnes intentions. Ces Infulaires font encore dans un état
de rudeffe ; & , fuivant toutes les apparences , fréquemment en guerre , non-feulement avec leurs voifins , mais
encore entr'eux. Il eft donc difficile pour eux de voir ,
fans inquiétude , des Etrangers defcendre fur leurs côtes.
Je conviens que cette régle n'eft pas fans exception
dans cette mer ; mais il y a bien peu de Nations qui fouf-
frent volontiers que les Navigateurs pénétrent dans l'intérieur de leur pays.

Ann. 1774.
Août.

« Toutes nos tentatives , pour approcher de la
» bouche du volcan, ont été inutiles : nous n'aurions pas pu
» fatisfaire notre curiofité , fans verfer du fang ; & la vie des
» hommes eft plus précieufe que la connoiffance de tous les
» phénomènes de la Nature.

» Durant notre courfe , les Matelots avoient tiré la
» feine , au moment du flot , & pris quelques poiffons ;

» parmi lefquels nous en trouvâmes un nouveau. L'étang;
» d'eau douce, nous en fournit aufli un d'une nouvelle
» efpèce. Nous retournâmes à bord avec ces poif-
» fons & les plantes nouvelles que nous avions cueil-
» lies, & nous pafsâmes l'après-dînée à les décrire & les
» deffiner. »

Avant cette excurfion, quelques-uns de nous foupçon-
noient ces Indiens d'un penchant à la pédéraftie, parce
qu'ils s'étoient efforçés d'attirer dans les bois des gens de
l'équipage, & particulièrement celui qui portoit le fac des
plantes de M. Forfter. Comme, dans cette contrée, les
femmes font chargées de travaux domeftiques, je conjecturai,
& je ne fus pas le feul, que les Infulaires s'étoient mépris fur
le fexe de ceux qu'ils avoient invités dans la forêt. Cette
conjecture fut alors pleinement vérifiée. L'homme, qui
d'ordinaire portoit le fac, étoit de notre parti, & m'avoit
fuivi jufqu'au bas de la montagne. Le peu de mots que je
compris de leur converfation, me confirma qu'ils le prenoient
pour une femme; & ayant reconnu leur erreur, ils s'écrierent:
Erramange! Erramange! c'eft un homme! c'eft un homme!
On fut alors bien perfuadé qu'ils s'étoient mépris. Dès qu'ils
furent ainfi détrompés, ils parurent n'avoir pas la plus légere
notion du penchant dont on les accufoit. Cette circonftance
montre combien il eft facile de fe former de fauffes idées d'un
Peuple dont on n'entend pas le langage: &, fans cette
découverte, il eft à préfumer que nous aurions chargé ce
Peuple de cette coutume odieufe.

Vers le foir, nous fîmes un tour dans la contrée, de
l'autre

l'autre côté du havre, & nous y reçûmes un accueil bien différent de celui qu'on nous avoit fait le matin. Les Indiens, parmi lesquels étoit notre ami Paowang, commençoient à se familiariser, & ils se montroient empressés à nous obliger en tout ce qui dépendoit d'eux. Nous gagnâmes le village où nous avions déja été le 9 : il est composé d'environ une vingtaine de maisons, qui ne sont que des hangards ; dont le toit ressemble assez à celui d'une chaumiere angloise. Quelques-unes de ces cases sont ouvertes aux deux bouts ; d'autres sont fermées d'une espèce de treillage, & toutes sont couvertes de feuilles de palmier ; elles ont trente & quarante pieds de long, sur quatorze ou seize de largeur : on y voit aussi de petites cases, où j'imaginai qu'ils se retiroient pour dormir ; quelques-unes de ces dernieres étoient construites dans le milieu d'une plantation, & ils nous firent entendre que, dans l'une, étoit déposé un de leurs morts ; leurs signes désignoient le sommeil ou la mort, mais la suite nous apprit qu'ils vouloient parler de la mort. Curieux de tout voir, j'engageai un vieillard à me conduire dans la case qui étoit séparée des autres par un treillage construit tout autour à quatre ou cinq pieds de distance : elle avoit une entrée si étroite, qu'on ne pouvoit y passer qu'un seul à-la-fois ; les deux côtés & un des bouts étoient fermés de la même maniere & avec les mêmes matériaux que le toit ; l'autre bout avoit été ouvert ; mais l'ouverture se trouvoit alors bouchée avec des nattes que je voulois écarter ; mon conducteur ne voulut pas me le permettre : on y avoit suspendu une corbeille nattée, dans laquelle étoit une igname grillée & des feuilles fraîchement cueillies. J'aurois fort desiré voir l'intérieur de la case ; mais mon guide fut opiniâtre dans

Tome III.   Z

fon refus; il fouffrit même avec répugnance que je regardaffe dans la corbeille. Il portoit à fon cou deux ou trois noeuds de cheveux, attachés à un cordon; & une femme, qui étoit préfente, avoit auffi un pareil collier. Je demandai à les acheter; mais ils me firent entendre que c'étoient les cheveux d'un mort, & qu'ils ne pouvoient s'en départir. On voit par-là que ces Infulaires dépofent leurs morts dans des cafes fépulchrales de la même maniere à-peu-près que les Taïtiens; ils ont coutume, comme ces derniers, & comme les Zélandois, de porter les cheveux de ceux qui ont quitté cette vie. Les Taïtiens font, des cheveux de leurs Amis décédés, ces belles treffes qu'ils nomment Tamau, & les Nouveaux-Zélandois portent leurs dents en pendans d'oreilles & en colliers.

Nous trouvames, près de leurs grandes maifons, quatre tiges de cocotiers plantées en quarré, à trois pieds environ l'une de l'autre, pareilles à celles qu'avoient vu M. Forfter, & dont on a parlé plus haut. Quelques-uns de nous s'imaginerent que cette fingularité tenoit à la Religion; mais j'appris qu'ils y font feulement fécher des noix de cocos. Ayant demandé quel étoit leur ufage, un Indien me conduifit près de ces tiges, & me fit voir qu'elles étoient chargées de noix de cocos depuis le pied jufqu'au fommet; cela me parut valoir la meilleure explication. Leur expofition eft parfaitement choifie pour cela, puifque ces grandes maifons font prefque toutes conftruites fur un terrain bien découvert, & qui laiffe au vent un libre paffage, quelle qu'en foit la direction. Ils ont prefque toujours l'attention d'élever leurs habitations dans le voifinage de quelques gros arbres

touffus qui, en étendant leurs branches, leur fourniſſent de
l'ombrage, & les défendent des rayons brûlans du Soleil.
Cette partie de l'Iſle étoit ouverte, aërée, & dans un très-
bon état de culture. Les plantations qu'ils ont ſoin d'aligner
étoient remplies de bananiers, de cannes de ſucre, d'ignames
& d'autres racines, & de beaucoup d'arbres fruitiers. Dans
cette tournée, nous rencontrâmes notre vieil ami Paowang
& d'autres Indiens, qui nous reconduiſirent au rivage, &
nous apporterent en préſent des ignames & des noix de
cocos.

Le 15, comme nous avions déja une quantité ſuffiſante
d'eau & de bois, il ne reſta à terre que quelques gens de
l'équipage, pour y faire des balais; les autres furent employés
à bord au gréement & aux préparatifs néceſſaires pour l'ap-
pareillage.

15

« En parcourant la plaine & les bois le matin, nous
» cueillîmes beaucoup de plantes (a) des Indes orientales
» que nous n'avions jamais obſervées ſur les Iſles ſituées plus
» à l'Eſt; nous tuâmes pluſieurs oiſeaux dont il y a un
» grand nombre d'eſpèces différentes dans cette Iſle, &
» entr'autres un pigeon de l'eſpèce commune aux Iſles des
» Amis : il avoit les côtés du bec couverts d'une ſubſtance
» rouge, & dans ſa bouche & ſon géſier deux muſcades
» avalées depuis peu ; elles avoient encore l'enveloppe d'écar-

_____

(a) La Sterculia Balanghas, Sterculia fœtida, Dioſcorea oppoſitifolia,
Ricinus Mappa, Acanthus Ilicifolius, iſchæmum muticum, panicum dimi-
diatum, croton variegatum, & pluſieurs autres.

Z 2

» latte qui étoit leur macis, & une saveur aromatique,
» amere, mais point d'odeur. La muscade étoit bien plus
» oblongue que la noix ordinaire qui porte ce nom. Mon-
» trant ce fruit à un des Naturels, nous le priâmes de nous
» indiquer l'arbre sur lequel il croissoit, &, pour sa peine,
» nous lui offrîmes une coquille perliere. Il nous mena à
» environ un demi-mille, dans l'intérieur du pays, vers un
» jeune arbre, qui, à ce qu'il nous dit, produisoit la mus-
» cade. Nous y cueillîmes des feuilles, mais nous ne vîmes
» point de fruits; l'Indien nous assura qu'ils avoient tous
» été mangés par les pigeons. Le nom du fruit, dans la
» langue du pays, est *Guannatàn*. Nous entendîmes
» des coups de fusil, qui nous firent craindre qu'il ne fût
» arrivé quelque trouble; & un Naturel, qui passa près
» de nous, & qui venoit de la greve, sembla confirmer
» cette nouvelle. Nous nous rendîmes donc en hâte au
» rivage; mais tout y étoit tranquille. En faisant voir aux
» Indiens les feuilles de l'arbre, qu'on nous avoit dit être le
» muscadier, ils l'appellerent tous d'un nom différent de
» celui que lui donnoit notre guide, quoiqu'il s'efforçât de
» cacher sa supercherie, en priant ses Compatriotes de ne
» pas nommer cette feuille différemment. Nous lui témoi-
» gnâmes de l'indignation de sa conduite, & les autres Na-
» turels le réprimanderent également. »

LE SOIR, nous descendîmes sur la côte orientale, pour
reconnoître la position des Isles Annatom & Erronàm ou
Tootoona. L'horizon se trouva si embrumé, qu'il étoit impossible de les découvrir; mais un des Habitans me donna, comme je le vérifiai après, la vraie direction de ces

terres. Nous obſervâmes que, dans preſque toutes leurs
plantations de cannes à ſucre, ils creuſoient des foſſes de
quatre pieds de profondeur, & de cinq ou ſix de diamètre,
pour prendre les rats, qui, étant en très-grand nombre,
ravageroient ces plantations. Les cannes ſont plantées auſſi
près les unes des autres qu'il eſt poſſible, ſur les bords de
ces foſſes ; & les rats, en voulant ſaiſir les cannes, ne
manquent guères de s'y précipiter.

« LE PERE de l'enfant dont j'ai parlé plus haut, *pag.* 170,
» m'apporta des bananes, des cannes à ſucre & des noix
» de cocos, & il me confirma d'ailleurs dans la bonne opi-
» nion que j'avois formée de ſa ſenſibilité.

» M. HODGES eſquiſſa pluſieurs points de vue; il deſſina
» ſur-tout une petite ferme où nous paſſâmes, & un groupe
» d'Indiens des deux ſexes aſſis ſous un figuier. Il en a com-
» poſé enſuite un deſſin élégant, dont on trouve ici la
» Gravure, & qui donne une idée parfaite de Tanna &
» de ſes Habitans. »

LE LENDEMAIN, le timon ſe rompit dans la tête du gou- 16.
vernail, &, par une négligence inconcevable, nous n'en
avions point de rechange à bord; ce que nous avions ignoré
juſqu'au moment où le beſoin s'en fit ſentir. Je n'avois vu,
dans le voiſinage du havre, qu'un ſeul arbre propre à cet
uſage. J'envoyai le Charpentier à terre afin de l'examiner, avec
un détachement aux ordres d'un Officier, & je recomman-
dai de me faire avertir, ſi on trouvoit, pour l'abattre, quelque
oppoſition de la part des Habitans. L'Officier, qui crut que

perſonne n'y formeroit d'obſtacle, mit, tout en arrivant, les Travailleurs à l'ouvrage; mais, comme l'arbre étoit gros, ſa coupe exigeoit du tems, &, avant qu'il fût à terre, on me vint dire que Paowang étoit fort mécontent. J'ordonnai alors qu'on abandonnât l'entrepriſe, voyant ſur-tout qu'on pouvoit réparer la barre du gouvernail, de maniere à la faire ſervir encore quelques mois; mais comme il étoit néceſſaire d'avoir un timon de rechange, j'allai à terre, je parlai à Paowang, je lui donnai un chien & une pièce d'étoffe, & je lui fis entendre que la grande pagaie du vaiſſeau étoit caſſée, & que j'avois beſoin de cet arbre pour en faire une autre. Il fut aiſé de s'appercevoir, à l'air de ſatisfaction de tous ceux qui étoient préſens, qu'on étoit diſpoſé à me l'accorder. Tous y conſentirent d'une voix unanime, ainſi que Paowang; ce que peut-être il n'auroit pas fait ſeul, car je n'ai jamais obſervé qu'il eût plus de droit, ou d'autorité que le reſte des Habitans. Je menai enſuite notre ami dîner à bord. L'après-midi, je retournai avec lui ſur la côte, pour rendre viſite à un autre Chef, qu'on diſoit être le Roi de l'Iſle; ce dont nous n'étions guères aſſurés. Paowang ne parut point occupé de ce Chef, & ne lui marqua aucune déférence. Je lui fis un préſent, &, après l'avoir reçu, il ſe retira auſſitôt, comme s'il eût obtenu tout ce qu'il deſiroit. On donnoit à ce Chef, appellé *Geogy* (*a*), le titre d'*Aréeke* : il étoit déja fort avancé en âge; mais, malgré ſa vieilleſſe, il avoit une phyſionomie ouverte & d'une grande gaieté. « Comme » ſon teint étoit exactement le même que celui du Peuple,

_____

(*a*) M. Forſter l'appelle *Yogaï*.

» noirâtre & couleur de fuie, nous examinâmes avec un foin
» particulier s'il y avoit quelque différence entre fes orne-
» mens & ceux du refte de la Nation; mais toute la dif-
» tinction que nous apperçûmes confiftoit en une efpèce
» de ceinture ou d'étoffe qu'il portoit autour des reins.
» Celles du Peuple étoient toutes d'un brun jaunâtre; mais
» celle de ce Chef étoit bigarrée de noir & de rouge; peut-
» être que le hafard feul avoit produit cette différence. »
Il avoit avec lui un fils, âgé de trente-cinq à quarante ans.
Les Habitans s'étoient raffemblés en grand nombre fur le
rivage, & la plupart étoient venus des parties les plus éloignées. Leur conduite fut pacifique dans les uns, turbulente
& audacieufe dans les autres; mais, étant fur notre départ,
je crûs devoir diffimuler.

« Nous descendîmes à terre de notre côté, &
» nous pénétrâmes dans les bois fur la plaine : nous y
» vîmes beaucoup de gros perroquets, d'un plumage noir,
» rouge & jaune, juchés au fommet des figuiers les plus
» élevés, où un feuillage épais les mettoit à l'abri de la
» dragée. Le Lecteur aura peine à imaginer la groffeur de
» ces arbres; leurs racines croiffent au-deffus de terre, dans
» la partie la plus confidérable de leur longueur, & forment
» une tige énorme d'environ dix ou douze pieds au-deffus
» de la furface : cette tige, qui fouvent n'a pas moins de trois
» verges de diamètre, paroît former plufieurs arbres qui
» ont crû enfemble, & qui fe projetent en angles aigus
» & longitudinaux à plus de trois pieds de la grande flèche :
» auffi elle s'élève de trente ou quarante pieds, avant de fe
» divifer en branches : ces branches ont plus d'une verge

» de diamètre, filent à-peu-près à la même hauteur, fans
» fe partager, & le fommet de l'arbre a au moins cent cin-
» quante pieds d'élévation,

» L'ENDROIT où il y en avoit le plus, étoit le
» marais de différens égoûts de l'étang, qui fournit de
» l'eau douce au vaiffeau. Nous ne pûmes pas reconnoître
» fi cet étang eft le refte d'une riviere qui vient des mon-
» tagnes de l'intérieur du pays, & fe perd dans le fable &
» les cendres volcaniques de la plaine, ou s'il eft occafionné
» par les pluies des mois d'été. Il renfermoit une quantité
» innombrable de moufquites très-incommodes pour nous,
» & beaucoup de râles & de canards fauvages, qui paroif-
» foient être d'une nouvelle efpèce, mais dont il fut impof-
» fible de nous procurer un feul,

» Nous LONGEAMES la plaine dans fa partie occidentale,
» à travers divers cantons revêtus d'herbes, & reffemblant
» par-là à nos prairies, mais remplis de liferons, & féparés
» l'un de l'autre par des arbriffeaux qui produifoient l'effet
» des haies. Nous rencontrions de tems-en-tems de vaftes
» champs, de grands rofeaux (*Saccharum Spontaneum.*
» Linn.), & nous avions peine à croire que la Nature en
» eût produit une fi prodigieufe quantité fans culture. Les
» Naturels en font des traits, des ouvrages d'ofier, des
» haies : au-delà, nous atteignîmes une forêt d'arbres de la
» même efpèce que ceux qui couvrent les côtes occiden-
» tales de la Baie. J'y tuai une efpèce de colombe, inconnue
» jufqu'ici aux Naturaliftes, & nous y vîmes des perroquets
» extrêmement fauvages, & qui font peut-être pourfuivis
» par les

» par les Naturels dont ils infeſtent les vergers. En avan-
» çant davantage, nous parvînmes à un chemin creux qui
» paroiſſoit avoir été ſillonné par un courant d'eau, mais
» qui étoit alors parfaitement ſec, & qui ſervoit de ſentier
» aux Inſulaires ; des arbriſſeaux & des palmiers formoient
» un joli feſton ſur ſes bords : nous paſsâmes ſous un grand
» figuier (Ficus religioſa. Linn.) de l'eſpèce pour laquelle
» les Chingulais & les Naturels du Malabar ont un reſpect
» particulier (a) ; ſes branches, qui avoient pouſſé des racines
» ſur les deux côtés du ſentier, étaloient au-deſſus un ber-
» ceau large d'au moins cinq verges ; un nombre infini
» d'oiſeaux très-petits voltigeoient & mangeoient le fruit
» des rameaux les plus élevés. Pluſieurs Indiens paſſe-
» rent près de nous, tandis que nous nous repoſions ſous
» ſon ombre, & ils nous virent, ſans alarme, tirer des
» oiſeaux.

» A MIDI, nous retournâmes au bord de la mer ; &, quoi-
» que le tems fût très-chaud, la route ne fut pas fatigante,
» parce que nous marchions preſque toujours à l'ombre.
» Avant d'arriver à l'aiguade, nous traverſâmes un taillis,
» où un Indien coupoit de ces baguettes, avec leſquelles
» ils ſoutiennent les tiges des ignames Dioſcorea oppoſiti-
» folia. Voyant qu'il avançoit très-peu avec ſa hache,
» qui n'avoit pour tranchant qu'un morceau de coquille,
» nous nous ſervîmes d'une hache angloiſe, &, en peu
» de minutes, nous en abattîmes un plus grand tas qu'il

(a) Ils font des Sacrifices ſous ſon ombre, où on dit que quelques-unes
de leurs Divinités ſont nées.

Tome III. A a

» n'en avoit coupé tout le jour. Les Naturels, qui alors
» paſſoient ſouvent près de nous, parce que l'heure de
» leur repas approchoit, paroiſſoient admirer cet inf-
» trument, dont ils appercevoient l'extrême utilité, &
» quelques-uns, qui deſiroient de l'avoir, offrirent en
» échange des arcs & des traits. Nous crûmes que c'étoit
» une occaſion favorable de les engager à nous vendre leurs
» cochons, & nous leur dîmes que nous cédérions notre
» hache pour un de ces animaux ; mais ils furent ſourds à
» cette propoſition, & ils ne nous en ont pas vendu un
» ſeul durant notre relâche. Comme je leur montrois
» la muſcade ſauvage que nous avions trouvée dans le
» jabot du pigeon, la veille, l'un d'eux en produiſit trois
» autres, enveloppées dans leur macis, mais il ne put pas
» non plus indiquer l'arbre qui les produit. Ils donnoient
» à ces noix différens noms, & ils nous dirent qu'elles croïſ-
» ſoient ſur un arbre appellé *Néerash* : en recourant à nos
» livres, nous vîmes que cette eſpèce a quelque reſ-
» ſemblance à la muſcade ſauvage de Rumphius, & elle
» ſemble être exactement celle des Philippines. Le pi-
» geon, qui s'en nourrit à Tanna, eſt le même que
» Rumphius décrit, nommé le diſſéminateur de la vraie
» muſcade aux Iſles des Epiceries, & nous avons eu l'hon-
» neur d'en préſenter un en vie à la Reine d'Angleterre. »

17. LE 17, vers les dix heures du matin, étant à terre, je remarquai dans la foule le vieux Géogy & ſon fils, qui me firent
entendre qu'ils deſiroient dîner avec moi, &, en conſéquence,
je les pris dans ma chaloupe avec deux autres Chefs. Les
Habitans les nommoient *Arékées* (ou Rois) ; mais je doute

qu'aucun d'eux joüit réellement de ce titre. On a déja remarqué que l'un de ces Rois n'avoit pas même eu affez d'autorité pour faire monter un Indien fur un cocotier, dont il vouloit avoir des noix; &, après avoir parlé à plufieurs, il fut enfin obligé d'y monter lui-même, où, pour fe venger, il ne laiffa pas une feule noix; il prit ce qu'il en vouloit, & il donna le refte à quelques-uns de nos Gens.

Avant d'introduire ces Chefs à bord, je leur fis faire le tour du vaiffeau, qu'ils admirerent avec une furprife & une attention extraordinaires. On fervit à dîner un pudding de bananes & de légumes de cette contrée. Nos Convives mangerent de ces mets de très-bón appétit; ainfi que de l'igname; mais à-peine voulurent-ils goûter de nos falaifons. Après le dîné, je leur donnai à chacun une hache, un grand clou & des médailles, & je les reconduifis à terre.

« Nous fîmes de nouvelles courfes dans les bois, efpé-
» rant y trouver, par hafard, la mufcade. Nous traver-
» sâmes une belle plantation de bananes, près de la partie
» occidentale de la greve, où un grand nombre de parrots
» détruifoient le fruit; mais ils étoient fi fauvages, que nous
» entreprîmes envain d'en approcher. Après une longue
» promenade, durant laquelle nous nous féparâmes fou-
» vent les uns des autres, parce que nous n'avions rien à
» craindre de la part des Habitans, nous retournâmes
» au rivage.

» Nous redescendîmes à terre, dès qu'on eut dîné, &
» les Naturels parurent enchantés des égards que nous avions
» montrés à leurs Chefs : ils étoient alors au nombre d'en-

» viron cent sur le rivage, y compris les femmes & les enfans
» qui s'asseyoient communément en plusieurs grouppes, à
» l'ombre des buissons. Les femmes nous vendoient des
» paniers de pommes d'Yamboos *(Eugenia)* pour des ba-
» gatelles telles que de petits morceaux de pierre verte
» néphritique, des grains de rassade noirs : elles sembloient
» plus disposées à nous les offrir en présens qu'à faire un
» marché.

» EN GÉNÉRAL, les Insulaires nous traiterent fort civile-
» ment : s'ils nous rencontroient au milieu d'un sentier étroit,
» ils se retiroient dans les buissons & dans l'herbe, afin de
» nous laisser passer : dès qu'ils savoient nos noms, ils les
» prononçoient avec un sourire de salutation ; ou, s'ils nous
» voyoient pour la premiere fois, ils les demandoient, &
» ils tâchoient de les bien imprimer dans leur mémoire :
» on avoit posé, pendant quelques jours, des cordages
» sur la greve, pour que les hommes qui faisoient de l'eau,
» ou qui coupoient du bois, eussent de la place ; mais nous
» ne mettions plus qu'une sentinelle de chaque côté, & ils
» n'osoient pas leur désobéir. En un mot, le changement
» qu'avoit opéré notre séjour parmi eux, se faisoit déjà re-
» marquer, &, chaque jour, il tournoit de plus-en-plus à
» notre avantage.

» GÉOGY, son fils & les autres Naturels quitterent bien-
» tôt la greve, & retournerent par les bois à leurs habitations,
» qu'ils nous disoient être fort éloignées. Dès qu'ils furent
» partis, nous accompagnâmes le Capitaine Cook de l'autre
» côté du havre, afin d'examiner les sources chaudes que

» nous avions découvertes le 9 : nous prîmes pour cela un
» thermomètre qui se tenoit à 78^d à bord du vaisseau, &
» qui monta à 83^d, tandis qu'on le portoit près de la cein-
» ture : plongeant la boule au milieu de la source, le mer-
» cure s'éleva à 191^d dans l'espace de cinq minutes.
» Nous ôtâmes ensuite le sable & les pierres à travers les-
» quelles l'eau couloit doucement dans la mer, & nous y
» replaçâmes le thermomètre, de maniere qu'il enfonçoit
» au-dessus de la boule, & alors il monta de rechef à 191^d,
» & il y resta pendant plus de dix minutes. Nous jetâmes
» dans la source quelques poissons à coquilles, & ils furent
» cuits en deux ou trois minutes ; une pièce d'argent, qui
» y avoit resté plus d'une demi-heure, en sortit brillante,
» & sans être ternie ; le sel de tartre ne produisit sur l'eau
» aucun effet visible ; mais, comme elle étoit un peu astrin-
» gente par le goût, nous en remplîmes une bouteille, &
» nous la fermâmes avec soin, pour en faire des expériences
» plus exactes à mon retour (a). Nous vîmes beaucoup de
» petits poissons, seulement de deux pouces de long, qui
» sautilloient autour des rochers mouillés, comme des
» lézards, auxquels ils ressembloient : leurs nageoires pecto-
» rales faisoient l'office des pieds, & leurs yeux étoient placés
» près du sommet de la tête, comme pour les mettre
» en garde contre leurs ennemis, quand ils sont hors de
» l'eau : ces petits animaux amphibies étoient si agiles, que
» nous avions peine à les attraper ; ils faisoient aisément des
» sauts d'une verge de long, & ils appartenoient au genre

ANN. 1774.
Août.

(a) Mon Pere possède encore cette bouteille remplie de la même eau.

» des *Blennies*. Le Capitaine Cook, dans son premier
» Voyage, remarqua la même espèce, ou une espèce sem-
» blable de poisson sur la côte de la Nouvelle-Hollande (*a*).
» Nous les vîmes une fois acharnés à détruire une couvée
» de petits crillons, qui sembloient être tombés d'une cre-
» vasse du rocher.

18. 　　 » Le Capitaine Cook vint de nouveau, le lendemain,
» examiner avec nous les sources chaudes à la marée basse,
» parce que les expériences de la veille ayant été faites
» durant le flot, qui s'étoit approché à deux ou trois pieds de
» celle où on plongea le thermomètre, nous jugeâmes que
» cela pouvoit avoir contribué à refroidir l'eau : au con-
» traire, nous y plongeâmes le thermomètre, qui, en plein
» air, se tenoit à 78^d, & le vif-argent ne s'éleva plus qu'à
» 187, après avoir été une minute & demie dans l'eau
» chaude : nous en conclûmes que d'autres causes influoient
» sur la chaleur relative de ces sources; & cette opinion se
» confirma de plus en plus, en examinant une nouvelle
» source qui jaillissoit sur la grande greve au Sud. Là, au
» pied d'un rocher perpendiculaire, formant une partie de
» la montagne à l'Ouest, sur laquelle sont situés les solfa-
» terras, l'eau chaude sort en bouillonnant du sable noir,
» court dans la mer, & est aussi couverte par le flot.
» Dès que le thermomètre eut resté une minute dans
» cette source, il s'éleva à 202^d $\frac{1}{2}$ (ce qui est pres-
» que le degré de l'eau bouillante), & il se tint plu-
» sieurs minutes à ce point. Il paroît que le volcan échauffe

(*a*) *Voyez* la Collection d'Hawksworth.

» ces fources, & qu'elles roulent leurs ondes fous terre,
» jufqu'à ce qu'elles trouvent une iffue. Il y a apparence
» que le feu de cette montagne n'eft pas toujours également
» violent, & qu'il diminue peu-à-peu dans les intervalles
» entre les éruptions : les différentes parties peuvent avoir
» auffi différens degrés de chaleur, & les fources diverfes,
» en traverfant un efpace plus long ou plus court, doivent
» perdre plus ou moins de leur chaleur primitive. Les fol-
» faterras qui font fur la colline, directement au-deffus de
» ces fources, ont, fuivant moi, des liaifons avec ces fources,
» & la vapeur qui en fort, à travers les crevaffes fouter-
» raines, eft peut-être une portion de la même eau, qui
» monte avant que la fraîcheur du terrain, fur lequel elle
» eft portée, puiffe en former un fluide.

TOUS LES ENDROITS où la terre eft échauffée, & dont
nous avons fait mention, font élevés perpendiculairement
de trois ou quatre cens pieds au-deffus de ces fources, &
fur la pente de la chaîne de collines où fe trouve le volcan;
ainfi, il n'y a entr'eux d'autres vallées que celles qui
font dans la pente même de cette chaîne, & ce n'eft
pas non plus fur le fommet de la montagne qu'eft fitué le
volcan, mais fur le côté du S. E. Cette obfervation pourra
paroître contraire à l'opinion générale des Philofophes, qui
difent que les volcans font toujours placés fur les fommets
des montagnes les plus élevées. Loin que cette Ifle foit dans
ce cas, quelques-unes de ces montagnes ont une hauteur qui eft, pour le moins, double de celle où le volcan eft
affis. « Comme il y a des exemples aux Açores & dans

» l'Archipel, que le volcan a pouſſé ſes éruptions d'une
» profondeur de la mer incommenſurable, cette remarque
» ſeroit moins importante, ſi elle ne contrediſoit pas l'opi-
» nion du célèbre M. de Buffon. Il prétend que les plus
» hautes montagnes ſeules ſont le ſiége des feux volcaniques,
» parce qu'il veut éloigner ces feux le plus qu'il eſt poſſible
» du centre de la terre. »

A ces remarques, je dois ajouter que, dans les tems
humides, le volcan ſemble éprouver des ſecouſſes plus violentes ; « mais nous n'avons pas fait un ſéjour aſſez long
» dans l'Iſle pour que cette obſervation ſoit d'un grand
» poids. » Ces phénomènes de la Nature ſont pour les
Philoſophes des objets de ſpéculation ; mais nous devons
nous borner ici à l'expoſition des faits, & laiſſer à des hommes
plus habiles le ſoin d'en démêler les cauſes.

« Nous allames, l'après-dînée, derriere l'aiguade, &
» pour cueillir les fleurs d'un arbre d'une eſpèce inconnue,
» nous fûmes obligés de les abattre à coups de fuſil. Le
» ſoir, on pêcha à la ſeine, & on prit environ deux cens
» livres de poiſſons, qui furent diſtribués à tout l'équipage.
» Je remontai la colline plate avec le Docteur Sparrman,
» & nous paſſâmes une demi-heure agréable avec les Na-
» turels, qui, à notre départ, nous firent un préſent de
» fruits. Nous les amuſâmes, comme à l'ordinaire, en chan-
» tant, & ils devinrent à la fin ſi familiers, que par un
» un excès d'hoſpitalité, commune aux Peuples barbares ;
» ils nous montrerent & nous offrirent des filles, avec
» des geſtes

» des geftes qui n'étoient point équivoques. Dès que les
» femmes s'apperçurent de la baffeffe des hommes, elles
» s'enfuirent très-loin, fort effrayées en apparence, & cho-
» quées de leur groffièreté. Soit pour jouir du plaifir de
» les voir épouvantées, foit par un autre motif, les Indiens,
» & fur-tout les jeunes defiroient beaucoup que nous cou-
» ruffions après elles. »

ANN. 1774:
Août.

LA BARRE du gouvernail étoit déjà faite; mais le
vent étant défavorable pour faire voile, la Garde reprit fon
pofte à terre, le 19, comme auparavant, & les Travailleurs allerent chercher le refte de l'arbre, dont nous
avions fait un nouveau timon. N'ayant plus rien autre
chofe à faire, je defcendis fur le rivage, où s'étoient
affemblés, comme à l'ordinaire, une foule d'Habitans.
Je leur diftribuai tout ce que j'avois, & je retournai au
vaiffeau. En moins d'une heure, je revins à terre, au
moment que les Matelots mettoient fur le bateau de
gros troncs d'arbres. Quatre ou cinq Indiens s'avancerent
alors pour examiner où nous voulions le mener; &, comme on
ne leur permettoit point de paffer certaines limites, la fentinelle leur ordonna de fe retirer. J'avois les yeux fixés fur
eux, &, voyant le foldat de Marine leur préfenter fon fufil,
je m'approchai tout de fuite pour le réprimander, parce
que j'avois obfervé que, toutes les fois qu'on les avoit ainfi
menacés, quelques Infulaires s'étoient faifis de leur armes,
afin de nous montrer qu'ils étoient prêts à fe défendre;
Mais je fus, on ne peut pas plus, étonné d'entendre tirer la
fentinelle, fans la plus légere caufe. A cette violence, tous
les Naturels prirent la fuite; & je parvins à peine à en

Tome III.   B b

retenir quelques-uns. Dans ce défordre, je vis tomber un Indien, que deux autres releverent & conduifirent fur le bord de l'eau, où ils lui laverent fa plaie & enfuite l'emportèrent. D'autres vinrent auffi-tôt m'informer de la nature de fa bleffure; &, fachant qu'on ne l'avoit pas tranfporté fort loin, j'envoyai chercher le Chirurgien. Dès qu'il arriva, nous allâmes enfemble vifiter le bleffé, que nous trouvâmes expirant. La balle lui avoit caffé le bras, & lui étoit entré par les fauffes-côtes, dont l'une étoit rompue. La fentinelle prétendit que le Naturel avoit tendu fon arc pour lui décocher une flèche, & qu'il avoit été forcé de le prévenir. Mais en cela il fe trompoit; & les Indiens, en paroiffant menacer de leurs armes, vouloient feulement nous annoncer qu'ils étoient armés comme nous; c'eft du moins ce qu'on devoit conjecturer, puifque jamais ils ne décochoient leurs traits. Ce qui rendoit cet accident encore plus déplorable, c'eft que ce ne fut point l'Indien qui avoit tendu fon arc, mais un autre, qui fut atteint du coup. Ce malheur jeta les Habitans dans la plus grande confternation; & le petit nombre de ceux qui étoient démeurés fur le rivage, coururent aux plantations, & en rapportèrent des noix de cocos, &c. qu'ils mirent à nos pieds.

« Comme nous n'attendions plus qu'un vent favorable
» pour partir, nous cherchâmes à bien employer le refte
» du tems. Un parti nombreux defcendit à terre; mais
» chacun fe fépara & alla de fon côté. Je rencontrai
» beaucoup d'Indiens, qui fe rendoient au rivage; ils
» fortirent tous du fentier pour me faire place, quoique je
» fuffe fans Compagnon, & aucun d'eux n'entreprit de

» m'offenſer. Je fis ſeul pluſieurs milles au haut de la colline
» plate, ou dans la vallée, vers un canton que nous
» n'avions pas encore examiné. Des bocages très-épais
» cachoient le chemin que je ſuivis, & je n'appercevois
» que par intervalles les plantations, qui couvroient toute
» la croupe de la colline. Je vis les Naturels couper, ou
» émonder des arbres, ou creuſer la terre avec une bran-
» che qui leur tenoit lieu de bêche, ou planter des igna-
» mes, &c.: j'entendis auſſi un homme qui, en travail-
» lant, chantoit à-peu-près ſur le même ton que les Chan-
» teurs dont on a parlé plus haut. La perſpective dont je
» jouiſſois, approchoit de celles de Taïti ; elle avoit même un
» avantage, c'eſt que tout le pays, à une diſtance conſidé-
» rable autour de moi, préſentoit de petites monticules &
» des vallées ſpacieuſes, toutes capables de culture ; au-lieu
» qu'à Taïti des montagnes eſcarpées & ſauvages s'élevent
» tout-à-coup du milieu de la plaine, qui n'a nulle part deux
» milles de largeur. La plupart des plantations de Tanna
» ſont d'ignamiers, de bananiers, d'eddoes & de cannes
» de ſucre, qui, étant tous fort bas (a), permettent à
» l'œil d'embraſſer une grande étendue de terrain. Des
» arbres touffus occupent çà & là des eſpaces ſolitaires, &
» produiſent des ſcènes très-pittoreſques. Le ſommet de la
» colline plate, qui borde une partie de l'horizon, paroît
» feſtonée de petits boſquets, où les palmiers élevent leurs
» têtes pardeſſus les autres arbres.

(a) Le plus grand Bananier n'excéde pas dix pieds, & en général, ils n'ont que ſix pieds de hauteur.

ANN. 1774.
Août.

» CEUX qui favent jouir des beautés de la Nature, con-
» cevront le plaifir qu'on goûte à la vue de chaque petit
» objet, minutieux en lui-même, mais important au mo-
» ment où le cœur s'épanouit, & qu'une efpèce d'extafe
» tranfporte les fens. On contemple alors, avec raviffement,
» la face fombre des terres préparées pour la culture, la
» verdure uniforme des prairies, les teintes différentes &
» la variété infinie des feuillages. Un pareil fpectacle, dans
» toute fa perfection, étoit ici étalé à mes regards. Quel-
» ques arbres réfléchiffoient mille rayons ondoyans, tandis
» que d'autres formoient de grandes maffes d'ombrages
» en contrafte avec les flots de lumiere, qui couvroient tout
» le refte. Les nombreux tourbillons de fumée qui jaillif-
» foient de chaque bocage, offroient l'idée de la vie do-
» meftique : mes penfées fe porterent naturellement fur
» l'amitié & le bonheur de ce Peuple, en confidérant ces vaf-
» tes champs de plantains, qui m'environnoient de toutes
» parts, & qui, par leurs fruits, me paroiffoient avoir été
» choifis, avec raifon, pour les emblêmes de la richeffe &
» de la paix. Le payfage, à l'Oueft, n'étoit pas moins admi-
» rable que celui dont je viens de parler. La plaine y
» étoit entourée d'un grand nombre de collines fertiles,
» revêtues de bois entremêlés de plantations, &, parder-
» riere, s'élevoit une chaîne de hautes montagnes, qui ne
» font pas inférieures à celles des Ifles de la Société, quoi-
» qu'elles femblent être d'une pente plus aifée. J'examinai
» cette fcène champêtre du milieu d'un groupe d'arbres,
» que les liferons & les plantes enlaçoient de leurs fleurs
» odorantes. La richeffe du fol eft prodigieufe; car des

» palmiers, déracinés par les vents (a) & couchés à
» terre, avoient pouffé de nouveaux branchages. Du mi-
» lieu du feuillage, différens oifeaux, ornés des plus belles
» couleurs, m'égayoient par leurs chants. La férénité de
» l'air & la fraîcheur de la brife, contribuerent d'ailleurs à
» l'agrément de ma fituation. Mon efprit, entraîné par
» cette fuite d'idées douces, fe livroit à des illufions, qui
» augmentoient mon plaifir, en me repréfentant le genre
» humain fous un point de vue favorable. Nous venions de
» paffer une quinzaine de jours au milieu d'un Peuple, qui
» nous avoit accueilli avec beaucoup de défiance, & qui
» s'étoit préparé à repouffer courageufement toute efpèce
» d'hoftilité : l'honnêteté de notre conduite, notre modé-
» ration, avoient diffipé leur frayeur inquiette. Ces Infu-
» laires qui, fuivant toute apparence, n'avoient jamais
» connu d'hommes auffi bons, auffi paifibles, & pourtant
» auffi redoutables que nous, qui étoient accoutumés à
» voir, dans chaque Etranger, un ennemi lâche & perfide,
» conçurent alors des fentimens plus nobles de notre
» efpèce. Ils partagerent, avec nous, des productions
» qu'ils ne craignoient plus qu'on leur enlevât par force;
» ils nous permirent de vifiter leurs charmantes retraites,
» & nous fûmes témoins de leur félicité domeftique.
» Bientôt ils commencerent à aimer notre converfa-
» tion, & ils conçurent de l'amitié pour nous. Je tombai

(a) « Les Racines des Cocotiers font naturellement très-courtes,
» & compofées d'une quantité innombrable de fibres; mais à Tanna le
» fol, quoique fertile, eft fi peu compact, qu'il ne faut pas un grand
» ouragan pour renverfer les arbres qui y croiffent. »

» enfuite dans des rêveries fur la prééminence des So-
» ciétés civilifées; un bruit, qui frappa mes oreilles dans le
» lointain, m'en fit fortir; je me retournai, & j'apperçus le
» Docteur Sparrman : je lui montrai le fpectacle qui me
» caufoit tant de joie, & je lui communiquai mes idées.
» Nous partîmes enfuite pour nous rendre à bord, parce
» que l'heure de midi approchoit. Le premier Naturel
» que nous rencontrâmes, s'enfuit, & fe cacha dans un
» buiffon : nous furprîmes enfuite, à l'entrée d'une planta-
» tion, une femme, qui n'avoit pas eu le tems de s'échapper ;
» elle nous offrit, d'une main tremblante & avec une
» extrême frayeur, un panier rempli d'yamboos. L'effet de
» ces deux rencontres nous étonna. D'autres Naturels, qui
» fe tenoient derrière les buiffons, remuoient leurs mains
» vers la grève, & nous firent figne de nous y rendre. Enfin,
» en fortant du bois, nous vîmes deux Indiens affis fur
» l'herbe, & tenant un de leurs Compatriotes mort entre
» leurs bras. Ils nous montrerent une bleffure qu'il avoit
» au côté, & ils nous dirent, avec des regards touchans : »
Il eft tué (a).

« ON NOUS RACONTA alors les détails de ce meurtre, &
» nous ne pûmes nous empêcher d'en gémir. Le Naturel,
» qui avoit voulu s'avancer au-delà des limites que gardoit
» la fentinelle, n'étoit probablement jamais venu fur cette
» grève, & il ne connoiffoit point les défenfes que nous
» nous étions arrogées le droit de faire : le Soldat de Marine

---

(a) Ils exprimerent cela d'une manière encore plus frappante par un
mot de leur langue *Markom.*

» le repouſſa durement parmi le reſte de ſes Compatriotes,
» qui étoient déjà accoutumés à ce traitement injurieux, &
» qui s'y ſoumettoient : le nouveau venu refuſa d'être do-
» miné, dans ſon propre pays, par un Étranger, & il ſe
» prépara à paſſer, une ſeconde fois, ces fatales bornes,
» uniquement peut-être pour montrer qu'il étoit le maître
» de marcher où il lui plaiſoit. La ſentinelle le repouſſa de
» nouveau, avec des coups ſuffiſans pour exciter la colere
» d'un homme moins violent qu'un Sauvage.

» Nous fumes étonnés, le Doĉteur Sparrman & moi, de
» la modération des Inſulaires, qui nous avoient laiſſé paſſer
» ſans nous attaquer, lorſqu'ils pouvoient aiſément venger
» ſur nous l'aſſaſſinat d'un de leurs Compatriotes. Nous nous
» rendîmes à bord, avec le Capitaine Cook, fort en peine
» de mon Pere, qui étoit toujours dans les bois, ſuivi d'un
» ſeul Matelot : nous eûmes cependant le plaiſir de le voir,
» un quart d'heure après, ſain & ſauf, au milieu des Soldats
» de Marine qu'on avoit laiſſés à terre pour garder nos fu-
» tailles. Une chaloupe alla tout de ſuite le chercher : il
» avoit été auſſi bien traité des Naturels que nous.

» Une action déteſtable détruiſit toutes les chimeres
» de mon imagination. Les Naturels, au-lieu d'avoir meil-
» leure opinion de nous que des autres Etrangers, avoient
» droit de nous abhorrer davantage, puiſque nous venions
» les exterminer ſous le maſque ſpécieux de l'amitié : quel-
» ques perſonnes de l'équipage regrettoient qu'au-lieu d'ex-
» pier les différens aĉtes de violence que nous avions com-
» mis, ſur preſque chaque Iſle, durant le Voyage, nous

» nous y fuffions au contraire rendus coupables de la plus
» grande cruauté. Le Capitaine Cook avoit réfolu de
» punir, très-rigoureufement, le Soldat de Marine, pour
» avoir tranfgreffé fes ordres pofitifs ; mais l'Officier, qui
» commandoit à terre, déclara que, fans avoir donné ces
» ordres particuliers à la Sentinelle, il lui en avoit enjoint
» d'autres, fuivant lefquelles la moindre menace, de la
» part des Naturels, devoit être punie fur-le-champ de
» mort. Le Soldat fortit donc des fers, & le droit que s'ap-
» proprioit l'Officier, fur la vie des Infulaires, paffa pour
» inconteftable. »

L'APRÈS-MIDI, il ne reparut que quelques Naturels ;
parmi lefquels étoient Paowang & Whà-à-gou. Je n'avois pas
vu ce jeune-homme depuis le jour qu'il avoit dîné à bord.
Il me promit, ainfi que Paowang, de nous faire apporter
des fruits le lendemain ; mais notre prompt départ les dif-
penfa de ce foin.

CHAPITRE VI.

CHAPITRE VI.

*Départ de Tanna; Description de ses Habitans;
de leurs Mœurs, & de leurs Arts.*

ANN. 1774.
20 Août.

PENDANT LA NUIT, le vent s'étoit approché du Sud-Est;
comme ce rumb nous étoit favorable pour sortir du Port,
le 20, à quatre heures du matin, nous commençâmes à
démarer; &, à huit heures, ayant levé notre derniere ancre,
nous reprîmes la mer. Dès que nous fûmes au large, nous
mîmes en travers afin d'attendre le bateau que nous avions
laissé derriere nous pour apporter l'ancre à jet & le grêlin.
Au point du jour, on entendit dans le Bois, en face du vaisseau, un bruit assez semblable à une psalmodie. On m'assura
qu'on en avoit entendu un pareil chaque jour à la même
heure : ce que j'ignorois. Il étoit trop tard pour en connoître
le sujet. Quelques Officiers conjecturoient que la pointe orientale du Port, sur laquelle, à notre arrivée, nous vîmes des
maisons, des pirogues, &c. étoit vraisemblablement un lieu
consacré au culte divin, parce que les Habitans avoient toujours empêché les gens de l'équipage d'y aller. Je pensai, &
c'est encore mon opinion, que les obstacles, que nous op-
poserent les Indiens, avoient, pour premier principe, le desir
qu'ils firent paroître en toute occasion, de mettre des bornes
à nos excursions. Ils nous permettoient bien de retourner aux
lieux où nous avions été; mais non pas de pénétrer plus

Tome III. C c

avant. En gagnant peu-à-peu du terrain, nos expéditions dans la contrée, s'étendirent infenfiblement, fans leur donner le moindre ombrage. D'ailleurs ces cérémonies du matin, foit qu'elles fiffent ou ne fiffent pas partie de la Religion, ne fe pratiquoient point fur cette pointe, mais dans un endroit où les gens de l'équipage avoient été journellement.

JE NE PUIS DIRE pourquoi ces Infulaires s'oppoferent fi conftamment à notre entrée dans l'intérieur de l'Ifle. Peut-être étoit-ce un effet de leur caractere naturellement om-brageux ; peut-être auffi cela provenoit-il de ce qu'ils font accoutumés à des hoftilités de la part de leurs voifins, ou à des querelles inteftines. Tout femble annoncer qu'ils font fouvent expofés à de pareils défordres, car nous obfervâmes qu'ils étoient très-habitués aux armes, & très-adroits à s'en fervir. Quelque part qu'ils aillent, il eft rare qu'ils fortent fans elles. Peut-être qu'ils n'étoient fur leur garde que par rapport à nous ; mais j'ai peine à le croire. Nous n'exerçâmes jamais fur eux la plus légere vexation ; nous ne leur prîmes rien, pas même de l'eau ou du bois fans leur confentement. Les noix de cocos, étoient auffi affurées fur les arbres, auprès defquels travailloient nos Ma-telots, que celles du milieu de l'Ifle. Heureufement pour nous il y avoit, dans le voifinage du Havre, des cocotiers qui n'appartenoient à aucun Habitant en particulier ; de forte que nous les engageâmes à nous donner de ces noix, quoique nous n'ayions jamais pu en obtenir de leurs plan-tations.

NOUS N'ÉTIONS PAS abfolument dépourvus de rafraîchif-

femens; car, outre le poisson que nous prenions avec la
seine, nous nous procurions journellement des fruits & des racines des Habitans, mais non pas en proportion de ce que nous pouvions en consommer. Il étoit difficile d'en obtenir davantage, car ils n'attachoient aucun prix aux choses que nous leur donnions en échange. Ils n'avoient pas la moindre connoissance du fer; en conséquence, les clous, les outils, &c. qui avoient eu un si grand cours dans les Isles de l'Est, n'avoient ici aucune valeur, & pour des hommes qui vont nuds, les étoffes étoient parfaitement inutiles.

Les productions de l'Isle sont le fruit à pain, les noix de cocos, un fruit ressemblant à la pêche, qu'on nomme pavie, l'igname, la patate, la figue sauvage, un fruit pareil à l'orange, qui n'est pas mangeable, & quelques autres dont je ne sais pas le nom. Je ne puis douter que la noix muscade, dont j'ai parlé, n'y croisse. Les fruits à pain, les noix de cocos, & les bananes n'y sont pas si abondans ni si bons qu'à Taïti; mais les cannes à sucre & les ignames s'y trouvent en plus grande quantité, plus grosses & meilleures. Une de ces ignames pesoit cinquante-six livres. Les cochons ne parurent point rares, mais nous ne vîmes pas beaucoup de poules; ce sont là les seuls animaux domestiques qu'aient les Habitans. Les oiseaux de terre n'y sont pas, à beaucoup près, si nombreux qu'aux Isles de la Société; mais on y trouve de petits oiseaux du plus joli plumage, & dont l'espèce nous étoit inconnue. Les arbres & les plantes, qui croissent sur cette terre sont aussi variés, dans leurs espèces,

Cc 2

que dans aucune des Isles où nos Botanistes ont eu le temps d'herboriser.

« Parmi les plantes dont sont remplis les bois, un
» grand nombre étoient nouvelles pour nous, & d'autres
» croissent aux Isles des Indes Orientales. Les terres culti-
» vées en contiennent en outre quarante espèces in-
» connues aux Isles de la Société & des Amis. »

Je crois que ces Insulaires vivent principalement du produit de la terre, & que la mer contribue peu à leur subsistance. Cela vient-il de ce que leur côte n'est pas poissonneuse, ou de la mal-adresse de leurs pêcheurs? Je ne l'assurerai point; peut-être ces deux causes y concourrent-elles ensemble? Je n'ai vu dans l'Isle aucune espèce de filet, ni aucun Habitant pêcher ailleurs que sur les récifs, ou le long du rivage du Port, où ils épiòient le poisson qui passoit à leur portée pour le darder; &, à cet exercice, ils montrent de la dextérité. Ils admiroient les pêches que nous faisions avec la seine; & je crois que nos succès devinrent pour eux des motifs de jalousie: sans doute ils ont d'autres manieres de pêcher que celle du dard.

« Les coquillages sont rares sur la côte. Les Habitans
» vont en chercher sur les autres Isles, & ils mettent quel-
» que prix aux grandes nacres de perle. Le poisson y paroît
» abondant & varié. Nous prîmes à la seine & à l'hame-
» çon des mulets (*mullus*), des brochets du Brésil, des

» dauphins, des perroquets de mer, des raies, des raies fans
» dents, des anges, des goulus, des fuceurs, & plufieurs
» efpèces de maquereaux, & des *mugils*. »

NOUS JUGEAMES que la petite Ifle d'Immer étoit principalement habitée par des pêcheurs, & que les pirogues
que nous voyions fréquemment paffer de cette Ifle à la
pointe orientale du Port, étoient des bâtimens deftinés à
la pêche. Ces pirogues font d'inégales grandeurs ; il y en a
de trente pieds de long, deux de large, & trois de haut.
Elles font compofées de plufieurs pièces de bois, groffière-
ment coufues enfemble avec des treffes de fibres de cocotier. Les jointures font couvertes en dehors par une latte
mince, garnie de rainures, fur lefquelles paffent les treffes.
Ces embarcations vont à la rame ou à la voile. La voile,
qui eft latine, eft tendue entre deux perches, dont l'une fert
de vergue & l'autre de baume, & elle eft guindée à un mât
court. Quelques-unes des grandes pirogues ont deux voiles,
& toutes font à balancier.

DANS LES COMMENCEMENS, nous penfions que les Naturels de cette Ifle, ainfi que ceux d'Erromango, étoient
un mêlange des Habitans des Ifles des Amis & de Mallicolo ; mais en les obfervant plus particulièrement, nous
fûmes convaincus qu'ils n'ont prefqu'aucune affinité, ni
avec les uns, ni avec les autres, à l'exception de leur cheveux, qui different peu de ceux des Indiens de Mallicolo.
Ces cheveux, noirs dans les uns, & bruns dans les autres,
font crepus & frifés. Nous en avons remarqué quelques-
uns jaunâtres à la pointe. Ils les féparent en petites mèches,

Ann. 1774.
Août.

autour desquelles ils roulent l'écorce d'une plante déliée, jusqu'à un pouce environ du bas; &, à mesure que les cheveux croissent, ils continuent de rouler l'écorce autour; ce qui fait l'effet de plusieurs cordelettes.

« Elles ont de cinq à huit ou neuf pouces de longueur,
» & pendent des deux côtés de la tête. Quelques-uns,
» & sur-tout ceux qui ont les cheveux laineux, les laissent
» croître sans leur donner de forme particulière, ou bien
» ils se contentent de les attacher en touffes au sommet de
» la tête avec une feuille. La plupart y portent un petit
» bâton ou roseau mince d'environ neuf pouces de long,
» avec lequel ils se grattent: leur tête est remplie de ver-
» mine. Ils y placent aussi, comme un ornement, un autre
» roseau garni de plumes de coq ou de chouette; un petit
» nombre y met un chapeau de feuilles de plantain verd,
» ou de nattes. Il y en a qui forment de leurs barbes des
» espèces de cordelettes. »

Cette barbe, qu'ils portent courte, est forte & épaisse. Les femmes ont généralement des cheveux courts, ainsi que les jeunes gens, jusqu'à l'âge de virilité. Nous avons vu des hommes & des femmes, qui avoient des cheveux comme les nôtres; mais il étoit aisé de s'appercevoir qu'ils étoient d'une autre race, & je crois qu'on nous fit entendre qu'ils venoient d'Erronam. C'est à cette Isle qu'appartient une des deux langues qu'ils parlent, & qui est presque la même que celle des Habitans des Isles des Amis. Il est très-probable que c'est de ces Isles qu'Erronam a tiré ses Habitans, & que, par une longue communication

Pl 48.

Benard Direx.

HOMME DE L'ISLE DE TANNA.

avec Tanna & les autres terres voifines, les différentes
Nations ont appris leurs différentes langues.

CELLE que parlent les Habitans de Tanna, & fi nous
ne nous fommes point trompés, ceux d'Erromango &
d'Anattom, leur eft particuliere. Elle differe de celles
de toutes les autres Ifles, & n'a aucune affinité avec
celle de Mallicolo; de forte qu'il paroît que le Peuple de
ces trois Ifles, eft une Nation abfolument diftincte. Mallicolo, Apée, &c. font des noms qui leur étoient entièrement inconnus; ils n'avoient même jamais entendu parler
de l'Ifle Sandwich, qui eft bien moins éloignée. Je me donnai
affez de peine pour favoir jufqu'où s'étendoient leurs con-
noiffances géographiques, & je trouvai qu'elles ne paffoient
pas les bornes de leur horizon.

CES INSULAIRES font d'une médiocre ftature, minces de
taille; il en eft beaucoup de petits; on en voit peu de gros
ou de robuftes; ils ont un air agréable; « mais on remarque
» rarement à Tanna ces beaux traits, fi communs parmi les
» Infulaires des Ifles de la Société, des Amis & des Mar-
» quifes. Je n'ai pas trouvé un feul homme corpulent;
» ils font tous pleins de vivacité & de feu, ils ont le nez
» large, les yeux pleins & doux. La phyfionomie de la plu-
» part eft ouverte, mâle & honnête; quelques-uns cepen-
» dant l'ont mauvaife. » Ils font, comme les Peuples des
Tropiques, agiles & difpos; ils excellent à manier leurs
armes, & montrent de l'averfion pour le travail; jamais ils
ne voulurent nous aider, en quelque ouvrage que ce fût,
& les Habitans des autres Ifles s'en faifoient un plaifir: leur

ANN. 1774.
Août.

penchant pour l'oifiveté fe manifefte fur tout par la maniere
indigne dont ils traitent les femmes, qui ne font proprement que des bêtes de fomme. J'en ai vu marcher une
ayant un gros paquet ou un enfant fur le dos, & un autre
paquet fous le bras, tandis qu'un jeune-homme, qui alloit
devant elle, ne tenoit à la main qu'une maffue ou une
lance. Nous avons fréquemment obfervé, le long de la
plage, fous l'efcorte d'un certain nombre d'hommes armés,
de petits troupeaux de femmes, chargées de fruits & de
racines; mais rien n'eft plus rare que de rencontrer des
hommes portant des fardeaux. Nous n'avons pas pu nous
informer du fujet de ces fortes de convois, ni par quelle
raifon les femmes marchoient ainfi efcortées. Nous imaginâmes d'abord qu'habitant les environs du Port, elles
fuyoient avec tous leurs effets, pour s'éloigner de nous;
mais, prefque journellement, elles paffoient chargées à-peu,
près de même.

JE NE DIRAI pas que les femmes de cette contrée font
belles; mais je penfe qu'elles font affez jolies pour les Habitans, & qu'elles le font trop pour l'ufage qu'ils en font; elles
ne portent qu'une corde autour des reins, & quelques brins
de paille, qui y font attachés devant & derriere. Les deux
fexes font d'une couleur très-bronzée, mais non pas noire;
ils n'ont même aucun trait des Nègres; ils paroiffent plus
bruns qu'ils ne le font naturellement, parce qu'ils fe peignent
le vifage avec un fard de noir de plomb; ils ufent auffi d'un
fard rouge, & d'une troifieme forte brunâtre, ou d'une couleur entre le rouge & le noir. Ils fe mettent de larges
couches de tous ces fards, non-feulement fur le vifage,

mais

Pl. 49.

Benard Direx.

FEMME DE L'ISLE DE TANNA.

maïs encore sur le cou, les épaules & la poitrine. « Pour
» mettre ces peintures, ils se servent d'huile de noix de
» cocos, ils se font des barres obliques de deux ou trois
» pouces de large ; ils emploient rarement la couleur
» blanche ; mais ils se couvrent quelquefois une moitié du
» visage de rouge, & l'autre moitié de noir.

» ILS SE FONT des incisions, sur-tout au haut du bras, & sur
» le ventre ; elles tiennent lieu des piquures, en usage parmi
» les Insulaires d'un teint plus clair, qui habitent les Isles des
» Amis & de la Société, la Nouvelle-Zélande, l'Isle de
» Pâque & les Marquises. Ils enlevent la chair avec un
» bambou, ou une coquille aigue, & ils y appliquent une
» plante particuliere, qui forme une cicatrice élevée sur la
» surface de la peau, après que la blessure est guérie : ils ont
» soin de donner à ces cicatrices la forme des fleurs, &
» d'autres figures ; ce qui est une grande beauté dans le
» pays. Nous n'avons apperçu qu'un seul homme qui fût
» tatoué sur la poitrine ; on a déjà remarqué que la piquure
» sembloit avoir été faite de la même manière qu'à Taïti. »

LES HOMMES n'ont d'autre vêtement qu'une ceinture &
une pagne, qu'ils placent d'une maniere aussi indécente
que les Habitans de Mallicolo. Les femmes s'enveloppent
d'une pièce d'étoffe qui les couvre de la ceinture aux genoux, en forme de jupe, & cette étoffe est de fibres de
bananiers. « Les enfans prennent ces feuilles à l'âge de six
» ans. Je ne puis m'empêcher de répéter encore ici qu'ils
» ne se servent pas de cette couverture, par des motifs de
» décence : en effet, elle produit un effet si contraire,

» que chaque Insulaire de Tanna ou de Mallicolo ressemble
» à cette Divinité fameuse, qui protégeoit les vergers & les
» jardins des Anciens.

» LE CARTILAGE, entre les narines, est communément
» troué & orné d'une pierre cylindrique, ou d'un morceau
» de bambou d'un demi-pouce d'épaisseur. »

LES DEUX SEXES sont chargés également de bracelets, de
colliers, de pendans d'oreille & d'amulettes. Les bracelets
sont sur-tout portés par les hommes : il y en a de coquillages
& d'autres de cocos. Les hommes aiment aussi à se parer
d'amulettes: ils attachent un grand prix à celles qui sont
d'une pierre verdâtre, & c'est par cette raison qu'ils échangeoient volontiers les fruits de leur pays pour des morceaux
de talc verd de la Nouvelle-Zélande. « Ils placent souvent
» à la partie supérieure du bras gauche, un morceau de
» coque de noix de cocos, bien sculpté, ou simple & poli,
» qu'ils relevent par des plantes, telles que *l'Evodia*
» *hortensis* (a), le *Crotum variegatum*, *Lycopodium*
» *phlegmaria*, *Vitex trifolia*, ou une espèce d'*Epiden-*
» *drum.* »

LES COLLIERS sont le principal ornement des femmes, &
la plupart sont de coquillages. Tous les hommes & toutes
les femmes mettent des pendans d'oreilles, & ceux d'écaille
de tortue leur paroissent d'un grand prix. Les Gens
de l'équipage qui avoient apporté de l'écaille des isles des

(a) *Voyez* Forster, *Nova. Gen. Plant.*

Amis, la mirent en vente, & elle fut plus eftimée que toutes nos marchandifes. Il faut en conclure que ces In-diens prennent rarement des tortues. Je n'en ai vu qu'une dans le Port, & c'étoit au moment que nous appareillions. J'ai encore obfervé que, fur la fin de notre féjour, ils com-mençoient à demander des haches & de grands clous ; ce qui prouve affez qu'ils avoient reçonnu que le fer eft d'un bien plus grand fervice que la pierre, l'os & les coquilles, dont ils fabriquent leurs inftrumens. Leurs haches de pierre, du moins celles que j'ai apperçues, n'ont point la forme des herminettes des autres Ifles ; mais elles reffemblent davan-tage à une hache de cette figure ⟨image⟩ ; le manche, qui eft d'une bonne groffeur, a un trou dans lequel la pierre eft fixée.

LES ARTS, chez ces Peuples, à l'exception de la culture des terres, méritent à peine qu'on en faffe mention ; leurs manufactures fe réduifent à une mauvaife efpèce de natte, & à une étoffe non moins groffiere d'éorce d'arbre, qu'ils emploient principalement en ceintures. La ftructure de leurs pirogues, comme je l'ai obfervé, annonce toute la rudeffe de leur fituation ; leurs armes, malgré les peines qu'ils prennent pour les polir, font, à cet égard, fort inférieures à celles que nous avons vues chez d'autres Nations ; ce font des maffues, des lances, des dards, des arcs, des flèches & des pierres. Ils fe fient beaucoup à leurs dards, dont la pointe triangulaire a des barbes dentelées. Pour les lancer, ils fe fervent d'un cordon fortement treffé, de fix pouces environ de longueur, ayant un œillet à un bout, & un nœud à l'autre. L'index de la main droite fe place dans

Dd 2

l'œillet, & l'autre bout est tourné autour du dard où il est presque en équilibre. Ils tiennent le dard entre le pouce & les autres doigts qui lui donnent seulement la direction; sa vitesse lui étant communiquée par le cordon & l'index. A l'instant que la vitesse du dard devient plus grande que celle de la main, le cordon s'en détache, & reste à l'index, prêt à lancer un nouveau trait. Avec ces dards, ils tuent des oiseaux & des poissons : à la distance de huit ou dix verges, ils mettent dans un blanc de six pouces de diamètre, sans jamais y manquer; mais, à une distance double, le blanc eût-il dix-huit pouces de largeur, ils n'y touchent que par hasard, quoiqu'ils lancent ces traits à soixante & soixante-dix verges. Quelle que soit l'éloignement du but qu'ils veulent atteindre, le dard est toujours décoché de toute leur force. Les dards, les arcs & les flêches sont pour eux ce que les mousquets sont pour nous : les flêches sont des roseaux armés d'une longue pointe d'un bois très-dur : quelques-unes de ces pointes sont barbelées sur les arêtes, & celles avec lesquelles ils tirent les oiseaux, ont deux, trois, & quelquefois quatre pointes. Les pierres dont ils font usage, sont des morceaux de roches de corail de huit à quinze pouces de longueur, sur un & demi de diamètre. Je ne dirai pas s'ils les jettent comme armes de traits. Il en est peu parmi eux qui ne portent une massue, des dards, ou un arc & des flêches; mais jamais l'un & l'autre ensemble; & ceux qui portent des pierres, les tiennent communément dans leur ceinture.

« En général, les jeunes-gens se servent de frondes & » d'arcs, & les hommes, d'un âge plus avancé, de massues;

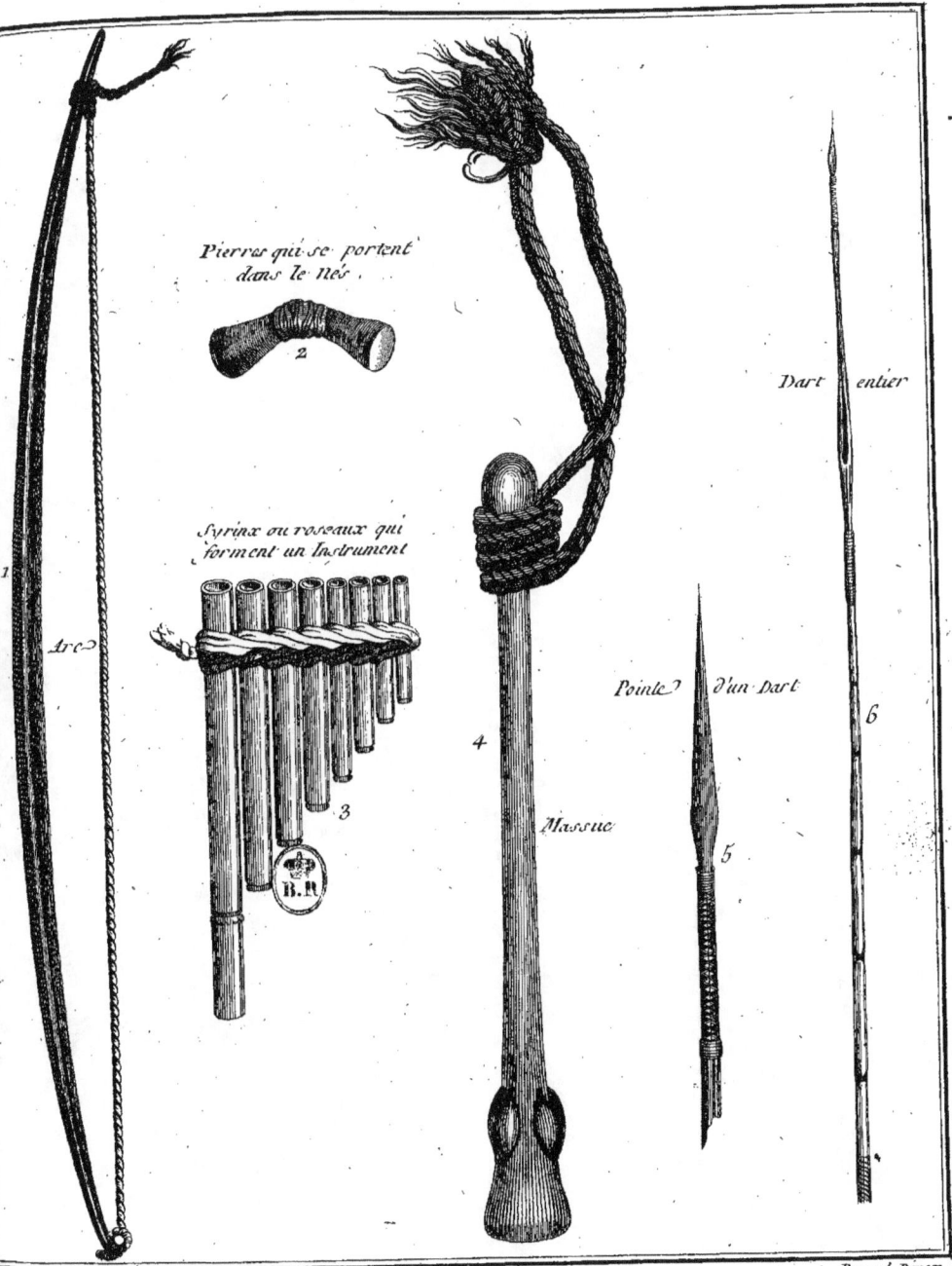

Pierres qui se portent
dans le Nés.

2

Syrinx ou roseaux qui
forment un Instrument

3

B.R.

1

Arc

4

Massue

Pointe d'un Dart

5

Dart entier

6

Benard Direx

Armes de Mallicolo et de Tanna.

» ou de dards. Les arcs font du meilleur bois de maſſue,
» (*Caſuarina*) très-fort & très-élaſtique : ils le poliſſent
» beaucoup, & peut-être qu'ils le frottent d'huile, de
» tems-en-tems, pour entretenir ſa ſoupleſſe. Leurs traits
» de Bambou, ont près de quatre pieds de long; les dards
» ou les piques neuf à dix, & ſeulement un demi-pouce de
» diamètre. J'ai obſervé que, comme ils craignent de bri-
» ſer leurs arcs, ils ne les courbent pas extrêmement, &, à
» vingt-cinq ou trente verges, on a peu à craindre de leurs
» flèches.

Ann. 1774.
Août.

» LEURS MASSUES ont quatre ou cinq formes différentes.
» Les meilleures ont quatre pieds de long, un nœud rond, au
» manche, qu'ils tiennent dans leur main, & l'autre extrémi-
» té, avec laquelle ils frappent, a la figure d'une étoile, &
» pluſieurs pointes proéminentes. Une ſeconde eſpèce, d'en-
» viron ſix pieds de long, a un grand nœud ou excroiſ-
» ſance latérale à un bout. Une troiſieme, d'environ cinq
» pieds, a une pièce plate, de huit ou dix pouces de long,
» ſe projetant à angles droits, & qui reſſemble à la flamme
» d'un Maréchal : elle a un tranchant très-aigu. La qua-
» trieme eſt exactement pareille à celle-ci ; mais elle a
» un de ces pâles plats de chaque côté. Enfin la cinquieme
» eſt un ſimple morceau de rocher de corail, groſſièrement
» travaillé en cylindre, de dix-huit pouces de long & de
» deux de diamètre. Ils font uſage quelquefois de celle-ci
» comme d'une arme miſſive. »

JE CROIS devoir rapporter ici un paſſage entier;

tiré du Journal de M. Wales. Comme il étoit continuellement à terre, il a eu plus d'occasion de remarquer
l'adreſſe des Inſulaires dans le maniement des armes. Le
paſſage eſt conçu en ces termes : « J'avoue que j'ai ſouvent
» été tenté de croire que les exploits des Héros d'Ho-
» mere avec leurs javelots, tenoient un peu trop du
» merveilleux pour trouver place dans un Poëme héroï-
» que qui ſe renferme dans les régles preſcrites par
» Ariſtote. M. Pope, le ſublime Traducteur de ce Poëte,
» reconnoît lui-même qu'ils doivent paroître prodigieux.
» Mais depuis que j'ai vu ce qu'exécutent ces Inſulaires
» avec des javelots de bois, groſſièrement armés de pointes,
» qui n'ont pas même la dureté du fer, je crois tout ce
» que le Poëte Grec rapporte à ce ſujet. Depuis mon ſé-
» jour à l'Iſle de Tanna, je lui trouve infiniment plus de
» beautés : &, en effet, il ne rend pas compte d'une action,
» d'un effet de ces armes de traits, que je n'aie vu parmi
» ces Peuples ; tel eſt le mouvement circulaire, le ſiffle-
» ment du trait, à l'inſtant qu'il part, & ſon frémiſſement,
» en pénétrant la terre, au moment qu'il tombe : tel eſt en-
» core la maniere dont le Guerrier viſe & ajuſte l'objet qu'il
» veut frapper, ou cet air menaçant dont il agite ſon javelot
» en marchant, &c. &c. »

Tout ce que je ſais de leur cuiſine, c'eſt qu'elle conſiſte
à griller ou rôtir ce qu'ils veulent manger ; car ils n'ont
aucun vaſe pour le bouillir. Je n'ai pas remarqué qu'ils boi-
vent d'autre liqueur que l'eau & le jus de leurs cocos.

Une eſpèce de pierre argilleuſe, mêlée avec des

» morceaux de pierre de craie, forme la plupart des
» rochers, que nous examinâmes. Elle est communément

» d'une couleur brune ou jaunâtre, & elle se trouve en
» couches presque horizontales d'environ six pouces d'é-
» paisseur. En plusieurs endroits, nous observâmes une
» pierre noire, tendre, composée des cendres & des choërls
» vomis par le volcan, mêlée d'argile ou d'une sorte de
» tripoly, que des Mineurs appellent pierre pourrie. Cette
» substance est placée quelquefois en couches alternatives
» avec la pierre noire. Le même sable volcanique, mêlé au
» terreau végétal, forme le sol le meilleur de l'Isle, où,
» comme je l'ai déjà dit, tous les végétaux croissent en
» abondance. Le volcan, qui brûle sur l'Isle, change,
» sans doute, beaucoup ses productions minérales, &
» nous aurions peut-être fait des observations nouvelles en
» cette partie, si les Naturels ne nous avoient pas empê-
» ché constamment de l'examiner. Nous avons trouvé le
» soufre natif dans la terre blanche, qui couvre les solfa-
» terras d'où s'élevent les vapeurs aqueuses : cette terre est
» très alumineuse & peut-être imprégnée de particules de
» sel. Nous avons aussi remarqué, près de ces endroits,
» des bols rouges, & les Naturels ornent les cartilages de
» leurs narines d'une pierre blanche sélenite. Nous y
» avons vu des échantillons de grosses laves ; mais, comme
» nous ne sommes jamais approchés du volcan, nous n'en
» avons par trouvé en grande quantité. »

NOUS IGNORONS ce qui concerne leur Gouvernement.
Ils semblent reconnoître des Chefs parmi eux ; du moins
on nous montra des Insulaires qui portoient ce titre ; mais

ces Chefs, comme je l'ai déjà obfervé, paroiffent jouir de peu d'autorité fur le refte du Peuple. Le vieux Géogy étoit le feul pour lequel les Habitans paruffent avoir de la confidération : mais cette marque d'attention étoit-elle rendue à fon rang ou à fon grand âge? Je ne l'affurerai pas. En diverfes occafions, j'ai vu des vieillards refpectés & obéis. Notre ami Paowang étoit de ce nombre; & cependant je ne l'ai jamais entendu nommer Chef, & j'ai des raifons de croire qu'il n'avoit pas plus de droit à l'autorité que plufieurs de fes voifins, & même moins. Le Peuple ne fembloit obéir à perfonne dans le voifinage du Port ; &, s'il y avoit eu un Chef, il eft bien probable que nous l'aurions connu.

« LA RACE D'HOMMES, qui vivent fur cette Ifle, eft
» moins civilifée que les Habitans des Ifles de la Société &
» des Amis, qui vivent à-peu-près fous le même parallèle, un
» peu plus à l'Eft. En comptant vingt mille ames à Tanna,
» cette fuppofition paroît portée très-haut. Dans tous les
» cantons, que nous avons parcourus, il y a beaucoup moins
» de plantations que de forêts, excepté fur la colline plate,
» le long de la côte orientale de la Baie, qui eft en effet
» le coin de terre le plus fertile que j'aie vu fur ces Ifles.
» L'excellence du fol nuit au progrès de la culture, au-lieu
» de la hâter, parce qu'il eft très-difficile de déraciner les
» différens arbres, buiffons & ronces qui croiffent d'eux-
» mêmes : les végétaux cultivés, naturellement plus foibles
» & plus délicats, font aifément étouffés par ces produc-
» tions fpontanées. Ces deux circonftances indiquent affez
　　　　　　　　　　　　　　　　　　　　　» que

» que les Insulaires de Tanna ne sont pas nombreux en pro-
» portion de l'étendue de leur pays. Il paroît que ce Peuple
» vit dispersé en petits Villages, composés de quelques
» familles, & l'usage constant où ils sont de marcher ar-
» més, est un signe assuré qu'ils avoient autrefois, & que
» probablement ils ont encore, des guerres avec leurs voi-
» sins ou des divisions entr'eux. S'il m'étoit permis de ha-
» sarder une conjecture, appuyée sur les langues que nous
» avons entendues parler ici, je supposerois que plusieurs
» tribus, de différentes Nations, ont peuplé Tanna, & se
» sont disputés la possession de cette Terre. Outre le lan-
» gage ordinaire de l'Isle, outre un dialecte des Isles des
» Amis, nous avons recueilli des mots d'une troisieme lan-
» gue, principalement en usage parmi les Habitans des
» collines occidentales, & nous avons observé, en particu-
» lier, que ces trois langues sont totalement distinctes. Il y
» a, dans le langage ordinaire de Tanna, deux ou trois
» mots d'une affinité manifeste avec celui de Mallicolo, &
» deux ou trois autres répondent à la langue Malaise; mais,
» en général, il n'a point de rapport aux langues que je
» connois: il y a une forte aspiration & un son guttural
» dans la plupart des mots, qui étant très-sonores & remplis
» de voyelles, se prononcent aisément.

» LA PETITE étendue des Isles de la Mer du Sud, & le
» manque de quadrupèdes, ont empêché les premieres peu-
» plades, qui s'y établirent, de vivre de la chasse, occupa-
» tion ordinaire des Sauvages; & renfermés par des espaces
» bornés, qui ne leur permettoient pas de nourrir de nom-
» breux troupeaux d'animaux domestiques, ils furent

Tome III. E e

» d'autant plus obligés de recourir à la culture du fol, afin de
» pourvoir à leur fubfiftance, qu'ils ne pouvoient pas fe
» nourrir de leur pêche. L'économie rurale, ainfi exercée
» dès les premiers tems, a facilité la civilifation. Toutes les
» Nations des Ifles Tropiques de la Mer du Sud, ont des
» habitations fixes, & c'eft un degré plus ou moins grand
» d'élégance & de commodité qui les diftingue. D'après
» cela, les Infulaires de Tanna ne paroiffent pas fort avan-
» cé. Leurs maifons font feulement des hangards, qui ne
» font que mettre à l'abri de l'inclémence du tems. Ils ne
» connoiffent pas encore les vêtemens; &, leurs corps,
» couverts de peintures & de graiffes, femblent encore mé-
» prifer la propreté. Nous les jugeâmes cependant fort difpo-
» fés à fe civilifer davantage. La cuifine, pratiquée par les
» femmes, varie beaucoup leurs alimens; elles rôtiffent ou
» grillent les ignames & les bananes; elles cuifent à l'étu-
» vée les feuilles vertes d'une efpèce de figue & de l'okra,
» (*Hibifcus-Efculentus*); elles font des puddings avec
» une pâte de bananes & d'eddoes, contenant un mélange
» d'amandes & de feuilles : diverfes efpèces de fruits
» mûrs s'y mangent cruds. Les volailles & les cochons
» fourniffent, fans doute, de tems-en-tems des nourritures
» animales, &, par intervalles, ils prennent des poiffons &
» des oifeaux, qui font probablement de grandes friandifes.
» Si le goût, pour la variété des mets, devient plus général
» & plus vif, l'Agriculture, les Arts & les Manufactures
» auront plus d'activité.

« LA VIE domeftique du Peuple de Tanna n'eft pas
» privée de tout amufement. Ils font d'un caractere plus

» férieux que les Nations plus civilifées des Ifles des Amis
» & de la Société , & que les Habitans plus fauvages de
» Mallicolo; mais, d'un autre côté, leur mufique eft plus
» parfaite que celle du refte des Naturels de la Mer du Sud ,
» & le goût de l'harmonie, qui fuppofe une grande fenfibilité
» d'organes, eft une difpofition excellente à la civilifation.
» Conformément à leur pofition, gouvernement eft très-
» imparfait. Chaque Village & chaque famille paroît indé-
» pendant, & ils ne fe réuniffent que lorfque leurs intérêts
» font abfolument les mêmes : par exemple, quand leur
» pays eft menacé d'une invafion. Les vieillards ou les hom-
» mes forts, paroiffent avoir la plus grande influence fur la
» multitude; mais il ne femble pas y avoir de diftinction de
» rangs. Les intérêts particuliers des petites Sociétés doivent
» fouvent fe heurter, & entraîner dans des querelles qui
» nourriffent la défiance & le reffentiment. L'accroiffement
» de population les obligera, par la fuite des tems, à éta-
» blir une forme de gouvernement fur une bafe fixe. La
» fabrique des armes, qui leur prend maintenant plus de
» tems qu'aucun autre de leurs travaux, n'occupera alors que
» leurs heures de loifir; mais ils y répandront la même élé-
» gance qu'on remarque fur celles des Ifles des Amis. On
» ne fait pas jufqu'où la navigation, fur les Ifles voifines, peut
» hâter cette époque ; car le commerce eft d'une utilité
» infinie aux progrès de la civilifation.

» Nous ne connoissons rien de leur Religion, fi ce
» n'eft le chant folemnel que nous entendîmes fur la pointe
» orientale de la Baie, prefque chaque matin, d'où nous
» conjecturâmes qu'ils vont rendre un culte dans les

» bois des environs. Leurs soins, pour nous empêcher d'a-
» border à cet endroit, confirment cette conjecture ; nous
» ne leur avons vu faire d'ailleurs aucun acte de Religion, ni
» rien qui pût passer pour superstitieux. La seule chose qui
» parut avoir rapport avec des idées religieuses, c'est qu'ils
» prenoient, dans une feuille, ce que nous leur donnions ;
» mais, comme ce n'étoit pas une coutume générale, &
» qu'ils négligerent cette précaution, dès que nous les
» connûmes mieux, je ne puis fonder là - dessus aucune
» assertion.

» On ne doit pas attendre que, durant le peu de séjour
» que nous avons fait à Tanna, & avec aussi peu de liberté
» que nous en laissa d'abord la défiance des Naturels, nous
» ayons pu rassembler des observations certaines & instruc-
» tives, ou un détail exact des connoissances des Naturels.
» Les usages de la vie domestique nous sont entièrement
» inconnus. Toutes les Nations pratiquent des cérémonies
» dans les occasions solemnelles, tels que les mariages, les
» naissances & les morts, &, quelques simples qu'elles puis-
» sent être à Tanna, elles contribuent à répandre des lumieres
» sur le caractere du Peuple ; mais il auroit fallu un plus
» long tems pour nous en instruire.

» Nos différentes courses, sur la colline, nous don-
» nerent lieu de croire qu'ils sont hospitaliers & bienfaisans,
» lorsqu'ils n'ont pas à craindre pour leur propre sûreté. Ils
» nous paroissent injustes envers leurs femmes ; mais moins
» cruels & moins dénaturés que les Zélandois. Il semble que
» leur caractere se rapproche, chaque jour, de cette équité

» qu'on trouve chez les Habitans des Isles des Amis & de la

» Société.

» Nous les avons jugés braves & intrépides ; & la
» maniere dont ils nous traiterent dans les bois, après le
» funeste assassinat d'un de leurs Compatriotes, étoit sûre-
» ment généreuse. Notre arrivée parmi eux auroit peut-
» être hâté les progrès de leur civilisation, si nos violences
» n'avoient pas enfin détruit la bonne opinion qu'ils com-
» mençoient à prendre de nous. On a déjà dit qu'ils
» ne faisoient aucun cas de nos marchandises ; mais,
» comme nous leur avons laissé un nombre considérable
» de clous & de haches, la durée du fer leur inspirera bien-
» tôt de l'estime pour ce métal ; & le premier vaisseau qui
» abordera sur leur côte, les trouvera probablement em-
» pressés d'acquérir des ouvrages de fer. »

Le Havre où mouilla le vaisseau, fut nommé Port
de la Résolution, du nom du vaisseau qui est le premier
qui y soit jamais entré. Il est situé sur le côté Nord de la
pointe la plus orientale de l'Isle, & à-peu-près à l'E. N. E. du
volcan, par les 19ᵈ 32′ 25″ ½ de latitude Sud, & les 169ᵈ
44′ 35″ de longitude à l'Est. Ce mouillage n'est proprement
qu'une crique, qui court dans le S. O. ¼ O. ½ O. l'espace de
trois quarts de mille, sur un demi-mille environ de largeur.
Un banc de sable & des roches du côté de l'Est, le rendent
encore plus étroit. La profondeur de l'eau, dans le Port, est
de six à trois brasses, fond de sable & de vase. Si l'on veut
faire de l'eau & du bois, on ne peut desirer un endroit plus
commode ; car ces deux articles s'y trouvent, pour ainsi

dire, fous la main. L'eau prit un mauvais goût, après avoir été quelques jours à bord ; mais enfuite elle redevint douce, & même, au moment qu'elle étoit le plus faumâtre, on pouvoit, en peu d'heures, avec la machine de fer-blanc, en deffaler une pièce entiere. Cette machine, aujourd'hui d'un ufage général dans la Marine, eft une invention admirable.

M. WALES, qui m'avoit donné la latitude & la longitude, trouva que l'aiguille aimantée déclinoit de 7^d 14$'$ 12$''$ à l'Eft, & que l'inclinaifon de fa pointe Sud étoit de 45^d 2$'$ $\frac{1}{3}$. Il obferva encore que le tems de la haute mer, dans les Syzygies, arrivoit à cinq heures quarante-cinq minutes, & que la marée s'élevoit & retomboit de trois pieds.

CHAPITRE VII.

Reconnoissance des Isles voisines. Description
plus détaillée de ces Terres.

ANN. 1774.
20 Août.

Dès qu'on eut repris à bord nos Bâtimens à rames, nous fîmes voiles à l'Est, avec un bon frais du S. E. tenant le plus près du vent, dans le dessein d'avoir une vue plus distincte d'Erronam, & de reconnoître s'il n'existoit pas quelque autre terre dans son voisinage. Nous courûmes ainsi jusqu'à minuit, qu'ayant depassé l'Isle, nous revirâmes de bord, & nous fîmes deux bordées.

Au LEVER DU SOLEIL, le 21, je mis le Cap au S. O. me proposant d'arriver au Sud de Tanna, & plus près d'Annatom, pour observer les terres qui seroient dans cette direction; car la matinée, le ciel étant parfaitement serein, nous n'avions rien découvert à l'Est. A midi, nous observâmes 20ᵈ 33′ 30″ de latitude australe; & voici quel étoit le gissement des terres autour de nous; le Port de la Résolution nous restoit au N. 86ᵈ O. à six lieues & demie; l'Isle de Tanna s'étendoit du S. 88ᵈ O. au N. 64ᵈ O. le Cap des Traîtres au N. 58ᵈ O. à vingt-lieues; l'Isle d'Erronam au N. 86ᵈ E. à cinq lieues; & Annatom, du S. ½ E. au S. ½ O. à la distance de dix lieues. Je continuai de cingler au Sud, jusqu'à deux heures après midi, que, ne voyant plus de terre devant nous, nous arrivâmes vent arriere pour doubler la pointe Sud-Est de Tanna ; & ensuite, avec un vent frais de l'E. S. E. nous en prolongeâmes la côte méridionale, à une lieue du rivage. Elle paroissoit très-escarpée, sans être défendue par aucune chaîne de brisans; la contrée sembloit aussi fertile que dans le voisinage du Port; & en outre elle se montroit sous l'aspect le plus riant. A six heures, nous apperçûmes pardessus l'extrémité occidentale de Tanna, les hautes terres d'Erromango au N. 16ᵈ Ouest; à huit heures, nous doublâmes cette Isle, & nous fîmes voile au N. N. O. voulant rallier l'Isle Sandwich, pour en achever la *Reconnoissance* (a), & celle des Isles située au

22.

N. O. Le 22, à 4 heures après midi, nous amenâmes la pointe du S. E. & rangeant la côte méridionale, je trouvai qu'elle couroit Ouest & O. N. O. l'espace d'environ neuf lieues. Vers le milieu de cette longueur, & près du rivage, sont trois ou quatre Islots, derrière lesquels il semble qu'on pourroit mouiller en sûreté. Mais, n'imaginant pas que j'eusse du temps à sacrifier à la visite de cette belle terre, je continuai de longer la côte jusqu'à son extrémité occidentale, & je portai ensuite le Cap au N. N. O. pour gagner la pointe S. E. de Mallicolo, qui, à six heures & demie le lendemain, nous restoit au N. 14ᵈ Est, à la distance de sept ou huit lieues, nous avions l'Isle Trois-collines au S. 82ᵈ Est. On ne tarda pas à découvrir les Isles Apée, Paoom & Ambrym. Les terres, que nous avions cru ne former que la seule Isle de Paoom, parurent alors être deux Isles; on voyoit du moins une espèce de séparation entre la montagne & la terre qui est à

(a) Ce mot *Reconnoissance*, ne doit pas se prendre ici dans un sens trop littéral.

l'Ouest.

ANN. 1774.
Août.

l'Oueſt. Nous côtoyâmes la bande S. O. de Mallicolo à une demi-lieue du rivage. De la pointe S. E. la terre court à l'Oueſt, un peu vers le Sud, dans une étendue de ſix ou ſept lieues ; elle ſe fait enſuite N. O. $\frac{1}{4}$ O. l'eſpace de trois lieues, où elle ſe termine en un Cap, ſitué par la latitude de 16^d 29′ & que j'appellai le Cap Sud-Oueſt. La côte, qui eſt baſſe, ſembloit hachée par pluſieurs criques & autant de pointes : peut-être que ces pointes ſont de petites Iſles qui bordent le rivage ; car nous ſommes aſſurés que celle qui eſt à l'Eſt du Cap, à la diſtance de deux ou trois lieues, eſt une Iſle. Près du côté occidental ou de la pointe du Cap, eſt un rocher, ou Iſlot de forme circulaire, qui lui eſt uni par des briſans, & qui met à l'abri des vents régnans une belle Baie, formée par un coude dans la côte.

LES INSULAIRES parurent en troupes ſur pluſieurs endroits de la plage ; & quelques-uns ſembloient vouloir lancer leurs pirogues en mer, pour reconnoître le navire ; mais ils ne le firent pas, par la raiſon, ſans doute, que nous ne dimi-nuâmes point de voiles. Du Cap Sud-Oueſt, la côte court N. $\frac{1}{4}$ N. O. mais la terre la plus avancée, eſt au N. O. $\frac{1}{4}$ N. Continuant de ſuivre la direction de la côte ; à midi, nous en étions éloignés de deux milles, & la latitude obſervée fut de 16^d 22′ 30″ Sud. C'eſt preſque là le parallele du port Sandwich, & notre Montre marine, notre plus ſûr guide, marquoit que nous n'en étions qu'à 26′ à l'Oueſt ; diſtance que la largeur de Mallicolo ne peut excéder ſur ce parallele. Le Cap Sud-Oueſt nous reſtoit alors au S. 26^d Eſt, à ſept milles ; & la pointe de terre la plus avancée, & que nous voulions amener au N. O. $\frac{1}{4}$ N. A trois heures, nous

Tome III.   F f

étions par le travers de cette pointe, & la terre s'étendoit
devant nous, & couroit de plus en plus au Nord. Nous la
côtoyâmes jufqu'à fon extrémité feptentrionale, où nous
n'arrivâmes qu'après le coucher du Soleil; &, dans ce moment, nous en étions fi près que nous entendîmes les voix
des Habitans affemblés autour d'un feu. Ici la fonde rapporta vingt braffes d'eau, fond de fable; mais, en nous
éloignant de la côte, bientôt il n'y eut plus de fond, &
alors revirant je fis une bordée au Sud, jufqu'à ce que la
Lune vint nous éclairer. Dès qu'elle fut fur l'horizon,
je repris la bordée du Nord, &, après avoir doublé la
pointe, la nuit fe paffa dans le paffage de M. de Bougainville:
nous nous étions bien affurés de notre pofition avant le coucher du Soleil, en obfervant que la terre, fur le côté feptén-
trional du paffage, s'étendoit auffi loin que le Nord-Oueft
½ Oueft.

23.   LA CÔTE MÉRIDIONALE de Mallicolo de l'extrémité du
S. E. au Cap Sud-Oueft, eft entièrement couverte d'arbres
& d'autres productions de la Nature, du rivage au fommet
des montagnes. Au N. O. du Cap, la contrée eft moins
boifée, mais beaucoup plus agréablement diverfifiée par des
plaines, dont quelques-unes fembloient cultivées. Les croupes
des montagnes paroiffent montrer par-tout la nudité du roc.
Les plus élevées font entre le port Sandwich & le Cap Sud-
Oueft. Plus au Nord, la terre s'abaiffe infenfiblement, &
elle eft moins revêtue d'arbres : je crois que ce canton eft
d'une grande fécondité, & qu'il a de nombreux Habitans;
car, le jour, on voit des fumées s'élever, &, la nuit, des
feux briller dans toutes les parties de la contrée.

LE LENDEMAIN, au lever du Soleil, nous étions presque au milieu du paſſage. La pointe N. E. de Mallicolo s'étendoit, par rapport à nous, du S. 30^d Eſt au S. 58^d Oueſt; la terre au N. du N. 70^d Oueſt au N. 40^d Eſt; & l'Iſle des Lépreux nous reſtoit au N. 30^d Eſt, à la diſtance de onze ou douze lieues. Nous fîmes alors de la voile, & gouvernâmes Nord $\frac{1}{4}$ Nord-Eſt; & enſuite Nord le long de la côte Eſt de la terre ſeptentrionale, par une jolie briſe du S. E. On trouva que cette côte, que nous avions cru continue, eſt un amas d'Iſles, dont les terres boiſées ont peu d'élévation, & qui, pour la plupart, ſont d'une petite étendue, la plus méridionale exceptée, que nous appellâmes Saint-Barthélemi, du nom du jour: elle a ſix ou ſept lieues de circonférence, & fait la pointe N. E. du paſſage de Bougainville. A midi, la briſe commença à mollir. Nous étions à deux ou trois milles de la terre, & nous obſervâmes, 15^d 23$'$ de latitude Sud, l'Iſle des Lépreux nous reſtant de l'E. $\frac{1}{4}$ N. E. à l'E. $\frac{1}{4}$ S. E., à ſept lieues; & un gros Cap, qui paroiſſoit terminer la côte que nous côtoyions au N. N. O. $\frac{1}{2}$ O., à dix ou onze lieues; mais, du haut des murs, nous vîmes la terre s'étendre à l'Eſt. Nous jugeâmes que cette terre devoit être une Iſle, & nous l'avions au N.. $\frac{1}{4}$ N. O. $\frac{1}{2}$ O.

EN AVANÇANT au N. N. O, le long d'une belle côte couverte d'arbres, nous reconnûmes que la terre baſſe s'étendoit du gros Cap vers l'Iſle mentionnée; mais elle ne paroiſſoit pas s'y réunir: mon deſſein étoit d'entrer dans le canal; l'approche de la nuit m'obligea d'y renoncer, & je gouvernai de manière à paſſer en-dehors de l'Iſle. L'après-midi, nous

doublâmes de petites Isles qui bordent le rivage, & on observa plusieurs pointes avancées d'inégale hauteur, sans
pouvoir déterminer si elles étoient liées à la principale terre.
Derriere ces Isles, étoit une chaîne de montagnes, terminées
par le gros Cap. En quelques endroits, la côte paroissoit
escarpée, &, en d'autres, on voyoit des espaces qui avoient
la blancheur de la craie. A dix heures, par le travers de
l'Isle, située à la hauteur du Cap, je diminuai de voile, &
passai la nuit à faire de petits bords.

     « LE BEAU TEMS, que nous eûmes dans cette navigation,
» nous montra tout le charme de ces paysages, & le plaisir
» de contempler de si jolis points de vue, compensoit en
» quelque sorte la mauvaise chere que nous faisions; car
» nous étions alors réduits aux provisions du vaisseau. »

25.   LE 25, au point du jour, nous étions sur la bande du
Nord de l'Isle (laquelle est d'une médiocre élévation, &
de trois lieues de circuit), & nous gouvernâmes vers le gros
Cap, le long de la terre basse. A midi, nous découvrîmes
pardessus le gros Cap, une grande côte qui s'étendoit au
N. jusqu'au N. O. $\frac{1}{4}$ O. Après avoir doublé le Cap, la
terre couroit au Sud, un peu à l'Est, & formoit une grande
& profonde Baie, bornée à l'Ouest par la côte qu'on vient
de décrire.

     TOUT conspiroit à nous faire croire que cette Baie étoit
la Baie de Saint-Philippe & de Saint-Jacques, découverte,
en 1606, par Quiros, sur la terre australe du S. Esprit. Pour
déterminer ce point, il falloit pénétrer plus avant, car alors

rien ne la bornoit à nos yeux. Le vent s'étant fait Sud,
nous fûmes obligés de tenir le plus près du vent, & d'abord
nous forçâmes de voiles, pour rallier la rive occidentale de
laquelle nous n'étions qu'à trois milles à midi : notre latitude se trouva de 14ᵈ 55′ 30″ Sud, & notre longitude de
167ᵈ 3′ à l'Est. L'entrée de la Baie s'étend du N. 64ᵈ Ouest,
au S. 86ᵈ Est ; & cette derniere direction est celle du gros
Cap, distant de trois lieues. L'après-midi, le vent ayant passé
à l'E. S. E., il nous fut permis de faire de la voile pour reconnoître le fond de la Baie ; mais, comme la brise étoit
foible, les lames nous entraînoient sur la rive occidentale,
de sorte qu'à quatre heures, nous n'en étions plus qu'à deux
milles de distance, & nous revirâmes de bord par cent cinquante brasses d'eau, fond de vase. Le gros Cap, ou la pointe
orientale de la Baie nous restoit au N. 53ᵈ Est. A-peine eûmes-
nous reviré, que la brise s'éteignant dans un calme, nous
laissa à la merci des lames, qui nous jetoient sur la rive, où
les Habitans étoient rassemblés en très-grand nombre. Deux
pirogues s'en détacherent, mais tous les signes possibles
d'amitié ne purent inspirer assez de confiance aux Indiens,
pour s'approcher de notre bord, & y recevoir nos présens :
enfin, saisis d'une frayeur subite, ils ramerent à terre. Ces
Indiens étoient nuds ; ils ne portent qu'une ceinture, à laquelle ils attachent de larges feuilles qui les couvrent presque jusqu'aux genoux, devant & derrière ; ils sont de la
couleur des Nègres, & leurs cheveux sont cotonnés, ou
coupés très-courts : leurs pirogues sont petites & à balancier.

« LA PLUPART des petites Isles que nous appercevions étoient
» très-longues, étroites & d'une terre ferme à une extrémité ;

» mais elles avoient une pointe baffe, plate, qui fe pro-
» longeoit au Nord; leur partie ferme étoit communément
» blanche, comme un rocher de craie, & il eft remarquable
» que nous n'obfervâmes pas un feul cocotier parmi les
» forêts, compofées, principalement en quelques endroits,
» de bois de maffue. Comme nous marchions devant leur
» extrémité feptentrionale, elles produifoient une très-jolie
» perfpective; elles fe détachoient peu-à peu les unes des
» autres. En gouvernant à l'Oueft, nous dépafsâmes une
» pointe avancée de la terre du S. Efprit, & nous décou-
» vrîmes une Baie très-fpacieufe, dont l'entrée n'avoit
» pas moins de cinq lieues de large : la profondeur étoit
» proportionnée à cette largeur. Les côtés à droite &
» à gauche, fembloient courir parallélement l'efpace de
» fept lieues. On appercevoit au fond une belle greve
» & de-là la terre, à plufieurs lieues, dans l'intérieur du
» pays, confiftoit en collines médiocrement élevées, en
» larges vallées qui paroiffoient très-peuplées & très-
» fertiles. »

Le calme continua jufqu'à huit heures, &, dans ce moment, les lames nous entraînoient fi près du rivage, que
nous nous attendions à être forcés de laiffer tomber l'ancre
fur quatre-vingt-cinq braffes de fond. Une brife qui fe leva
de l'E. S. E. nous porta d'abord du côté oppofé; mais, contre
notre efpoir, & au moment que nous avions à peine la
place néceffaire pour revirer, le vaiffeau arriva au vent, &
ayant pris les amures à ftribord, nous écartâmes la terre,
en gouvernant au N. E. Nous fûmes ainfi délivrés de la
crainte d'être forcés d'ancrer à une grande profondeur du

côté du rivage, qui se trouvoit sous le vent du vaisseau, &
au milieu d'une nuit très-obscure.

JE CONTINUAI d'aller au plus près, n'ayant que
de légeres brises, qui varierent entre l'E. S. E. & le Sud
jusqu'à six heures du matin, qu'il y eut calme plat. Nous
étions alors éloignés de sept à huit lieues du fond de la
Baie, qui se termine par une terre basse, & derriere laquelle
est une plaine très-étendue, couverte d'arbres, & bornée
des deux côtés par une chaîne de montagnes. A midi, nous
eûmes 15ᵈ 5′ de latitude Sud : nous fûmes arrêtés par le
calme encore près d'une heure, & la brise s'étant fait sentir
du N. ¼ N. O., nous parvînmes à deux milles du fond de
la Baie. J'envoyai alors MM. Cooper & Gilbert pour prendre
les sondes & reconnoître la côte, &, dans cet intervalle,
nous restâmes sur les bords. Trois pirogues à la voile, qui
nous suivoient depuis quelque tems, nous joignirent ; chacune étoit montée par cinq ou six Indiens, qui s'avancerent
assez près pour recevoir les choses qu'on leur jeta avec une
corde, mais sans vouloir aborder le côté du vaisseau. Ils
étoient de la même race que ceux que nous avions vus la
veille, & nous crûmes qu'ils venoient du même endroit.
Nous observâmes que ces hommes étoient nuds, plus robustes, & mieux faits que ceux de Mallicolo ; & diverses cir-
constances se réunissoient pour nous faire croire qu'ils appartenoient à quelque autre Nation. Ils nommerent les nombres
cinq & six, dans la langue d'Anamocka, & ils nous comprirent,
quand nous leur demandâmes les noms des terres adjacentes
dans cette langue. « Nous leur dîmes différens mots de la lan-
» gue de Mallicolo & de Tanna ; mais ils ne la connoissoient

26.

» point, ou nous les prononçâmes trop mal pour nous faire
» entendre.» Quelques-uns avoient les cheveux noirs, courts
& frifés, comme les Naturels de Mallicolo ; mais d'autres
les avoient longs & relevés fur le fommet de la tête, & ornés
de plumes, à la maniere des Habitans de la Nouvelle-
Zélande : leur parure confiftoit en bracelets & en colliers.
L'un d'eux avoit une coquille blanche attachée fur le front,
& d'autres étoient peints d'un fard noirâtre. Je ne leur ai
pas vu d'autres armes que des dards & des harpons, avec
lefquels ils dardent le poiffon : leurs pirogues, femblables
à celles de Tanna, navigent de la même façon ou à-peu-
près. Ils ne balancerent point à nous donner les noms des
endroits que nous leur montrâmes ; mais nous ne pûmes
jamais en obtenir celui de l'Ifle. « Nous lui avons donc con-
» fervé celui de Terre du S. Efprit, que Quiros lui avoit
» donné. Nous leur offrîmes des médailles, des clous, des
» étoffes de Taïti & de la ferge rouge ; mais nous remar-
» quâmes qu'ils fe faififfoient des clous avec un empreffe-
» ment particulier. Quiros laiffa peut-être fur l'Ifle des ou-
» vrages de fer qui par-là font devenus précieux. Ils atta-
» cherent une branche de plante de poivre à la même
» corde avec laquelle nous leur avions tendu des clous, &
» il paroît qu'ils ne pouvoient nous offrir que cet emblême
» d'amitié. »

A la vue de nos bateaux, qui arrivoient, ils ramerent
fur le rivage, malgré tout ce que nous pûmes leur dire pour
les retenir.

Au retour des bateaux, M. Cooper m'informa qu'il avoit
débarqué

débarqué fur la plage, qui eft au fond de la Baie, près d'une
jolie riviere, dont les eaux font douces, fi large & fi profonde, qu'il ne doutoit pas que les bateaux ne puffent y entrer
au flot. Il trouva trois braffes de fond, tout près du rivage,
& cinquante à cinquante-cinq à la diftance de deux enca-
blures. Plus loin, il n'eut plus de fondes; &, où nous
étions avec le vaiffeau, il n'y avoit avoit point de fond avec cent
foixante & dix braffes de ligne. Avant que les canots fuffent
à bord, le vent étoit paffé au S. S. E. Comme nous ne manquions de rien, & que nous n'avions point de tems à perdre,
je profitai du changement de vent, & je fis voile pour fortir
de la Baie. Durant une partie de la nuit, la contrée fut illu-
minée de feux, du rivage au fommet des montagnes; mais
il n'y avoit que le côté occidental de la Baie, qui fût ainfi
éclairé. Je ne dirai pas à quelle occafion on fit ces feux;
mais je ne puis croire que ce fût par rapport à nous : il eft
probable que les Habitans brûloient les terres, où ils fe pro-
pofoient de faire de nouvelles plantations. Le 27, au point du
jour, nous étions aux deux tiers de la Baie; &, comme le vent
fut très-foible, nous n'amenâmes la pointe du N. O. qu'à
midi : elle nous reftoit dans le N. 82^d Oueft, à la diftance
de cinq milles. La latitude obfervée fut de 14^d 39′ 30″ Sud.

PLUSIEURS d'entre nous doutoient que cette Baie fût
celle de Saint-Jacques & de Saint-Philippe, parce qu'ils n'y
voyoient point d'emplacement qui pût reffembler au Port
de la Vraie-Croix. Pour moi, je trouvai que tout s'accordoit
fi bien avec la Defcription de Quiros, que je n'eus pas le
plus léger doute à cet égard. Quant à ce qu'il appelle le Port
de la Vraie-Croix, ce doit être l'ancrage dans le fond de la

ANN. 1774.
Août.

27.

Baie, qui, en quelques endroits, peut former une anfe plus profonde que celle où nos bateaux débarquerent. Rien, dans la Relation de Quiros, ne contredit cette fuppofition *(a)*. Il eft affez naturel que les Efpagnols aient donné au mouillage un nom qui le diftinguât du refte d'une fi vafte Baie, où ils avoient été fi long-tems à l'ancre. Le mot Port, eft un de ces termes vagues de Géographie, qu'on applique fouvent à des places moins abritées que celle-ci.

Nos OFFICIERS obferverent que l'herbe & les autres plantes, croiffent en abondance fur la plage, jufqu'au bord de l'eau. C'eft-là une marque infaillible du calme qui régne fur ce rivage: & les vents ne doivent pas y avoir d'action fur les vaiffeaux à l'ancre. Ils conjecturerent que, dans le flot, l'eau l'élevoit de quatre ou cinq pieds, & que les bâtimens à rames pourroient, dans la haute marée, remonter la riviere, qui eft large & profonde; de forte que c'eft probablement une de celles que mentionne Quiros: &, fi nous ne nous fommes point trompés, nous eûmes encore connoiffance de l'autre.

« QUIROS avoit raifon d'exalter la beauté & la fertilé de
» ce pays: en effet, il paroît être un des plus beaux du monde.
» Ses richeffes en productions végétales, auroient fans doute
» offert beaucoup de tréfors de Botanique; parce que,
» après la Nouvelle-Zélande, c'étoit la plus grande Terre
» que nous euffions vue; & jamais elle n'a été examinée par

_____

(a) Voyez le Voyage de Quiros, dans la Collection de Dalrymple Vol. I, pag. 136, 137.

» aucun Naturaliste. Mais l'étude de la Nature n'étoit que
» le second objet de ce Voyage, & les besoins de l'équipage
» exigeoient que nous quittassions cette côte tout de
» suite. »

LA BAIE a vingt lieues de côte; six du côté oriental qui
s'étend dans le S. ½ O. & N. ½ E.; deux au fond, & douze
sur la rive occidentale, dont la direction est Sud ¼ Sud-Est, &
N. ¼ N. O., du fond aux deux tiers de sa longueur, &
ensuite elle devient N. O. ¼ N., jusqu'à la pointe N. O. Les
deux pointes, qui forment l'entrée, gissent entr'elles S. 53ᵈ
E. & N. 53ᵈ O. l'espace de dix lieues. La Baie est par-tout
sûre & sans fond, excepté près du rivage, qui est très-peu élevé.
Néanmoins il ne se trouve qu'une lisiere assez étroite entre le
bord de la Mer & le pied des montagnes ; car la Baie, ainsi
que le terrain uni qui s'étend au fond, est bornée, de chaque côté, par deux chaînes de montagnes, dont celle qui est
à l'Ouest s'éleve en amphithéâtre, & traverse toute la longueur de l'Isle. La contrée offre par-tout une végétation
très-animée. Les deux côtés des montagnes font entièrement couverts de plantations d'espèces très-variées; & chaque vallée est embellie par un ruisseau, dont les eaux fer-
tilisent les terres qu'elles arrosent. De toutes les productions
de la Nature, qui enrichissent cette contrée, le cocotier est
celle qui se fait le plus remarquer. Les colonnes de fumée
qui, le jour, jaillissoient de toutes les parties de l'Isle, & les
feux qui y brilloient dans la nuit, annoncent une Terre riche
& peuplée de beaucoup d'Habitans. La pointe orientale de
cette Baie, que j'ai nommée le Cap de Quiros, en mémoire
de cet illustre Navigateur, qui, le premier, l'a découverte,

gît par les 16ᵈ 44′ de latit. auftrale, & par 167ᵈ 13′ de longit. à l'Eft. La pointe N. O. , que j'appelai le Cap de Cumberland, en l'honneur de Son Alteffe Royale le Duc de Cumberland, eft par les 14ᵈ 38′ 45″ de latitude Sud, & 166ᵈ 49′½ de longitude à l'Eft ; ce Cap eft l'extrémité N. O. de cet Archipel : car, après l'avoir doublé, nous trouvâmes que la côte rétrogradoit par degré autour du S. & du S. S. E.

28, 29. LE 28 & le 29, nous eûmes des vents variables & peu fenfibles ; de forte que nous fîmes très-peu de voile. Dans cet intervalle, nous faisîmes chaque occafion, où l'horizon étoit clair-fin, pour découvrir s'il ne reftoit pas encore d'autres Terres ; mais nous n'en eûmes point connoiffance. D'après la route que Quiros fuivit au Nord, en quittant la Baie de Saint-Jacques & de Saint-Philippe, il eft probable qu'il n'y a pas de Terres plus voifines que l'Ifle de la Reine Charlotte, découverte par le Capitaine Carteret, laquelle eft fituée à quatre-vingt-dix lieues environ, & au N. N. O. du Cap Cumberland, & que je crois être l'Ifle Sainte-Croix de Quiros.

30. LE 30, une brife fraîche du S. S. E. fuccéda au calme, & nous en profitâmes pour nous élever de la côte. A midi, nous obfervâmes 15ᵈ 20′ de latitude Sud ; nous fîmes enfuite voile à l'Eft, à la diftance d'un mille du rivage, & bientôt nous revirâmes de bord fur un fond de foixante-quinze braffes, vis-à-vis une plage unie, où fe montrerent plufieurs Habitans. Nous apperçûmes, fur les côtés des montagnes, diverfes plantations d'arbres difpofées en allées de jardin, & entourées de palliffades, « & la nuit, des feux, par lefquels

ANN. 1774.
Août.

» on défrichoit probablement le terrain; Quiros, qui en vit
» également, conjectura d'abord, ainsi que nous, que
» c'étoient des feux de joie & des illuminations, à cause de
» l'arrivée des vaisseaux. »

LE 31, à midi, la pointe Sud, ou Sud-Ouest de l'Isle, nous
restoit au N. 62ᵈ Est, à la distance de quatre lieues. Cette
même pointe forme la pointe N. O. de ce que j'appelle le
passage de Bougainville: nous avions en même-tems la pointe
N. E. au N. 85ᵈ Est, & l'extrémité N. O. de Mallicolo du
S. 54ᵈ Est, au S. 72ᵈ Est. La hauteur du Soleil, observée à
midi, fut de 15ᵈ 45′ Sud. Faisant voile à l'Est l'après-dînée,
nous doublâmes la pointe S. O. de l'Isle, d'où la côte court
à l'Est un peu vers le Nord. Elle est basse, & semble avoir
quelques criques ou anses; &, à mesure que nous avancions
dans le passage, nous apperçûmes de petites Isles basses, qui
le bordent, & dont la chaîne paroissoit s'étendre derriere
l'Isle Saint-Barthélemi.

AYANT AINSI RECONNU les différentes Isles qui com-
posent cet Archipel, la saison de l'année m'obligeoit à
retourner dans le Sud, tandis que je pouvois encore employer quelque tems à la découverte des Terres qui se ren-
contreroient entre cet Archipel & la Nouvelle-Zélande, où je
me proposois de toucher, afin de rafraîchir mon équipage, &
faire assez d'eau & de bois pour une nouvelle course du côté du
Pôle. Dans cette vue, à cinq heures après-midi, nous virâmes
de bord, & portâmes le Cap au Sud par un vent très-frais du
S. E. La pointe N. O. du passage, ou la pointe S. O. de l'Isle
de la Terre australe du Saint-Esprit, la seule Terre existante

du Continent de Quiros, nous restoit au Nord 82ᵈ Ouest, à la distance de trois lieues. J'ai nommé cette pointe le Cap Lisburne; elle gît par 15ᵈ 40′ de latitude australe, & 165ᵈ 59′ de longitude à l'Est du Méridien de Londres.

CE QU'ON VIENT de dire de ces Isles, dans l'ordre qu'elles ont été découvertes, n'étant point assez détaillé, soit par rapport à leur gissement, soit par rapport à leur description, il est, je pense, à propos d'en faire une récapitulation, qui, avec la Carte ci-jointe, ne laisse rien à desirer au Lecteur.

LES ISLES septentrionales de cet Archipel furent découvertes en 1606, pour la premiere fois, par Quiros, Navigateur célèbre; & ce n'est pas sans raison qu'on les considéroit comme faisant partie du Continent méridional, qu'alors, & jusqu'à ces derniers tems, on supposoit exister. Elles furent ensuite reconnues par M. de Bougainville, en 1768; & ce Navigateur, qui débarqua sur l'Isle des Lépreux, borna ses découvertes à trouver que la Terre n'étoit point continue, mais un amas d'Isles, qu'il nomma l'Archipel des Grandes-Cyclades. Comme nous avons déterminé non-seulement l'étendue & la position de ces Isles, mais encore fait la découverte de plusieurs autres, qui étoient restées inconnues, & que nous en avons pris tous les relevemens, je crois avoir obtenu le droit de les nommer; &, dans la suite, je les désignerai sous le nom de *Nouvelles-Hébrides*. Elles sont situées entre 14ᵈ 29′ & 20ᵈ 4′ de latitude Sud, & entre 166ᵈ 41′ & 170ᵈ 21′ de longitude orientale. Elles s'étendent,

l'efpace de cent vingt-cinq lieues, dans la direction du N.
N. O. $\frac{1}{2}$ O. & du S. S. E. $\frac{1}{2}$ E.

L'ISLE la plus feptentrionale, eft appelé par M. de Bougainville, le Pic-de-l'Etoile, & il la place par 14ᵈ 29′ de latitude Sud & 168ᵈ 9′ de longitude, & au N. $\frac{1}{4}$ N. O., à la diftance de huit lieues de l'Ifle Aurore.

L'ISLE, qui enfuite s'avance le plus au Nord, eft la Terre du Saint-Efprit. Elle eft la plus occidentale & la plus grande de toutes les Hébrides; car elle a vingt-deux lieues de longueur dans la direction du N. N. O. $\frac{1}{2}$ O. & du S. S. E. $\frac{1}{2}$ E., fur une largeur de douze lieues & foixante de circuit. Nous fommes parvenus à deffiner la figure de cette Ifle, avec la plus grande exactitude. Ces Terres, fur-tout celles du côté Oueft, font d'une élévation extraordinaire, & forment une chaîne fuivie de montagnes, qui, en quelques endroits, s'élevent directement des bords de la Mer. L'Ifle entiere, à l'exception des plages & de quelques efcarpemens, où le roc fe montre à nud, eft couverte de bois & de diverfes plantations. Les Ifles, qui giffent le long des côtes méridionale & orientale, doivent vraifemblablement former des Baies & des Ports, auffi-bien abrités que la grande Baie de Saint-Jacques & Saint-Philippe.

APRÈS la Terre du Saint-Efprit, l'Ifle la plus confidérable eft Mallicolo. Au S. E. elle s'étend N. O. & S. E., & elle a dix-huit lieues de longueur. Sa plus grande largeur, qui eft à l'extrémité S. E., eft de huit lieues. L'extrémité N. O. n'a guères que les deux tiers de cette largeur, qui diminue encore d'un tiers vers le milieu. Ce rétréciſſement eſt occaſionné par une vaſte & profonde Baie ſur la bande du S. E. A juger de cette Iſle, d'après ce que nous en avons vu, ſon ſol doit être très-fertile & rempli d'Habitans. Ses terres, médiocrement hautes, s'élevent doucement en pente du rivage, au pied des montagnes qui occupent le milieu de l'Iſle. Comme on découvroit les deux tiers de la côte N. E. de fort loin, cette partie de la Carte, que nous en avons dreſſée, n'eſt pas d'une extrême exactitude; mais le reſte a été pris avec plus de préciſion.

Saint-Barthélemi eſt ſituée entre l'extrémité S. E. de la Terre du Saint-Eſprit, & l'extrémité nord de Mallicolo. Elle eſt éloignée de cette derniere de huit milles; & c'eſt entre ces deux Iſles qu'eſt le paſſage de M. de Bougainville, & dont le milieu gît par 15ᵈ 48′ de latitude Sud.

L'Isle des Lépreux ſe trouve entre la Terre du Saint-Eſprit & l'Iſle Aurore, à huit lieues de la premiere & à trois lieues de la ſeconde, par la latitude de 15ᵈ 22′ & preſque ſous le même méridien que la pointe S. E. de Mallicolo. Elle a, à-peu-près la figure d'un œuf; ſes terres ſont hautes; & ſon circuit eſt de dix-huit ou vingt lieues. Nous en avons déterminé les limites d'après pluſieurs relevemens; mais les lignes du rivage furent deſſinées par conjecture, à l'exception de la partie N. E. où il y a un ancrage à un demi-mille de terre.

Les Isles Aurore, la Pentecôte, Ambrym, Paoom, & les Iſles voiſines Apée, Trois-collines & Sandwich, giſſent preſque

presque toutes, sous le méridien de 167ᵈ 29 ou 30′ à l'Est, & s'étendent du 14ᵈ 51′ 30″ au 17ᵈ 53′ 30″ de latitude.

L'ISLE AURORE gît N. ¼ N. O. & S. ¼ S. E. & s'étend l'espace de onze lieues dans cette direction ; mais je ne crois pas qu'elle ait plus de deux lieues, ou deux lieues & demie de largeur. Ses terres sont d'une bonne hauteur ; la surface en est montueuse, & presque par-tout boisée aux endroits que les Insulaires habitent & cultivent.

L'ISLE DE LA PENTECÔTE, qui est à une lieue & demie au Sud de l'Isle Aurore, a la même longueur, & gît dans la direction Nord & Sud ; mais elle est un peu plus large que celle-ci. Elle est d'une hauteur considérable, & couverte de bois, à l'exception des espaces de terrain cultivés, qui paroissent en grand nombre.

DE L'EXTRÉMITÉ méridionale de l'Isle de la Pentecôte, au côté septentrional de l'Isle d'Ambrym, la distance est de deux lieues & demie. Cette dernière a sept lieues environ de circonférence. La terre est basse sur les bords de la mer, d'où elle s'élève inégalement pour former, dans le milieu de l'isle, une montagne d'une médiocre hauteur. Nous avons vu sortir de la montagne de vastes colonnes de fumée, sans être assurés qu'elles fussent l'effet d'un volcan. Qu'elle soit fertile & bien peuplée, c'est ce qui nous a paru très-probable ; d'après toutes les fumées que nous avons vues s'elever des bois, de tous les côtés où se portoient nos regards ; car je dois observer que nous ne l'avons pas entièrement reconnue.

Tome III.   H h

NOUS AVONS encore moins reconnu Paoom & les terres voisines. Tout ce que je puis dire de cette Isle, c'est qu'elle s'élève sous la forme d'une meule de foin à une hauteur considérable. Son étendue & celle de l'Isle adjacente, (si ces deux terres ne sont pas continues) n'excèdent pas trois ou quatre lieues dans toutes les directions; car la distance entre Ambrym & Apée est à peine de cinq, & elles sont renfermées entre les deux & à l'Est du Port Sandwich, qui en est distant de sept ou huit lieues.

L'ISLE D'APÉE n'a pas moins de vingt lieues de tour; son plus grand côté est d'environ huit lieues au N. O. & S. E. Cette terre est très-haute, montueuse, & entre-coupée de plaines & de bois, du moins dans les parties occidentales & méridionales; & nous n'avons point vu les autres.

LES ISLES SHEPHERD forment un grouppe de petites Isles d'inégale grandeur, & qui, de la pointe S. E. d'Apée, s'étendent dans le S. E. l'espace de cinq lieues.

L'ISLE TROIS-COLLINES est située au Sud, & à quatre lieues de la côte d'Apée, & au S. E. $\frac{1}{2}$ S. à dix-sept lieues du Port Sandwich. J'ajouterai à tout ce que j'ai déja dit de cette Isle, qu'au O. N. O. à cinq milles de la pointe occidentale, est une chaîne de récifs sur laquelle la mer se brise continuellement.

DANS la direction du Sud, à neuf lieues de l'Isle de Trois-Collines gît l'Isle Sandwich. Les Isles Deux-Collines, le Monument, & Montagu sont à l'Est de cette ligne, Hinchinbrook à l'Oueſt, ainſi que deux ou trois autres petites Iſles qui ſe trouvent entre elle & l'Iſle Sandwich, à laquelle elles ſont liées par des briſans.

L'Isle Sandwich a vingt-cinq lieues de tour ; ſa plus grande étendue eſt de dix lieues. Elle court N. O. $\frac{1}{4}$ O. & S. E. $\frac{1}{4}$ E. Nous n'avons vu que dans l'éloignement la côte du N. O. & il pourroit s'être gliſſé quelque faute, à l'égard de la côte ſeulement, dans la carte que nous en avons dreſſée. La diſtance de l'extrémité Sud de Mallicolo, juſqu'à l'extrémité N. O. de l'Iſle Sandwich, eſt de vingt-deux lieues dans la direction du S. S. E. $\frac{1}{2}$ rumb Eſt.

Dans la même direction giſſent Erromango, Tanna & Annatom. La première eſt à dix-huit lieues de l'Iſle Sandwich, & elle a de vingt-quatre à vingt-cinq lieues de tour. Son milieu eſt par $18^d 54'$ de latitude Sud & $169^d 19'$ de longitude à l'Eſt. Ses terres ſont paſſablement élevées, autant qu'on peut en juger de la diſtance, où nous les découvrîmes pour la première fois.

Tanna, ſituée à ſix lieues de la côte méridionale d'Erromango, court S. E. $\frac{1}{4}$ S. & N. O. $\frac{1}{4}$ N. Elle s'étend environ huit lieues dans cette direction ; &, ſur toute ſa longueur, elle a trois ou quatre lieues de large.

L'Isle d'Immer, qui gît N. $\frac{1}{4}$ N. E. $\frac{1}{2}$ rumb Eſt, eſt à quatre lieues du Port de la Réſolution de Tanna ; & l'Iſle d'Erronam ou Tootobna ſe trouve à l'Eſt dans la même direction, à onze lieues de diſtance. Cette dernière, la plus

orientale de toutes les Hébrides, n'a pas plus de cinq lieues
de tour, mais elle est très-haute, & unie à son sommet. Du
côté N. E. est un petit pic, qui paroît détaché de l'Isle, mais
nous le crûmes lié par une terre basse.

Annatom, qui est l'Isle la plus méridionale, gît par 20ᵈ
3′ de latitude Sud & 170ᵈ 4′ de longitude. Elle est au S. 30ᵈ E.
à onze ou douze lieues du Port de la Résolution. Ses terres
sont hautes & montueuses ; c'est tout ce que j'en puis dire.

« Ce groupe d'Isles, que nous avons examiné rapide-
» ment, en 46 jours, semble mériter l'attention des Naviga-
» teurs à venir, sur-tout de ceux qu'on enverra faire des
» découvertes dans les différentes parties des Sciences : je
» ne prétends pas dire qu'ils y trouveront l'argent & les perles
» dont Quiros étoit obligé de parler, pour engager une
» Cour intéressée & avare à favoriser ses grandes & nobles
» entreprises. Ces petits mensonges ne sont pas nécessaires,
» depuis que plusieurs Monarques de l'Europe ont appris
» au genre-humain qu'ils peuvent ordonner des expéditions,
» uniquement afin de hâter les progrès des connoissances hu-
» maines. On a reconnu que les sommes prodiguées par
» leurs Prédécesseurs, à de vils Courtisans, suffisoient pour
» produire une révolution nouvelle & importante dans
» l'état des Sciences, qui, avec peu de dépense, peuvent
» triompher des obstacles sans nombre que leur oppo-
» sent l'ignorance, l'envie & la superstition. Les produc-
» tions naturelles des nouvelles Hébrides, sans parler des
» richesses artificielles, suivant moi, sont dignes seules de
» l'attention des Voyageurs. Leurs volcans, leurs végétaux

» & leurs Habitans, employeroient dignement le loisir d'un
» Ferber (a), d'un Solander, & de ceux qui ont fait
» l'Histoire Naturelle de notre globe. »

NOUS PLAÇONS ici les observations de la Lune, faites par M. Wales, qui ont servi à déterminer la longitude de ces Isles, rapportées par la montre au Port Sandwich à Mallicolo, & au Port de la Résolution, à Tanna.

PORT

SANDWICH.

Milieu de dix suites d'Observations faites avant d'y arriver............. 167ᵈ 56′ 33″ ½

—— De deux suites au Port, 168 2 37 ¼

—— De vingt autres suites, après le départ........ 167 52 57

Résultat moyen .... 167 57 22 ½

E. Long.

PORT

DE LA

RÉSOLUTION.

Milieu de vingt Observations avant d'y arriver........ 169ᵈ 37′ 35″

—— De cinq suites au Port, 169 48 48

—— De vingt autres après le départ............ 169 47 22 ½

Résultat moyen 169 44 35

E. Long.

IL EST NÉCESSAIRE de remarquer que chaque suite d'observations étant de six à dix distances observées du Soleil & de

_____

(a) «M. Ferber est le premier & le seul Naturaliste, qui nous ait donné » une description vraiment scientifique & minérologique du Vésuve. » Voyez ses Lettres au Baron de Born, à Londres, 1777. »

Lune, où de la Lune & des étoiles, le nombre total se monte
à plusieurs centaines ; & qu'ayant été rapportées, par la
montre Marine à toutes ces Isles, la longitude de chaque
terre se trouve aussi exactement déterminée que celle des
deux Ports mentionnés. En preuve de ce que j'avance ici,
j'ajouterai seulement que la longitude des deux Ports, conclue des observations de distance, différoit à peine de deux
milles de celle qu'a donnée la montre Marine. On voit par-
là de quel degré d'exactitude ces observations sont suscep-
tibles, quand on les multiplie à un nombre considérable,
qu'on les fait avec différens instrumens ; qu'on observe le
Soleil & les étoiles, ou des deux côtés de la Lune. Par cette
derniere méthode, les erreurs, qui peuvent naître des instru-
ments ou des tables lunaires, se détruisent entr'elles ; & même
celles qui proviendroient de l'Observateur ; car il y a des
hommes qui observent mieux que les autres. Si nous voulons
faire attention au nombre d'observations qu'on peut faire
dans le cours d'un mois, par un tems favorable, nous de-
meurerons convaincus que cette méthode de trouver la longitude des lieues, est aussi exacte que la plupart des autres ; du
moins elle est la plus aisée, & elle n'occasionne qu'une très-
petite dépense à l'Observateur. Chaque vaisseau, qui part
pour un Voyage de long cours, peut toujours être fourni à
peu de frais d'un nombre suffisant de sextans ; bien entendu
qu'on aura soin de choisir les mieux faits ; car la différence
du prix ne doit pas être un objet pour un Officier qui est
intéressé à se procurer un bon instrument. L'article le plus
coûteux, & qui est, en quelque maniere indispensable, pour
arriver à une certaine précision, c'est une bonne montre ;
mais, pour l'usage ordinaire & où cette précision n'est

pas requife, on peut s'en difpenfer. J'ai déja dit dans ce Journal que cette méthode de trouver la longitude, n'eft pas fi difficile qu'on ne puiffe, avec une application convenable & un peu de pratique, bientôt apprendre à faire ces obfer- vations auffi-bien que les Aftronomes. J'ai rarement vu que la différence fût très-confidérable, entre les obfervations de M. Wales, & celles de nos Officiers.

EN OBSERVANT la déclinaifon de l'aiguille aimantée, nous trouvâmes, comme il eft ordinaire, que nos compas diffé- roient entr'eux de deux degrés. Le même compas donnoit quelquefois cette même différence dans la déclinaifon, en différens jours, & même du matin au foir, quoique notre changement de fituation n'eût pas été confidérable. Par le réfultat-moyen des obfervations que j'ai faites, aux environs d'Erromango, & de la partie S. E. de ces Ifles, la déclinaifon de l'aimant, fut de 10ᵈ 5′ 48″ vers l'Eft, & le réfultat-moyen de celles que je fis dans les environs de la terre du Saint- Efprit, donna 10ᵈ 5′ 30″. vers l'Eft. Cette déclinaifon eft plus confidérable que celle que trouva M. Wales à Tanna. Je ne dirai pas ce qui put occafionner cette différence dans la variation obfervée au vaiffeau ou fur le rivage, à moins que la terre n'affecte la direction de l'aiguille. Je crois devoir préférer la déclinaifon obfervée fur le vaiffeau, comme plus conforme à celle que nous obfervâmes, avant d'arriver à ces Ifles, & après les avoir quittées.

CHAPITRE VIII.

Découverte de la Nouvelle - Calcédoine. Incidens
survenus pendant la Relâche du Vaiſſeau à
la Balade.

AU LEVER du Soleil, le premier de Septembre, après avoir
couru la nuit au S. O., nous perdîmes toute terre de vue.
Le vent continuant de régner dans la partie du S. E., nous
pourſuivîmes notre route au S. O.

« NOUS NOUS PRÉPARIONS à traverſer la mer du Sud
» dans ſa plus grande largeur, du côté de l'extrémité de
» l'Amérique ; &, quoique l'uſage des viandes ſalées, par un
» climat chaud, eût fort affoibli l'équipage, M. Cook ne
» ſe propoſoit de toucher à aucun endroit ſur ſa route.
» L'exécution de ce projet auroit ſans doute été funeſte à
» quelques-uns de ceux à qui leur mauvaiſe conſtitution
» ne permettoit pas de ſupporter une pareille abſtinence.
» Heureuſement, après trois jours de navigation, nous dé-
» couvrîmes une grande terre, où aucun Navigateur Eu-
» ropéen n'avoit encore abordé ; ce qui changea en entier
» le plan formé pour le reſte de notre ſéjour dans les mers
» du Sud. »

LE 2

Le 2, à cinq heures après-midi, par 18ᵈ 22′ de latitude Sud, & 165ᵈ 26′ de longitude, la déclinaison de l'aiguille aimantée étoit de 10ᵈ 50′ vers l'Eſt ; &, à la même heure du 3, elle fut de 10ᵈ 51′ à l'Eſt. Le lendemain au matin, par 19ᵈ 49′ de latitude Sud & 164ᵈ 53′ de longitude ; l'amplitude du Soleil obſervée, nous donna la variation de 10ᵈ 21′, & ſon azimuth 10ᵈ 7′ vers l'Eſt. A huit heures, comme nous faiſions voile au Sud, nous apperçûmes une terre qui nous reſtoit dans le S. S. O. ; & à midi, nous la vîmes s'étendre depuis le S. S. E. juſqu'à l'O. ¼ S. O., à ſix lieues environ de diſtance. Nous marchâmes pour l'accoſter avec une légere briſe de l'Eſt, juſqu'à cinq heures du ſoir, que nous nous trouvâmes en calme : nous en étions alors à trois lieues, & elle ſe prolongeoit du S. E. ¼ S. à l'O. ¼ N. O. en paſſant par le S. O. Quelques ouvertures ou paſſages apperçus dans l'Oueſt, nous empêchoient de ſavoir ſi elle étoit continue, ou ſi elle formoit un grouppe d'Iſles ; elle paroiſſoit ſe terminer dans le S. E. par un grand Cap, que j'appellai le Cap Colnett, du nom d'un de mes Volontaires, qui, le premier, en eut connoiſſance. « M. de » Bougainville dit qu'il eut dans ces parages une mer en- » tièrement tranquille, & que pluſieurs morceaux de » fruits & de bois flottans paſſerent près de ſon vaiſſeau : » c'étoit à-peu-près au Nord-Oueſt de la terre que » nous découvrîmes, & que ce Navigateur habile & intelli- » gent a conjecturé devoir être dans cette direction. » On découvrit des briſans vers le milieu de la diſtance où nous étions du rivage, & derriere les écueils nous diſtin-guâmes deux ou trois pirogues à la voile, qui ſembloient diriger leur route, pour venir à notre rencontre ; mais, un

Ann. 1774.
2 Septemb.

3.

4.

peu avant le coucher du Soleil, elles amenerent leurs voiles,
& nous ne les vîmes plus.

« Nous remarquions plufieurs tourbillons de fumée;
» ce qui prouvoit que la terre étoit habitée. Un Officier, du
» haut des mâts, nous affura qu'il voyoit un autre volcan,
» qui vomiffoit de la fumée; mais il fut trompé par les
» apparences, car nous n'avons trouvé, après notre débar-
» quement, aucune production volcanique fur cette Ifle.

» En attendant avec impatience le moment où nous
» aurions des entrevues avec les Habitans de cette côte,
» nous formâmes fur eux différentes conjectures. Comme
» les Infulaires des nouvelles Hébrides font abfolument
» différens des Zélandois, & très-différens entr'eux, ce nou-
» veau pays s'offroit de lui-même pour expliquer la popu-
» lation de la Nouvelle-Zélande; mais la fuite nous apprit
» que nos idées fur ce fujet étoient prématurées, & qu'on
» ne peut pas encore parler avec précifion de l'hiftoire de
» l'efpèce humaine dans les mers du Sud. »

A quelques heures de calme, fuccéda une brife du
S. E., & nous pafsâmes la nuit à louvoyer.

Le 5, au lever du Soleil, l'horizon étant tranfparent,
nous eûmes une vue diftincte de la côte, qui s'étendoit au
S. E. du Cap de Colnett, & autour du S. O., jufques dans
le N. O. $\frac{1}{4}$ O. Les coupures, ou enfoncemens, fe montroient
toujours dans l'Oueft, & une chaîne de brifans, qui paroiffoit défendre toute la côte, fe joignoit à celle que nous

avions découverte la nuit précédente. Il m'étoit assez indif-
férent de ranger la côte du S. E., ou d'aller chercher celle
du N. E. Je pris ce dernier parti; &, après avoir couru deux
lieues en-dehors du récif (car c'en étoit véritablement un),
nous arrivâmes à un passage, qui avoit l'apparence d'un bon
Canal, dans lequel nous pouvions entrer pour accoster la
terre. Je voulois y attérir, non-seulement pour la reconnoître, mais plus encore pour avoir occasion d'y observer
une éclipse du Soleil, qui devoit bientôt arriver. Dans ce
dessein, je fis mettre le vaisseau en panne, & je chargeai
deux bateaux armés d'aller sonder le canal; sur ces entrefaites, dix à douze grandes pirogues à la voile n'étoient
qu'à une petite distance de nous. Toute la matinée, nous
les avions vues partir de différens endroits du rivage : quelques-unes s'étoient arrêtées près des récifs, où nous supposâmes qu'elles s'occupoient à la pêche. Aussi-tôt qu'elles
furent rassemblées, elles s'avancerent toutes à-la-fois sur le
vaisseau, & elles en étoient assez près, quand nous mîmes
dehors nos bateaux, qui probablement les alarmerent; car,
sans s'arrêter, elles ramerent sur les récifs, & nos bateaux
les suivirent. Nous reconnûmes alors que ce que nous avions
pris pour des ouvertures dans la côte, n'étoit qu'une terre
basse, sans interruption. On peut en excepter l'extrémité
occidentale qui formoit une Isle, connue sous le nom de
Balabéa, ainsi que nous l'apprîmes après.

LES BATEAUX nous ayant fait le signal pour le passage,
& l'un d'eux s'étant placé près de la pointe & au vent du
récif, nous entrâmes dans le canal, & sur notre route, nous
prîmes à bord l'autre bateau. L'Officier, qui le commandoit,

m'informa que la mer où nous devions paffer, avoit feize
& quatorze braffes d'eau, fond de fable fin; & qu'il avoit
abordé deux pirogues, dont les Indiens s'étoient montrés
obligeans & civils; ils lui offrirent quelques poiffons, &,
en échange, il leur préfenta des médailles, &c. Dans une
des pirogues, étoit un jeune-homme fort & robufte, que nous
prîmes pour un Chef; fes camarades lui donnoient tout ce
qu'ils recevoient.

« LE PAYS devenoit plus ftérile à mefure que nous en
» approchions, & il étoit couvert d'une herbe féche, blan-
» châtre. Les arbres très-clair-femés fur les montagnes,
» paroiffoient tous avoir des tiges blanches, & ils reffem-
» bloient à des faules: on n'y voyoit aucune efpèce d'arbrif-
» feaux où de fous-bois. Plus proche, nous découvrîmes
» une petite bordure de terre plate, au pied des collines,
» revêtue d'arbres & de buiffons verds & touffus, parmi lef-
» quels nous remarquions, de tems-en-tems, un cocotier &
» un bananier. Nous obfervions auffi des maifons qui avoient
» la forme de ruches d'abeilles, rondes ou coniques, & un
» trou pour entrée : elles étoient exactement pareilles à
» celles de l'Ifle des Cocos & de Horne, qui font repréfentées
» dans le Voyage de le Maire & de Schouten (a). »

APRÈS avoir doublé le récif, nous portâmes le Cap au
S. ½ E., pour amener une petite Ifle de fable que nous appercevions près du rivage, & bientôt toutes les pirogues
nous fuivirent. Nos fondes furent, pendant près de deux

_____

(a) Voyez les Planches dans la Collection de M. Dalrymple.

lieues, de quinze à douze braffes d'eau, fond d'un beau fable ANN. 1774.
Septembre.
fin ; enfuite nous n'eûmes plus que fix, cinq & quatre braffes.
Nous étions alors fur la queue d'un banc, qui eft un peu en-
dehors & au N. O. de la petite Ifle. Après l'avoir dépaffé,
nous trouvâmes fept & huit braffes d'eau. Mais, à mefure que
nous approchions du rivage, le fond s'éleva infenfiblement
jufqu'à trois braffes ; ce qui nous fit revirer de bord, pour
écarter un peu la terre, & nous laiffâmes tomber l'ancre par
cinq braffes, fond de fable fin, fans aucun mêlange de vafe.
La petite Ifle de fable nous reftoit à l'E. ¼ S. E., à la diftance
de trois quarts de mille, & nous étions à un mille du rivage
de la principale Terre qui s'étendoit du S. E. ¼ E. au O. N. O.
en paffant par le Sud. Nous avions l'Ifle de Balabéa au N. O.
¼ N., & le Canal, par où nous étions venus, au Nord, à
quatre lieues. Dans cette pofition, l'Ifle de fable & fes baffes,
& le banc qui s'étend en-dehors, nous mettoient parfaitement à l'abri des vents.

À PEINE eût-on placé l'ancre, que nous fûmes environnés
d'une foule d'Indiens, qui nous avoient fuivi, dans feize ou
dix-huit pirogues, & dont la plupart étoient fans armes. Ils
n'oferent pas d'abord accofter le vaiffeau ; mais bientôt nous
leur infpirâmes la confiance de s'approcher affez pour recevoir des préfens. Nous les leur defcendions au bout d'une
corde, à laquelle ils attachoie nt, en échange, des poiffons,
tellement gâtés, que l'odeur en étoit infupportable ; ce qui
étoit déjà arrivé dans la matinée. Ces échanges formant, entre
nous, une forte de liaifon, deux Indiens hafarderent de monter
à bord, & bientôt les autres remplirent le vaiffeau. Quelques-uns s'affirent à table avec nous. La foupe de pois, le

bœuf & porc salés, étoient des mets qu'ils n'eurent pas la
curiosité de goûter ; mais ils mangerent des ignames que nous
avions encore, & qu'ils nommerent Oobée. Le nom differe peu d'Oofée, ainsi qu'on les appelle dans la plupart des
Isles, à l'exception de Mallicolo : comme toutes les Nations
que nous avions récemment visitées, ces Indiens sont presque nuds ; à peine se couvrent-ils les parties naturelles d'une
espèce de pagne, telle qu'on en porte à Mallicolo. Ils furent
curieux d'examiner tous les coins du vaisseau, qui leur
causoit une extrême surprise. Les chèvres, les cochons, les
chiens & les chats leur étoient si inconnus, qu'ils n'avoient
pas même de terme pour les nommer. Ils paroissoient faire
un grand cas des clous & des pièces d'étoffe, parmi lesquelles
les rouges étoient les plus estimées.

« EN GÉNÉRAL, ils admiroient tout ce qui étoit rouge;
» mais ils ne nous offroient rien en échange. Leur langue, si
» nous en exceptons *Aréekée*, & un ou deux autres termes,
» n'avoit de rapport avec aucune des différentes langues
» que nous avions entendues dans la Mer du Sud ; ce qui nous
» surprit d'autant plus, que nous avions trouvé les dialectes
» d'une langue commune dans toutes les Isles orientales
» de la Mer du Sud, ainsi qu'à la Nouvelle-Zélande. Les
» Naturels étoient tous forts grands, &, en général, bien
» proportionnés : ils avoient des traits intéressans ; la barbe
» & les cheveux noirs, & si frisés, qu'ils paroissoient pres-
» que laineux en quelques individus. Leur teint, d'un châ-
» tain foncé, étoit à-peu-près le même que celui des
» Insulaires de Tanna. »

APRÈS le dîné, nous allâmes à terre avec deux bateaux

armés. Un de ces Infulaires, qui s'étoit attaché à moi de fon propre mouvement, nous accompagnoit. Nous débarquâmes fur une plage fablonneufe, en préfence d'un grand nombre d'Habitans, qui s'étoient raffemblés pour nous voir; auffi nous reçurent-ils avec des démonftrations de joie, & cette furprife naturelle à un Peuple qui voit des hommes & des objets dont il n'a pas encore d'idées. Je fis des dons aux Infulaires, que me préfenta mon nouvel Ami, & qui étoient, ou des vieillards, ou des gens de confidération; mais il ne marqua aucun égard pour quelques femmes placées derriere la foule, & il me retint la main, lorfque je voulus leur donner des grains de raffade ou des médailles. Nous retrouvâmes ici le même Chef qu'on avoit vu le matin dans une des pirogues. Il fe nommoit Téobooma, comme nous l'apprîmes alors, & nous ne fûmes pas à terre dix minutes, qu'il fit faire filence. Tout le Peuple lui ayant donné cette marque d'obéiffance, il prononça un petit difcours. A peine eût-il fini, qu'un autre Chef impofa filence à fon tour, & parla une feconde fois. Ces harangues étoient compofées de courtes fentences, à chacune defquelles deux ou trois vieillards, répondoient par des branlemens de tête, & une efpèce de murmure, fans doute en figne d'applaudiffement; peut-être auffi qu'il propofoit des queftions auxquelles on lui répondoit. Il nous étoit impoffible de deviner le fens de ces harangues, qui, nous étant adreffées, ne contenoient vraifemblablement rien que de favorable pour nous. Tout le tems que ces Chefs parlerent, j'obfervai le Peuple, & je ne vis rien qui dût nous infpirer de la défiance.

Nous nous mêlames enfuite dans la foule pour les

ANN. 1774.
Septembre.

» mieux examiner : plufieurs, qui paroiffoient affectés d'une
» efpèce de lèpre, avoient des jambes & des bras prodi-
» gieufement gros : ils étoient abfolument nuds, fi on
» excepte un cordon qu'ils portoient autour de leur ceinture,
» & un fecond autour de leur cou. Le petit morceau d'étoffe
» d'écorce de figuier, qu'ils replient quelquefois autour de
» la ceinture, ou qu'ils laiffent flotter, mérite à peine le
» nom d'une couverture ; il ne fert pas plus de voile que
» celui des Mallicolois ; &, aux yeux des Européens, il étoit
» plutôt malhonnête que décent. Chaque Habitant de cette
» Ifle, ainfi que les Naturels de Tanna & de Mallicolo, étoit
» une figure ambulante du Dieu Priape. Les idées de mo-
» deftie font différentes dans chaque pays, & changent aux
» différentes époques de la civilifation. Lorfque tous les
» hommes vont nuds, comme à la Nouvelle-Hollande (a),
» on fe regarde avec autant de fimplicité que fi on étoit
» vêtu. Les habits à la mode, & les armures du quinzieme
» & feizieme fiécles, dans toutes les Cours d'Europe, paffo-
» roient à préfent pour fort indécens. Et qui ofera dire qu'il
» y avoit alors moins de modeftie qu'aujourd'hui ? Qui
» ofera diffamer ces braves Chevaliers, fi célèbres par leur
» chafteté, leur honneur & leur bravoure, uniquement
» parce que leurs culottes étoient faites d'après la mode
» du jour (b) ?

_____

(a) « Les Infulaires, hommes & femmes, de la Nouvelle-Hollande,
» vont entièrement nuds, &, par pudeur, ils ne portent pas le moindre
» vêtement. Voyez la Collection d'Hawkfworth.
(b) « On voit dans les Arcenaux de la Tour de Londres, plufieurs
» Armures complètes, qui feront mieux comprendre ce que je yeux
» dire. »

» CETTE

« CETTE MÊME PIÈCE d'étoffe que les Habitans de la
» Nouvelle - Calédonie contournent d'une maniere si indé-
» cente, est souvent d'une telle longueur, qu'ils en atta-
» chent l'extrémité à la corde qui est autour de leur col :
» plusieurs portoient à cette corde de petits grains d'une
» pierre néphritique d'un verd - pâle, qui est de la même
» espèce que celle de Tanna, & presque semblable à celle
» de la Nouvelle-Zélande ; quelques-uns avoient sur leur tête
» des chapeaux cylindriques noirs, d'une natte très-grossiere,
» entièrement ouverts aux deux extrémités, & de la forme
» d'un bonnet de Hussard : ceux des Chefs étoient ornés de
» petites plumes rouges, & de longues plumes noires de
» coq en décoroient la pointe. A leurs oreilles, dont l'ex-
» trémité est étendue jusqu'à une longueur prodigieuse, &
» dont tout le cartilage est coupé en deux, comme à l'Isle de
» Pâque, ils suspendent une grande quantité d'anneaux
» d'écaille de tortue, ainsi que les Insulaires de Tanna, ou
» bien ils mettent, dans le trou, un rouleau de feuilles de
» cannes de sucre. »

DÈs que je leur eus fait entendre que nous avions besoin d'eau, les uns nous montrerent l'E. & d'autres l'O. Mon
Ami entreprit de nous conduire, & s'embarqua avec nous à
ce sujet. Nous rangeâmes la côte vers l'Est, l'espace d'environ
deux milles ; & nous la vîmes presque par-tout couverte de
mangliers. Nous entrâmes, à travers ces arbres, dans une
crique étroite, ou une riviere, qui nous porta au pied d'un
petit Village, au-dessus des mangliers ; là, nous débarquâmes,
& l'on nous montra une source d'eau douce. Le sol des environs étoit en très-bon état de culture, planté de cannes à

Tome III. K k

fucre, de bananiers, d'ignames & d'autres racines, & arrofé par de petits canaux conduits avec art depuis le principal ruiffeau, qui avoit fa fource dans la montagne. Du milieu de ces belles plantations, s'élevoient des cocotiers, dont les rameaux épais ne paroiffoient pas fort chargés de fruits. Nous entendîmes le chant des coqs, mais rfous n'en vîmes aucun. Les Habitans cuifoient alors des racines dans une jarre de fix ou huit gallons; & nous ne doutâmes point que ce vafe de terre ne fût de leur propre fabrique. Comme nous remontions la crique, M. Forfter tira un canard qui voloit au-deffus de nous; & ce fut le premier ufage que ce Peuple nous vit faire de nos armes. Mon Ami le demanda; &, quand nous mîmes à terre, il raconta à fes Compatriotes, de quelle maniere cet oifeau avoit été tué.

« Je répétai même l'expérience, afin de leur donner,
» par ces innocens moyens, une idée de notre puiffance.
» La riviere n'ayant pas plus de douze verges de large,
» nous débarquâmes fur fes bords, élevés d'environ deux
» pieds au-deffus de l'eau. Il y avoit quelques petites fa-
» milles : les femmes & les enfans vinrent familièrement
» autour de nous, fans montrer la moindre marque de dé-
» fiance ou de mauvaife volonté. Le teint des femmes étoit
» en général d'un châtain-foncé, ou couleur de Mahogany
» brun: leur ftature étoit moyenne; quelques unes étoient
» grandes, leurs formes étoient un peu groffieres, & elles pa-
» roiffoient robuftes. A voir leur vêtement qui les défiguroit
» beaucoup, on les croyoit accroupies; c'étoit un jupon court,
» ou une frange compofée de filamens ou de cordelettes d'en-
» viron huit pouces de long, repliées plufieurs fois autour de

ANN. 1774.
Septembre.

» la ceinture : les cordelettes étoient placées les unes au-
» dessus des autres, en différentes rangées, qui formoient
» autour du corps une espèce de couverture de chaume,
» qui ne cachoit pas plus d'un tiers de la cuisse : elles
» étoient quelquefois teintes en noir ; mais communément
» les extérieures étoient seules de cette couleur, tandis que
» les autres étoient couleur de paille sale. Ces femmes por-
» toient, comme les hommes, des coquillages, des pendans
» d'oreilles & des morceaux de pierre néphritique ; d'autres
» avoient trois lignes noires, qui se prolongeoient longitu-
» dinalement de la lèvre inférieure jusqu'au bas du menton.
» Ce tatouage avoit été fait de la même maniere qu'aux
» Isles des Amis & de la Société. Les huttes, situées à en-
» viron dix verges des bords de la riviere sur une petite
» monticule, étoient de forme conique, d'environ dix pieds
» de haut, & non pointues au sommet. La charpente con-
» sistoit en bâtons entrelacés comme des claies ; elles étoient
» couvertes de nattes, & ensuite de paille fort bien arran-
» gée ; il n'y avoit point de jour que par un trou d'environ
» quatre pieds de hauteur : de sorte que les Indiens se bais-
» soient pour y entrer ou pour en sortir. Nous les trou-
» vâmes remplies de fumée, nous y vîmes un monceau de
» cendres, & nous en conclûmes qu'ils sont obligés d'allu-
» mer des feux pour chasser les mousquites qui infestent
» les marais des environs : comme le tems étoit un peu froid,
» nous apperçûmes peu de ces insectes. Les cabanes étoient
» environnées d'un petit nombre de cocotiers, dépouillés
» de fruits, de cannes à sucre, de bananes & d'eddoës, au
» pied desquels les Naturels amenoient de l'eau par de
» petites tranchées. Quelques-uns des eddoës étoient alors

» sous l'eau, comme c'est l'usage aux Isles de la mer du Sud.
» Toute la plantation cependant paroissoit mauvaise & insuf-
» fisante pour fournir à la subsistance des Naturels toute l'an-
» née. Un Indien, nommé Hébaï, sembloit être le principal
» personnage de ces familles ainsi rassemblées : nous lui
» fîmes des présens. En nous promenant sur les bords de la
» riviere, du côté des Mangliers, je cueillis une plante
» nouvelle. Vers les collines, dont les premieres élévations
» étoient à la distance d'environ deux milles, le pays pa-
» roissoit stérile & désert ; nous y remarquions de tems-
» en-tems des arbres & de petits cantons cultivés; mais ils
» se perdoient dans la vaste étendue des landes en friche. »

LE JOUR étant déjà fort avancé, & le flot ne nous permettant pas de demeurer plus long-tems dans la crique,
nous prîmes congé des Habitans, & nous revînmes à bord
un peu avant le coucher du Soleil. D'après cette petite excursion, je jugeai que nous ne devions rien attendre de ce
Peuple, que la permission de visiter librement la contrée. Il
est aisé de voir qu'il n'a guère reçu en partage de la Nature
qu'un excellent caractere. Sur ce point, il surpassoit toutes
les Nations que nous avions connues ; &, quoique cela ne
satisfît pas nos besoins, nous étions charmés de lui trouver
cette qualité, qui nous procuroit une paix & une liberté
précieuses.

6.   LE LENDEMAIN, nous eûmes la visite de quelques centaines d'Indiens; les uns arrivoient dans des pirogues, & les
autres à la nage; ils avoient dans chacune des feux qui brûloient sur des pierres. Bientôt les ponts & toutes les parties
du vaisseau en furent pleins. Mon Ami, qui étoit du nombre,

m'apporta des racines ; mais tous les autres n'avoient avec eux aucune sorte de provisions. « Des femmes accompagnoient » les hommes ; mais elles ne vinrent point à bord. » Quelques-uns, qui étoient armés de massues & de dards, échangerent ces armes pour des clous, des pièces d'étoffe, &c. Après le déjeuner, j'envoyai deux bateaux armés aux ordres du Lieutenant Pickersgill, pour découvrir une source d'eau douce ; car celle que nous avions trouvée, le jour précédent, ne pouvoit nous convenir en aucune maniere. Dans le même tems, M. Wales & le Lieutenant Clerke allerent sur la petite Isle faire les préparatifs nécessaires pour observer l'éclipse de Soleil, qui devoit arriver l'après-midi. M. Pickersgill revint bientôt à bord pour m'informer qu'il y avoit sur la petite Isle un ruisseau d'eau douce, où les bateaux arriveroient très-commodément : aussi-tôt on mit la chaloupe en mer, pour remplir nos futailles, & je me rendis ensuite sur l'Isle, afin d'être un des Observateurs.

ANN. 1774.
Septembre.

L'ÉCLIPSE commença vers une heure après midi ; mais des nuages ne nous permirent point d'en observer le commencement, & nous perdîmes le premier contact : nous fûmes plus heureux pour la fin, qui fut observée de la maniere suivante.

M. Wales avec une lunette achromatique de trois
    pieds & demi, de Dollond, l'observa à 3^h $28'$ $49''\frac{1}{4}$

M. Clerke avec une lunette de
    deux pieds, de Bird . . . . 3 28 $52\frac{1}{4}$

Et moi, avec une lunette de
    18 pouces, de Watkins . . . . 3 28 $53\frac{1}{4}$

Tems apparent.

LA LATITUDE de l'Isle, ou du lieu de l'observation, fut de 20ᵈ 17′ 39″ Sud : la longitude par la distance de la Lune & du Soleil, & de la Lune & des étoiles, résultat-moyen de 48 suites d'observations, de 164ᵈ 41′ 21″ à l'Est; &, d'après la montre, de 163ᵈ 58′ 0″.

M. WALES mesura la quantité de l'éclipse avec un quartier de Hadley, méthode qui n'avoit jamais été pratiquée. Il me semble qu'il répond à l'objet du micrometre avec un grand degré de certitude; ce qui donne beaucoup plus d'étendue à l'usage de cet instrument précieux. Nos observations finies, nous retournâmes à bord, où étoit le chef Téabooma, qui quitta le vaisseau, sans que je m'en apperçusse; & par-là, il perdit le présent que je voulois lui faire.

« APRÈS avoir mis à terre, à l'endroit où nous débar-
» quâmes la veille, nous longeâmes la greve qui étoit sa-
» blonneuse, & bornée par un fourré d'arbrisseaux sauvages;
» nous atteignîmes bientôt une cabane, d'où des planta-
» tions se prolongeoient derriere la greve & le bois : nous
» parcourûmes ensuite un canal qui arrosoit les plantations,
» mais dont l'eau étoit très-saumâtre. Delà, nous gravîmes
» une colline qui étoit près de nous, & où le pays parois-
» soit changé. Le plaine étoit revêtue d'une couche légere
» de sol végétal, sur lequel on avoit répandu des coquilles
» & des coraux brisés, pour le marner, parce qu'il étoit très-
» sec. L'éminence, au contraire, étoit un rocher composé
» de gros morceaux de quartz ou de mica (a). Il y croissoit

_____

(a) « Cette espèce de Rocher est appellé Gestell-Stein, par les

» dès herbes féches d'environ deux ou trois pieds de haut;
» mais elles étoient très-clair - femées dans la plupart des
» endroits; & , à quinze ou vingt verges les unes des autres,
» nous vîmes de grands arbres, noirs à la racine, qui avoient
» une écorce parfaitement blanche, & des feuilles longues &
» étroites, comme nos faules. Ils étoient de l'efpèce que
» Linnée appelle *Mela-leuca leucadendra* & Rumphius *ar-*
» *bor alba* : ce dernier Ecrivain dit que les Habitans des
» Moluques tirent l'huile de *cayputi*, des feuilles qui font
» extrêmement odorantes *(a)*. Il n'y avoit pas le moindre
» arbriffeau fur cette colline, & la vue fe portoit fort loin,
» fans être interceptée par les bois. Nous diftinguâmes de-
» là une ligne d'arbres & d'arbuftes touffus, qui fe pro-
» longeoient du bord de la mer vers les montagnes.

» Nous gagnames bientôt le ruiffeau où l'on remplit
» nos futailles. Les bords étoient garnis de mangliers, au-
» delà defquels un petit nombre d'autres plantes & arbres
» occupoient un efpace de quinze ou vingt pieds, revêtu
» d'une couche de terreau végétal, chargé d'humidité, &
» d'un lit verdâtre de gramen, où l'œil aimoit à fe repofer,
» après avoir contemplé un canton brûlé & ftérile. Les
» arbriffeaux & les arbres, qui bordoient la côte, nous
» offrirent des richeffes en Hiftoire Naturelle. Nous trou-
» vâmes des plantes inconnues, & nous y vîmes une grande

» Minéralogiftes Allemands. *Voyez* la Lettre de M. Ferber au Baron
» Born. Ce nom fe donne particulièrement à l'efpèce de Rocher où le
» mica fe trouve en couches multipliées & horizontales.

(a) Herb. Amboin. *Vol. II. Tom. XVI.*

» variété d'oiseaux de différentes classes, qui, pour la plu-
» part, étoient entièrement nouveaux ; mais le caractere
» des Naturels & leur conduite amicale, à notre égard,
» nous causa plus de plaisir que tout le reste : le nombre
» de ceux que nous apperçûmes étoit peu considérable,
» & leurs habitations très-éparses. Nous rencontrions com-
» munément deux ou trois maisons, situées près les unes
» des autres, sous un grouppe de figuiers élevés, dont les
» branches étoient si bien entrelacées, que le firmament
» se montroit à peine à travers le feuillage : une fraîcheur
» agréable entouroit toujours les cabanes. Cette charmante
» position leur procuroit un autre avantage ; car des mil-
» liers d'oiseaux voltigeoient continuellement au sommet
» des arbres, où ils se mettoient à l'abri des rayons brûlans
» du Soleil. Le ramage de quelques grimpereaux, produisoit
» un concert charmant, & causoit un vif plaisir à tous
» ceux qui aiment cette musique simple. Les Habitans eux-
» mêmes s'asseyoient communément au pied de ces arbres,
» qui ont cette qualité remarquable : de la partie supé-
» rieure de la tige, ils poussent de larges racines, aussi
» rondes que si elles étoient faites au tour : elles s'enfon-
» cent en terre à dix, quinze & vingt pieds de l'arbre, après
» avoir formé une ligne droite, très-exacte, extrêmement élas-
» tique, & aussi tendue que la corde d'un arc, au moment
» que le trait va partir. Il paroît que c'est de la substance
» de ces arbres qu'ils font les petits morceaux d'étoffe, qui
» leur servent de pagnes.

» ILS NOUS APPRIRENT quelques mots de leur langue, qui
» n'avoit aucun rapport avec celle des autres Isles. Leur
» caractere

» caractere étoit doux & pacifique, mais très-indolent: ils
» nous accompagnoient rarement dans nos courses. Si
» nous passions près de leurs huttes, & si nous leur par-
» lions, ils nous répondoient, mais si nous continuyons
» notre route, sans leur adresser la parole, ils ne faisoient
» pas attention à nous. Les femmes étoient cependant un
» peu plus curieuses, & elles se cachoient dans des buissons
» écartés pour nous observer; mais elles ne consentoient à
» venir près de nous, qu'en présence des hommes.

» ILS NE PARURENT ni fâchés, ni effrayés de ce que
» nous tuyons des oiseaux à coups de fusil; au contraire,
» quand nous approchions de leurs maisons, les jeunes-gens
» ne manquoient pas de nous en montrer, pour avoir le
» plaisir de les voir tirer. Il semble qu'ils étoient peu occupés
» à cette saison de l'année: ils avoient préparé la terre &
» planté des racines & des bananes, dont ils attendoient
» la récolte l'été suivant: c'est peut-être pour cela qu'ils
» étoient moins en état, que dans un autre temps, de
» vendre leurs provisions; car d'ailleurs nous avions lieu de
» croire qu'ils connoissent ces principes d'hospitalité, qui
» rendent les Insulaires de la mer du Sud si intéressans pour
» les Navigateurs. »

LE SOIR, j'allai voir l'aiguade au fond d'une petite crique;
c'étoit un beau ruisseau qui descendoit des montagnes. Il
falloit avoir un petit canot pour débarquer les futailles
sur la plage, où elles étoient roulées, & pour les charger ensuite sur la chaloupe; car un petit canot pouvoit
seul entrer dans la crique, encore n'étoit-ce que pendant

le flot. Nous aurions pu nous procurer ici d'excellent bois de chauffage, avec plus de facilité que de l'eau ; mais nous n'en avions pas besoin.

« NOUS ACCOMPAGNAMES le Capitaine à terre. Les arbres
» *Cayputi (meleleuca)*, dont nous trouvâmes plusieurs
» en fleurs, avoient une écorce lâche, qui, en plusieurs
» endroits, crevoit & jaillissoit de la tige, & cachoit au-
» dedans des escarbots, des fourmis, des araignées, des
» lézards & des scorpions. Nous crûmes voir des cailles,
» parmi les grandes herbes séches, mais cela n'est pas sûr.
» Nous nous promenâmes, jusqu'au coucher du Soleil, sur
» les collines les plus près de notre aiguade. Nous tâchâmes
» de dire aux Naturels que nous manquions de provisions,
» mais ils furent sourds à tous les propos de cette espèce ;
» nous reconnoissions, de plus en plus, qu'ils avoient à peine
» assez de vivres pour leur propre subsistance. »

CE MÊME SOIR, vers les sept heures, mourut Simon Monk, notre boucher, homme estimé dans le vaisseau. En tombant, le jour précédent, dans les écoutilles, il s'étoit blessé mortellement.

7. LE 7, de très-bonne heure, le parti de l'aiguade, & un détachement de soldats de Marine, aux ordres d'un Officier, furent envoyés à terre. Bientôt après, je m'embarquai avec plusieurs autres personnes, pour prendre une vue générale de la contrée. Dès que nous fûmes sur la côte, nous fîmes comprendre notre dessein aux Insulaires ; & deux d'entre eux s'offrirent pour nous servir de Guides. Ils nous condui-

Pl.

VUE DE L'ISLE DE LA NOUVELLE CALÉDONIE.

firent fur les montagnes, par des chemins affez praticables.
Dans la route, nous rencontrâmes des Indiens, qui,
pour la plupart, vinrent avec nous; de forte que notre cor-
tège fe trouva enfin très-nombreux. Quelques-uns parurent
defirer que nous retournaffions fur nos pas; mais nous
n'eûmes aucun égard à leurs fignes, & nous ne remarquâmes
point qu'ils fuffent mécontens de nous voir pourfuivre notre
route. Après avoir atteint le fommet de l'une des montagnes,
nous apperçûmes la mer en deux endroits, entre quelques
montagnes avancées, à l'oppofite, ou au côté S. O. de la
terre. Cette découverte nous étoit d'autant plus utile, qu'elle
nous faifoit juger de la largeur de la contrée, qui, dans
cette partie, n'excédoit pas dix lieues.

PARMI ces montagnes avancées, & la chaîne fur laquelle
nous étions, eft une grande vallée, dans laquelle ferpente
une riviere. Ses bords font ornés de diverfes plantations, &
de quelques villages, dont nous avions rencontré les Habitans fur notre route, & que nous trouvâmes en plus grand
nombre au fommet de la chaîne, d'où vraifemblablement ils obfervoient le vaiffeau. La plaine, ou le terrain
uni, qui s'étend le long de la rive de notre mouillage, fe
préfentoit, à cette hauteur, fous l'afpect le plus avantageux:
les finuofités des eaux qui l'arrofent, des plantations, de
petits villages, la variété des grouppes dans les bois, & les
écueils au pied de la côte, diverfifioient tellement la fcène,
qu'il n'eft pas poffible d'imaginer un enfemble plus pittorefque. Sans le fol fertile des plaines & des côtés des
collines, la contrée entiere n'offriroit qu'un point de vue
trifte & ftérile. Les montagnes & d'autres endroits élevés,

ne font, pour la plupart, fufceptibles d'aucune culture. Ce ne font proprement que des maffes de rochers, dont plufieurs renferment des minéraux. Le peu de terre qui les couvre eft defféchée, ou brûlée, par les rayons du Soleil; & cependant il y croît une herbe groffiere, & d'autres plantes, & çà & là s'élevent des arbres & des arbuftes. La contrée, en général, reffemble beaucoup, à quelques cantons de la Nouvelle-Hollande, fitués dans le même parallele; plufieurs des productions naturelles paroiffent y être les mêmes, & les forêts y manquent encore de fous-bois, comme dans cette Ifle. Les récifs fur la rive, & d'autres objets de reffemblance frapperent tous ceux qui avoient vu les deux pays. Nous obfervâmes que toute la côte N. E. étoit remplie d'écueils & de brifans, qui s'étendent au-delà de l'Ifle de Balabéa, à perte de vue. Après avoir fait toutes ces remarques, nos Guides ne fe fouciant pas d'aller plus loin, nous defcendîmes des montagnes, par un chemin différent de celui que nous avions fuivi pour y monter. Ce dernier nous conduifit dans la plaine, à travers des plantations, dont la diftribution, très-judicieufe, annonçoit beaucoup de foin & de travail. On voyoit des champs en jachere, quelques-uns récemment défrichés, & d'autres qui, depuis long-tems, étoient en état de culture, & qu'on recommençoit à fouiller. J'ai obfervé que la premiere chofe qu'ils font, pour défricher un terrain, c'eft de mettre le feu aux herbes qui en couvrent la furface. Ils ne connoiffent d'autres moyens, pour rendre au fol épuifé fa premiere fertilité, que de le laiffer quelques années en jachere; cet ufage eft général chez tous les peuples de cette mer. Ils n'ont aucune idée des engrais; du moins je n'en ai jamais vu d'employées.

« LE ROCHER, par-tout de la même nature durant toute
» la route, étoit un mélange d'une espèce de mica & de
» quartz, plus ou moins teint d'une couleur ocreuse ou
» rougeâtre, qui provenoit des particules de fer. A mesure
» que nous avancions vers le haut des montagnes, la gros-
» seur & la hauteur des arbres diminuoient (*a*), excepté
» en quelques vallées profondes où il y avoit de petits ruis-
» seaux, qui fertilisoient tellement le terrain, que diverses
» plantes y croissoient en abondance.

» PRÈS du sommet d'une colline, nous nous arrêtâmes
» pour examiner des pieux fichés çà & là en terre : des
» branchages & des arbres secs, traversoient ces pieux. Les
» Naturels nous dirent qu'ils enterroient les morts sur cette
» colline, & que les pieux indiquoient les endroits où ils
» avoient déposé des corps.

» LES INSULAIRES nous voyant d'ailleurs fatigués de la
» chaleur excessive & altérés, nous apporterent des cannes
» à sucre ; mais je ne puis pas concevoir comment ils
» purent les trouver si-tôt, car nous n'en apperçûmes point,
» & rien ne nous donna lieu de penser qu'il en croissoit dans
» le voisinage.

» LES SOMMETS des collines, presqu'entièrement stériles,
» offroient toujours la même espèce de pierre ; ce qui semble
» indiquer que la Nouvelle - Calédonie contient des miné-
» raux précieux : leur hauteur ne paroît pas fort considérable,

(*a*) « Nous trouvâmes l'arbre de *Caypuri* durant toute la route. »

» & elle doit être inférieure à celle de la Montagne de la
» Table, au Cap de Bonne-Espérance, qui, suivant l'Abbé de
» la Caille (a) est de 3350 pieds Rhinlandois. »

A MIDI, nous étions de retour de cette excursion : l'un
de nos Guides nous avoit quittés ; mais nous retînmes les
autres à bord pour dîner, & nous récompensâmes leur fidé-
lité à peu de frais.

« NOUS TROUVAMES, à bord, un grand nombre de
» Naturels qui examinoient chaque partie du vaisseau, &
» qui vendoient leurs massues, leurs piques & leurs orne-
» mens. L'un d'eux étoit prodigieusement grand ; il paroif-
» soit avoir au moins six pieds cinq pouces ; & le chapeau
» noir cylindrique qu'il portoit, l'exhaussoit encore de huit
» pouces. Plusieurs de ces chapeaux ou bonnets étoient
» ornés de plumes de hibou de Ceylan, (espèce qui se
» trouve aussi dans les bois de Tanna) & c'étoit parmi eux
» une coutume presque générale d'y attacher leur fronde, &
» de laisser pendre les glands du bonnet sur l'épaule. D'autres
» fois ils y suspendent des feuilles de fougere : les Naturels en
» échangerent contre des étoffes de Taïti, quoiqu'ils y missent
» une grande valeur. Le nombre des pendans d'oreilles que
» plusieurs portoient, étoit remarquable ; l'un d'eux n'en
» avoit pas moins de dix-huit d'écaille de tortue, d'un
» pouce de diamètre & d'un quart de pouce de largeur. Ils
» nous vendirent aussi un instrument musical, une sorte de
» sifflet : c'étoit un petit morceau de bois brun poli, d'en-

(a) Voyez son Voyage.

» viron deux pouces de long, de la forme d'une cloche. En
» apparence il étoit solide, & il avoit une corde attachée
» à la petite extrémité, deux trous près de la base & un
» troisieme près de la corde : ces trous communiquoient
» entr'eux : en soufflant dans celui du dessus, il se formoit
» dans l'autre un son aigu, pareil à un sifflement. Nous
» n'avons d'ailleurs remarqué dans la suite aucun instrument
» qui eût le moindre rapport à la musique.

» Ils commençoient à recevoir, dans le commerce, nos
» grands clous de fiche ; mais, voyant les taquets & les bou-
» cles de fer, auxquels les cordages étoient attachés, ils
» montrerent un grand désir d'en avoir. Ils n'essayerent
» jamais de nous voler la moindre bagatelle, & ils se
» comporterent avec beaucoup d'honnêteté. Plusieurs
» vinrent, à la nage, de la côte, éloignée de plus d'un mille :
» ils tenoient d'une main leur morceau d'étoffe brune hors
» de l'eau, &, de l'autre, ils fendoient les flots, en élevant
» une pique ou massue, qui n'étoit pourtant pas de Casua-
» rina, parce que cette espèce est trop pesante pour être
» portée de cette maniere. »

L'après-midi, je retournai à terre avec M. Wales, &
nous nous promenâmes, le long du rivage, à l'Ouest. Outre
les observations que nous fîmes sur tous les objets qui frapperent nos regards, nous apprîmes les noms de divers endroits, que nous croyions d'abord être des Isles ; mais des
recherches plus exactes nous instruisirent que c'étoient seulement différens districts de la même Terre.

En descendant, de notre côté, nous trouvâmes, sur

» la greve, une grande maſſe irréguliere de rocher de dix
» pieds cubes, d'une pierre de corne d'un grain ferme,
» étincelant par-tout de grenats un peu plus gros que des
» têtes d'épingles; cette découverte nous perſuada davan-
» tage qu'il y a des minéraux précieux ſur cette Iſle, qui,
» dans la partie que nous avions déjà reconnue, différoit de
» toutes celles que nous avions examinées, en ce qu'elle
» n'avoit point de productions volcaniques. Après nous être
» enfoncés dans les bois très-épais qui bordoient la côte de
» toutes parts, nous y rencontrâmes de jeunes arbres à pain,
» qui n'étoient pas encore aſſez gros pour porter du fruit;
» mais ils ſembloient être venus ſans culture, & ce ſont
» peut-être les arbres indigènes ſauvages de la contrée: j'y
» recueillis auſſi une eſpèce de fleur de paſſion: on croyoit
» que cette fleur ne ſe trouvoit qu'en Amérique. Je me
» ſéparai de mes Compagnons: je parvins à un chemin de
» ſable creux, rempli, des deux côtés, de liſerons & d'ar-
» briſſeaux odorans, & qui paroiſſoit avoir été le lit d'un
» torrent ou d'un ruiſſeau: il me conduiſit à un grouppe de
» deux ou trois huttes, environnées de cocotiers. A l'en-
» trée de l'une d'elles, j'obſervai un homme aſſis, tenant
» ſur ſon ſein une petite fille de huit ou dix ans, dont il
» examinoit la tête: il fut d'abord ſurpris de me voir; mais,
» reprenant bientôt ſa tranquillité, il continua ſon opéra-
» tion: il avoit à la main un morceau de quartz tranſparent,
» &, comme l'un des bords de ce quartz étoit tranchant, il s'en
» ſervoit, au-lieu de ciſeaux, pour couper les cheveux de la
» petite fille. Je leur donnai, à tous les deux, des grains de
» verre noir, dont ils ſemblerent fort contens. Je me rendis
» alors aux autres cabanes, & j'en trouvai deux placées ſi
　　　　　　　　　　　　　　　　　　　　　　　　» proches

» proches l'une de l'autre, qu'elles enfermoient un espace
» d'environ dix pieds quarrés, entouré, en partie, de haies.
» Trois femmes, l'une d'un moyen-âge, & la seconde & la
» troisieme un peu plus jeunes, allumoient du feu sous un de
» ces grands pots de terre dont on a parlé plus haut : dès
» qu'elles m'apperçurent, elles me firent signe de m'éloi-
» gner ; mais, voulant connoître leur méthode d'apprêter
» les alimens, je m'approchai. Le pot étoit rempli d'herbes
» féches & de feuilles vertes, dans lesquelles elles avoient
» enveloppé de petites ignames : peut-être que, quelque-
» fois, on les cuit sous un monceau de terre, parmi des
» pierres chaudes, comme à Taïti. Ce fut avec peine qu'elles
» me permirent d'examiner leur pot : elles m'avertirent de
» nouveau, par signes, de m'en aller ; &, montrant les caba-
» nes, elles remuerent leurs doigts à différentes reprises sous
» leur gosier : je jugeai que si on les surprenoit ainsi seules dans
» la compagnie d'un Etranger, on les étrangleroit, ou on les
» tueroit. Je les quittai donc, & je jetai un coup-d'œil furtif
» dans les cabanes qui étoient entièrement vides. En re-
» gagnant le bois, je rencontrai le Docteur Sparrman, &
» nous retournâmes vers les femmes, afin de les revoir & de
» me convaincre si j'avois bien interprété leurs signes. Elles
» étoient toujours au même endroit ; nous leur offrîmes,
» tout de suite, des grains de rassade, qu'elles accepterent
» avec de grands témoignages de joie ; mais elles réitérerent
» cependant les signes qu'elles avoient faits quand j'étois
» seul : elles semblerent même y joindre la priere & les
» supplications ; &, afin de les contenter, nous nous éloi-
» gnâmes à l'instant. Quelque tems après, nous rejoignîmes
» le reste de nos Compagnons ; &, comme nous avions soif,

Tome III.   M m

Ann. 1774.
Septembre.

» je demandai de l'eau à l'homme qui coupoit les che-
» veux de la petite fille; il me montra un arbre auquel
» pendoient une douzaine de coques de noix de cocos,
» remplies d'eau douce, qui nous parut un peu rare dans ce
» pays: nous retournâmes à l'aiguade par terre & en cha-
» loupe; &, chemin faisant, je tuai plusieurs des oiseaux
» curieux dont l'Isle est remplie, & entr'autres une espèce de
» corneille commune en Europe. Il y avoit à l'aiguade un
» nombre considérable de Naturels: quelques-uns, pour un
» petit morceau d'étoffe de Taïti, nous porterent, en sortant
» de la chaloupe, ou en y entrant, l'espace de quarante ver-
» ges, parce que l'eau étoit trop basse, pour que les bateaux
» vinssent jusques sur le rivage: nous y apperçûmes des
» femmes qui, sans craindre les hommes, se mettoient au
» milieu de la foule, & s'amusoient à répondre aux caresses
» & aux avances des Matelots. Elles les invitoient commu-
» nément derriere des buissons; mais, dès que les Amans les
» suivoient, elles s'enfuyoient avec tant d'agilité, qu'on ne
» pouvoit pas les attraper. Elles prenoient ainsi plaisir à
» déconcerter leurs Adorateurs, & elles rioient de bon cœur
» toutes les fois qu'elles jouoient ce rôle. »

Mon Secrétaire acheta un poisson qu'un Indien avoit harponné dans les environs de l'aiguade, & il me l'envoya à bord. Ce poisson d'une espèce absolument nouvelle, avoit quelque ressemblance avec ceux qu'on nomme *Soleils*: il étoit du genre que M. Linnée nomme *Tetradon*. Sa tête hideuse étoit grande & longue. Ne soupçonnant point qu'il eût rien de vénimeux, j'ordonnai qu'on le préparât pour le servir le soir même à table. Mais heureusement le tems de le

Ann. 1774.
Septembre.

deſſiner & de le décrire, ne permit pas de le cuire, & l'on
n'en ſervit que le foie; les deux MM. Forſter & moi en ayant
goûté, vers les trois heures du matin, nous ſentîmes une
extrême foibleſſe & une défaillance dans tous les membres.
J'avois preſque perdu le ſentiment du toucher, & je ne diſ-
tinguois plus les corps peſans des corps légers, quand je
voulois les mouvoir; un pot plein d'eau & une plume étoient
dans ma main du même poids. On nous fit d'abord prendre
l'émétique, & enſuite on nous procura une ſueur, dont nous
nous ſentîmes extrêmement ſoulagés. Le matin, un des
cochons, qui avoit mangé les entrailles du poiſſon fut trouvé
mort. Quand les Habitans vinrent à bord & qu'ils virent le
poiſſon qu'on avoit ſuſpendu, ils nous firent entendre auſſi-
tôt que c'étoit une nourriture mal-ſaine; ils en marquèrent de
l'horreur: mais au moment de le vendre, & même après qu'on
l'eut acheté, aucun d'eux n'avoit témoigné cette averſion.

Les Travailleurs & la Garde retournerent à terre, comme
à l'ordinaire. L'après-midi, l'Officier de garde m'informa
que le Chef Téabooma étoit venu avec un préſent d'ignames
& de cannes à ſucre. Je lui envoyai, en retour, deux jeunes
chiens, un mâle & une femelle, qui étoient preſque dans
toute leur croiſſance. Le chien eſt blanc, tacheté de feu, &
la chienne a le poil entièrement roux, ou de la couleur d'un
renard d'Angleterre. Je rapporte cette particularité, parce
que ces deux chiens pourront très-bien propager leur eſpèce
dans cette contrée. L'Officier, étant revenu le ſoir à bord,
m'apprit que le Chef avoit eu à ſa ſuite une vingtaine de
perſonnes; ce cortége ſembloit annoncer une viſite de
cérémonie. Il ne pouvoit d'abord ſe perſuader qu'on lui

8.

donnât les deux chiens; dès qu'il en fut convaincu, il parut transporté de joie, &, à l'inftant même, il les conduifit à fon habitation.

« JE ME LEVAI à huit heures ; j'avois une grande pe= fanteur dans les membres; mais je crus pouvoir employer la matinée à deffiner fix ou huit plantes, & des oifeaux que nous avions raffemblés dans nos premieres excurfions.

« COMME on montroit le poiffon à tous les Naturels, qui vinrent à bord, ils appuyerent tous leur tête fur leurs mains, & fermant les yeux, ils témoignerent qu'il caufoit de l'engourdiffement, du fommeil, & la mort. Ignorant s'ils ne faifoient point ces geftes pour avoir le poiffon, nous le leur offrîmes, & ils le refuferent, en mettant les deux mains devant leur vifage, en tournant la tête. Ils nous prierent enfuite de le jeter dans la mer; mais nous voulûmes le conferver dans de l'efprit-de-vin.

» IL SEMBLOIT que nous euffions eu un preffentiment de l'accident qui devoit nous arriver; car, examinant le poiffon, avant qu'on l'apprêtât, fa forme hideufe & fa large tête nous firent penfer qu'il étoit peut-être vénéneux, & nous en avertîmes M. Cook, qui affura qu'il en avoit déjà mangé fur la côte de la Nouvelle-Hollande, dans fon premier Voyage.

» VERS MIDI, je fus bien puni d'avoir paffé le matin à travailler, car un nouveau vertige & une nouvelle foi- bleffe me forcerent de reprendre le lit. Les fudorifiques nous foulagerent peu-à-peu; le poifon étoit cependant trop

» actif pour être diffipé tout de fuite : il nous empêcha de
» faire des recherches, qui, fur un pays tel que la Nouvelle-
» Calédonie, auroient occafionné des découvertes inté-
» reffantes dans toutes les branches d'Hiftoire Naturelle.

LE LENDEMAIN de bonne heure, j'expédiai deux bateaux
commandés par MM. Pickerfgill & Gilbert, pour prendre
les relevemens de la côte à l'Oueft : je préfumai que cette
opération s'exécuteroit mieux par nos bâtimens à rames que
par le navire, les récifs nous auroient forcé d'écarter la terre
de plufieurs lieues.

« CE FUT à regret que nous manquâmes cette occafion
» d'examiner une efpace confidérable de pays inconnu ;
» mais nous ne pouvions encore nous tenir debout ni mar-
» cher plus de cinq minutes. Le poifon affectoit auffi des
» chiens, pris à bord aux Ifles de la Société : ceux qui
» avoient mangé les reftes du foie, étoient extrêmement
» malades, & ils avoient les mêmes fymptômes que ceux
» qui s'étoient empoifonnés à Mallicolo. »

APRÈS le déjeûner, les Travailleurs furent envoyés à
terre pour faire des balais. Je reftai à bord avec les deux
MM. Forfter ; nous étions déjà dans un état de convalefcence :
la fueur qu'on nous avoit procurée, avoit produit un bon effet.
L'après-midi, on remarqua fur le rivage, & enfuite près du
vaiffeau, un Indien auffi blanc qu'un Européen. Je ne l'ai
point vu ; mais, d'après le rapport qu'on m'en fit, il eft
certain que fa blancheur provenoit de quelque maladie.
Nous avions déjà trouvé de pareils hommes à Taïti & aux

ANN. 1774.
Septembre.

Ifles de la Société (*a*). Un vent frais de l'Eft, & l'éloigne-ment du vaiffeau, qui étoit à un mille du rivage, n'empê-cherent point les Infulaires de nager de rocher en rocher jufqu'à notre bord pour nous faire vifite, & de s'en retour-ner par la même voie.

10.

LES TRAVAILLEURS fe rendirent fur le rivage, comme de coutume, & M. Forfter fe trouva fi bien, qu'il quitta le bord pour aller herborifer.

« J'AUROIS MIEUX FAIT de refter, mais je ne pouvois
» plus réfifter au defir d'aller à terre. Après avoir dé-
» barqué à l'Eft de l'aiguade, nous traversâmes une
» partie de la plaine, abfolument en friche, & couverte
» d'herbes féches & clair-femées. Un fentier nous conduifit
» par un beau bois au pied des collines remplies de nou-
» velles plantes, d'oifeaux & d'infectes : tout confpiroit à
» faire regarder le pays comme une folitude. Devant &
» autour de nous, il n'y avoit pas, fur les collines, une
» feule habitation, & la plaine, que nous venions de
» paffer, étoit également inhabitée. Cette contrée doit
» en effet être peu peuplée, car le fol des montagnes n'eft
» pas propre à la culture, & la plus grande partie de la
» plaine étroite, eft très-ftérile. Nous nous avançâmes à
» l'Eft, jufqu'à des maifons fituées parmi des marais : quel-

---

(*a*) Waffer trouva, à l'Ifthme de Darien, des Américains de la cou-leur d'un cheval blanc. *Voyez* fa Defcription de l'Ifthme, *pag.* 134. *Voyez* auffi les Recherches Philofophiques fur les Américains de M. Paw, qui effaie d'expliquer les caufes de cette blancheur.

ANN. 1774.
Septembre.

» ques-uns des Infulaires s'approchant de nous avec un air de
» bonté peint fur leurs vifages, nous indiquèrent les en-
» droits où nous pouvions marcher fans enfoncer dans la
» vafe. Devant une des cabanes, des Naturels mangeoient
» des feuilles qui avoient été cuites à l'étuvée; & d'autres
» fuçoient l'écorce de l'*Hibifcus - Tiliaceus*, après qu'ils
» l'avoient grillé fur le feu. Nous goûtâmes de cette
» écorce, qui étoit fort infipide, dégoûtante, & peu
» nourriffante. Il paroît que ce Peuple a peu d'alimens à
» certaines faifons, & la difette ne fe fait jamais plus fentir
» qu'au printems, lorfque les provifions de l'hiver font
» épuifées, & que les productions nouvelles ne font pas
» encore prêtes. Ils y fuppléent fans douté par la pêche :
» les récifs étendus qui entourent leur Ifle, leur en four-
» niffent en effet l'occafion; mais, depuis notre arrivée dans
» le havre, le vent avoit toujours été fi fort, que leurs pi-
» rogues fe feroient envain détachées de la côte pour pêcher.
» OEdidée, tandis qu'il étoit fur notre bord, difoit fouvent
» que les riches Habitans de Taïti & des Ifles de la Société
» reffentoient, quoique rarement, les effets d'une année
» ftérile, & qu'ils étoient obligés, durant quelques mois,
» de recourir aux racines de fougere, à l'écorce de différens
» arbres, & aux fruits des arbuftes fauvages, pour appaifer
» leur faim.

» AUTOUR des cabanes, rodoient des volailles apprivoi-
» fées, d'une groffe efpèce, & d'un plumage brillant : les
» Infulaires n'avoient pas d'autres animaux domeftiques :
» je remarquai auffi des tas de coquillages, dont ils
» venoient de manger le poiffon. Par-tout où nous

Ann. 1774.
Septembre.

» allions; les Indiens montroient fi peu de curiofité, que
» la plupart ne fe remuoient pas de deffus leur fiége, quand
» nous paffions devant leurs cabanes; ils parloient très-rare-
» ment, & prefque toujours d'un ton férieux. Les femmes
» avoient plus de gaieté, & les meres traînoient toutes
» leurs enfans fur leur dos dans une efpèce de fac.

» Nous retournames dîner à bord; mais nous redef-
» cendîmes enfuite à terre. Ayant obfervé que les buiffons
» & les arbres près, du rivage, étoient plus remplis d'oifeaux
» que dans l'intérieur des terres, nous ne nous éloignâmes
» pas de la plaine, afin d'augmenter notre Collection Zoo-
» logique. Il y avoit, au bord de l'eau, un autre grouppe de
» cabanes; les Naturels faifoient du feu fous un de leurs
» pots de terre, plein de coquillages, dont ils alloient ainfi
» griller le poiffon. L'un des Indiens tenoit à fa main une
» hache d'une forme remarquable: elle étoit d'un mor-
» ceau crochu de bois, avec un gros nœud; fon manche
» n'avoit pas plus de fix pouces; l'autre extrémité étoit
» creufée, & une pierre noire placée dans la cavité qu'elle
» rempliffoit exactement, fans être attachée, comme dans
» les haches des Ifles de la Société & des Amis. Nous attei-
» gnîmes enfuite un enclos de pieux autour d'un mondrain
» de quatre pieds de haut: dans l'intérieur de l'enclos, il
» y avoit d'autres pieux fichés en terre, & garnis de gros
» coquillages: on nous apprit qu'on y enterroit les Chefs
» du diftrict. Puifque nous avons trouvé de nombreux cime-
» tieres fur les collines, il paroît que c'eft parmi eux une
» coutume générale d'enterrer les morts: cette méthode
» femble plus judicieufe que celle des Taïtiens, qui les
» expofent

» exposent au-dessus de terre, jusqu'à ce que toute la chair
» soit tombée en pourriture. Si la mortalité étoit plus confi-
» dérable aux Isles de la Société qu'on n'a lieu de le croire,
» cet usage auroit peut-être les suites les plus funestes, &
» produiroit une terrible maladie épidémique. Les Euro-
» péens doivent prendre garde de communiquer à ces
» Peuples des maladies contagieuses : la petite-vérole, par
» exemple, feroit sans doute un ravage épouvantable, &
» détruiroit peut-être toute la race des Taïtiens.

ANN. 1774.
Septembre.

» L'ACRETÉ du poison, que nous portions dans nos
» veines, mon Pere & moi, nous épuisa bientôt : nous avions
» été obligés de nous asseoir souvent pour réparer nos forces;
» des retours de vertiges nous ôtoient, pour quelque tems,
» l'usage de la raison, &, malgré nos efforts, nous ne pou-
» vions ni voir, ni penser, ni former un jugement. Je re-
» grette sur-tout que cet accident nous soit arrivé dans un
» pays nouvellement découvert, où nous avions besoin d'une
» santé parfaite, d'une attention & d'un discernement
» extrêmes, afin de profiter de notre séjour parmi des
» Insulaires si différens de ceux que nous avions vus. Si
» cette partie de] notre Relation ne répond pas à l'at-
» tente des Lecteurs, ils sont priés de considérer notre
» triste position.

» LE 11, nous redescendîmes à terre, quoiqu'il plut
» beaucoup, & nous fîmes une promenade à l'Est : nous
» vîmes un grand nombre d'oiseaux, & nous enrichîmes
» notre Collection de plusieurs espèces nouvelles. Sans doute
» le voisinage d'un continent aussi étendu que celui de la

» Nouvelle-Hollande, contribue à augmenter la variété des
» productions animales & végétales de cette Isle. A l'appui
» de cette assertion, on peut citer le témoignage du Ca-
» pitaine Cook, & de ceux qui avoient été avec lui à
» la Nouvelle-Hollande, lors de son premier Voyage : tous,
» en examinant la Nouvelle-Calédonie, prononcerent,
» d'un commun accord, que, par l'aspect, elle ressembloit
» absolument à ce continent. On dit que la Nouvelle-
» Hollande differe de la Nouvelle-Calédonie, seulement
» en ce qu'elle a, en quelques endroits, un sol plus fertile,
» composé d'une couche de terre végétale ; mais la crois-
» sance des arbres, la sécheresse, la face brûlée du pays
» y est la même ; il n'y a pas non plus d'arbrisseaux dans
» les forêts. Nous nous arrêtâmes à quelques maisons pla-
» cées sous des arbres touffus : les Insulaires étoient assis
» oisivement, sans aucune occupation, & les jeunes-
» gens seuls se leverent à notre approche. L'un des
» hommes avoit les cheveux parfaitement blonds, un
» teint beaucoup plus blanc que ses Compatriotes, & le
» visage couvert de rousseurs. La foiblesse des organes, &
» sur-tout celle des yeux, des individus anomales qu'on a
» trouvé chez les Nègres d'Afrique & les Habitans d'Amé-
» rique, des Moluques & des Isles Tropiques de la mer
» du Sud, a fait croire qu'une maladie du pere & de la
» mere a occasionné ces variétés (a) ; mais nous n'apper-
» çûmes dans cet homme aucun symptome de foiblesse,

_____

(a) « Cette opinion est très-habilement présentée par M. Paw,
» dans les Recherches Philosophiques sur les Américains ; Vol. II, Sect. I,
» des Blafards & des Nègres blancs. »

ANN. 1774.
Septembre.

» ni aucun défaut dans l'organe de la vue : une autre cause
» doit donc avoir produit la couleur de ses cheveux & de sa
» peau. Un de nos Messieurs lui coupa une touffe de
» cheveux, & il en coupa une seconde à un Insulaire d'un
» teint ordinaire, & il nous donna l'une & l'autre. Les deux
» Naturels montrerent du mécontentement de ce qu'on leur
» coupoit ainsi les cheveux; mais, comme l'opération fut
» faite avant qu'ils s'en apperçussent, on les appaisa bientôt,
» en leur offrant quelques bagatelles. La bonté de leur
» caractere, & leur indolence semblent incompatibles avec
» un long ressentiment.

» EN QUITTANT ces huttes, nous nous séparâmes, &
» chacun erra de son côté, au milieu de la campagne. Le
» Docteur Sparrman & mon Pere allerent sur les collines,
» tandis que je restai dans la bordure boisée de la plaine,
» & que je causai le plus qu'il me fut possible avec les
» Naturels. Ils me donnerent les noms de divers districts
» de l'Isle, dont nous n'avions jamais entendu parler aupa-
» ravant, & dont je ne pus faire aucun usage, faute d'en
» connoître la situation. Je vis de nouveau des Naturels
» qui avoient une jambe ou un bras d'une grosseur énorme,
» pareils à ceux qui frapperent nos regards à notre premier dé-
» barquement : l'un d'eux avoit les deux jambes ainsi enflées;
» je les touchai, & je les trouvai très-dures; mais la peau
» n'étoit ni également grossiere, ni également écaillée dans
» tous les malades; l'expansion démésurée de la jambe ou
» du bras, ne paroissoit pas les gêner beaucoup, & autant
» que je le compris, ils y sentent rarement de la douleur :
» quelques-uns cependant avoient une espèce d'excoriation,

Nn 2

» & il commençoit à s'y former des puſtules qui annon-
» çoient un plus grand degré de pourriture. La lèpre, dont
» cette éléphantiaſis, ou enflure extraordinaire eſt une
» eſpèce, ſuivant l'opinion des Médecins, ſemble être une
» maladie particulière aux climats ſecs & brûlés. Les pays
» qu'elle déſole le plus, tels que la côte du Malabar, l'E-
» gypte, la Paleſtine & toute l'Afrique, eſſuient ſouvent
» des ſéchereſſes, & renferment en pluſieurs endroits de
» vaſtes déſerts ſablonneux.

» J'OBSERVAI de plus-en-plus que les hommes de la Nou-
» velle-Calédonie ont moins d'égards pour leurs femmes
» que les Habitans de Tanna; elles ſe tenoient toujours
» éloignées d'eux, & elles paroiſſoient craindre de les of-
» fenſer, même par leurs regards ou par leurs geſtes : plu-
» ſieurs traînoient ſur leur dos des fagots de bois à brûler:
» leurs inſenſibles maris daignoient à peine les regarder;
» & ils reſtoient dans leur phlegmatique indolence.

» APRÈS avoir dîné à bord, nous redeſcendîmes à terre,
» & nous tuâmes un parrot d'une jolie eſpèce, entièrement
» nouvelle pour les Zoologiſtes : il étoit caché dans une
» plantation, la plus belle que j'euſſe vue à la Nouvelle-
» Calédonie, par ſon étendue, ainſi que par la variété, &
» l'abondance des végétaux qu'elle renfermoit : il y avoit
» différentes allées de bananes, pluſieurs champs d'ignames,
» d'eddoës & de cannes à ſucre, & des yambos *Eugenia*;
» des ſentiers en ſéparoient les différentes parties.

» NOUS TIRAMES au but pour amuſer les Naturels, qui

» mettoient pour marque leurs maſſues , & qui étoient ravis
» de notre habileté. »

LE SOIR, les bateaux, que j'avois envoyés à l'Oueſt, arriverent à bord , & je fus informé des circonſtances ſuivantes.
Le matin même du jour de leur départ, ils avoient pris terre
pour arriver à une hauteur, d'où la vue commandoit toute
la côte. M. Gilbert croyoit l'avoir vue ſe terminer à l'Oueſt;
mais M. Pickerſgill n'étoit pas de cette opinion , quoique
tous les deux convinſſent que le vaiſſeau ne pouvoit point
paſſer par cette route. De ce lieu ils allerent , accompagnés de
quelques Habitans, à Balabéa, qu'ils n'atteignirent qu'après
le coucher du Soleil ; & , comme ils en partirent le lendemain avec le crépuſcule, leur expédition devint inutile, &
les deux jours ſuivans furent employés à regagner le vaiſſeau. Un des bateaux fit ſubitement une voie d'eau & fu* au
môment de ſe perdre ; ce qui l'obligea à jeter beaucoup
de choſes pardeſſus bord, avant de parvenir à l'étancher.
Ils acheterent d'une pirogue qui venoit de pêcher le long
des récifs, du poiſſon, autant qu'ils en purent manger. A
Balabéa, le Chef, appellé Téaby, & les Habitans qui
s'étoient aſſemblés ſur le rivage afin de les voir, leur firent
l'accueil le plus obligeant. Néanmoins, pour n'être point
trop preſſés par la foule, les Officiers tirerent une ligne, &
les avertirent de ne point paſſer outre. Les Indiens ſe conformerent à cette défenſe, & bientôt après, l'un d'eux fut la
tourner à ſon avantage : il avoit quelques noix de cocos
qu'un des nôtres voulut lui acheter, & qu'il ne jugeoit pas à
propos de vendre. S'étant retiré , & ſe voyant ſuivi par l'ache-
teur, il s'aſſit ſur le ſable, traça autour de lui un cercle, comme

il l'avoit vu faire aux Gens de l'équipage, & fignifia à celui qui l'importunoit de ne point dépaffer fa ligne de démarcation : on foufcrivit à fes intentions. Comme ce fait a été bien attefté , je ne l'ai pas cru indigne de trouver place dans ce Journal.

« M. PICKERSGILL nous donna de nouveaux détails fur
» fa petite expédition. En débarquant, il trouva l'afpect du
» pays vers l'extrémité Nord-Oueft de l'Ifle, affez femblable
» à la partie qui faifoit face à notre mouillage, mais plus
» fertile & plus cultivée, & couverte d'une plus grande
» quantité de cocotiers.

» L'un des Naturels qui l'accompagna à Balabéa, s'ap-
» pelloit Boobik : il étoit très-facétieux, &, à cet égard, fort
» différent de la plupart de fes Compatriotes : il parla
» d'abord beaucoup à nos Gens ; mais enfuite les vagues
» s'élevant & inondant le bateau, il devint filencieux, & il
» fe glifla dans la couverture de la chaloupe, pour fe mettre
» à l'abri des vagues, & diffiper le froid que le vent pro-
» duifoit fur fon corps nud. Comme il n'avoit point pris
» de provifions, la faim le preffa tout-à-coup, & il reçut
» avec reconnoiffance ce qu'on lui donna.

» LES NATURELS de cette Ifle font exactement de la
» même race que ceux de la Nouvelle-Calédonie ; leur
» caractere eft auffi bon, & ils vendirent volontiers leurs
» armes pour de petits ouvrages de fer, ou des étoffes de
» Taïti.

» LE DÉTACHEMENT fe retira, le foir, fous des buiffons,

ANN. 1774.
Septembre.

» &, après avoir grillé le poisson qu'il avoit acheté, il soupa.
» Quelques Naturels resterent avec M. Pickersgill, & par-
» lerent d'une grande terre qu'ils disoient être au Nord,
» & qu'ils appeloient *Mingha*, dont les Habitans étoient
» leurs ennemis & fort adonnés à la guerre. Ils indiquerent
» aussi un mondrain, ou *Tumulus* sépulcral, où étoit enterré
» un de leurs Chefs, tué par un Naturel de Mingha. Comme
» quelques-uns des Matelots rongeoient un os de bœuf sur
» le fin du souper, les Indiens se mirent à causer entr'eux
» d'un ton fort haut, & avec agitation ; ils regardoient nos
» Gens d'un air surpris & dégoûté, & enfin ils s'en allerent
» tous ensemble, témoignant par signes qu'ils soupçon-
» noient les Etrangers de manger la chair humaine. M. Pic-
» kersgill essaya de les détromper ; mais il ne put pas se
» faire entendre, & cela eût été d'autant plus difficile, que
» les Insulaires n'avoient jamais vu de quadrupèdes en vie.

» COMME la chaloupe avoit été mal réparée, M. Pic-
» kersgill fut obligé, à son retour, de débarquer avec
» quelques autres, le plutôt possible, sur la côte de la Nou-
» velle-Calédonie ; il ne laissa que des rames dans le bâti-
» ment, & il fit près de vingt-quatre milles à pied sur
» la côte, jusqu'à ce qu'il eût atteint le travers du vaisseau.
» Un des Aides du Chirurgien, qui étoit de cette excur-
» sion, rassembla une quantité prodigieuse de coquillages
» nouveaux & curieux sur l'isle de Balabéa, & plusieurs
» espèces nouvelles de plantes différentes de celles que
» nous avions vues dans les cantons que nous avions exa-
» minés ; mais, par des sentimens vils & absurdes, il nous
» cacha ses découvertes, quoiqu'il fût absolument incapable

» de les employer au progrès des Sciences (a). Nous re-
» grettâmes plus que jamais que notre maladie nous eût
» empêché de partager les dangers de cette petite ex-
» curſion. »

12.

Le 12, de très-bonne heure, j'ordonnai au Charpentier
de réparer la voie d'eau de la chaloupe, & aux Travailleurs
de faire la quantité d'eau néceſſaire pour remplacer celle
qu'on avoit conſommée les trois jours précédens. Comme
le Chef Téabooma n'avoit point reparu, depuis qu'il avoit
reçu les deux chiens en préſent, & que je deſirois laiſſer ſur
cette terre de quoi y produire une race de cochons,

(a) « Il eſt à propos d'avertir le Lecteur, qu'à bord de la Réſolution,
» nos recherches rencontroient des obſtacles de ceux mêmes qui auroient
» dû nous donner toutes ſortes de ſecours. Les Sciences & la Philoſophie,
» ont toujours été mépriſées des Ignorans, & nous avons partagé cette
» diſgrace ſans murmurer. Mais, comme nous ne pouvions pas acheter
» avec de l'or la bienveillance de chaque petit Tyran, on nous empê-
» choit de profiter des Obſervations des autres. Des faits connus de tous
» ceux qui nous entouroient, reſtoient des myſteres impénétrables pour
» nous. Il eſt extraordinaire ſans doute que des hommes occupés des
» Sciences, envoyés ſur un vaiſſeau appartenant à la Nation la plus
» éclairée de la Terre, ſoient privés des moyens d'étendre les connoiſ-
» ſances, & qu'on emploie pour cela des expédiens qui conviendroient
» à des Barbares: mais ſûrement le Voyageur qui viſite les ruines de
» l'Égypte & de la Paleſtine, n'eſſuie pas plus de diſgraces de la part
» des Bédouins & des Arabes que nous n'en avons éprouvés : chaque
» recherche de Minéralogie que nous entreprenions de faire, ſembloit con-
» tenir un tréſor, qui devenoit l'objet de l'envie. Sans quelques perſonnes
» dont le caractere généreux, & l'amour déſintéreſſé pour les Sciences,
» ranimoient notre courage, nous aurions probablement ſuccombé ſous
» cette malveillance que les ordres poſitifs de M. Cook ne pouvoient
» pas toujours réprimer. »

j'embarquai

J'embarquai dans ma chaloupe un mâle & une truie, & j'allai
à la crique des Mangliers pour y trouver mon Ami, afin de ANN. 1774.
Septembre.
les lui donner. Mais, en y arrivant, on nous dit qu'il étoit
dans l'intérieur de la contrée, & qu'on alloit le chercher. Je
ne sais si l'on prit cette peine ; mais, ne le voyant pas arriver,
je résolus de mettre les cochons à la garde du plus distingué
des Insulaires qui étoient présens. Appercevant l'Indien qui
nous avoit servi de Guide sur la montagne, je lui fis entendre
que je me proposois de laisser les deux cochons sur le rivage,
& j'ordonnai qu'on les fît sortir de la chaloupe. Je les pré-
sentai à un grave vieillard, dans la persuasion que je pouvois
les lui confier avec sûreté ; mais, secouant la tête, il me fit
signe, ainsi que tous les autres, de reprendre les cochons
dans le bateau, « parce qu'il en étoit épouvanté. Il faut
» convenir que la forme de ces quadrupèdes n'est pas at-
» trayante ; & ceux qui n'en ont jamais vu, ne doivent pas
» prendre du goût pour eux. » Comme je persistois à les leur
laisser, ils parurent délibérer ensemble sur ce qu'ils devoient
faire, & ensuite notre Guide me dit de les envoyer à l'*Alée-*
kée (au Chef). Nous nous fîmes donc conduire à l'habitation
du Chef, que nous trouvâmes assis dans un cercle de huit
ou dix personnes d'un âge mûr. Dès que je fus introduit avec
mes cochons, on me pressa très-civilement de m'asseoir, &
alors je leur vantai l'excellence des deux quadrupèdes, & je
m'efforçai de leur persuader combien la femelle leur donneroit, en une seule fois, de petits, qui venant eux-mêmes à
se multiplier, leur en produiroient un nombre considérable.
J'exagérois ainsi la valeur de ces animaux, pour engager ces
Indiens à les nourrir avec le plus grand soin ; & je crois,
qu'à cet égard, je réussis pleinement. Dans cet intervalle,

Tome III. Q o

deux personnes qui avoient quitté la campagne, revinrent avec six ignames, qu'elles me présenterent. Je pris ensuite congé d'eux, & je retournai à bord.

J'AI DÉJA OBSERVÉ qu'à cette crique il y avoit un petit Village, & je le trouvai beaucoup plus grand que je ne l'avois d'abord jugé. L'espace de terrain cultivé dans les environs est assez étendu. La distribution en est très-réguliere, & il y a des plantations d'ignames, de cannes à sucre, de bananes & de racines, qu'ils appellent *Taro* ou *Eddy*. Les champs d'Eddy étoient très-bien arrosés par des rigoles pratiquées depuis le principal ruisseau qui coule des montagnes, & conduites, avec industrie, par des sinuosités à travers la plantation. Ils plantent ces racines de deux manieres. Quelques-unes sont sur un terrain horizontal, auquel ils donnent la forme d'un quarré, ou d'un quarré long. Ils abaissent le sol au-dessous du niveau de la terre adjacente; de sorte qu'ils peuvent introduire, sur les plantes, autant d'eau qu'ils en veulent : j'ai communément vu sur ces quarrés deux ou trois pouces d'eau; mais je ne sais pas si cela est toujours nécessaire. D'autres sont sur des planches bombées, larges de trois ou quatre pieds, & hautes de deux ou de deux & demi : sur le milieu du sommet de la planche, est une rigole étroite, destinée à recevoir les eaux qui doivent arroser les racines de chaque côté de ce petit canal; & les eaux sont si judicieusement distribuées, que le même courant arrose plusieurs planches. Ces planches, relevées en anse de panier, servent quelquefois à séparer les plantations horizontales; &, quand cette méthode est employée, ce qui arrive d'ordinaire dans les occasions où il faut pratiquer un sentier, ou

quelque paſſage, ils ne perdent pas un pouce de terrain.
Peut-être que la différence des racines plantées, ſuivant l'une
& l'autre méthodes, rend ces deux préparations néceſſaires. Elles ne ſont pas toutes d'une même couleur; il en eſt
d'un bien meilleur goût que d'autres, mais elles ſont très-
ſaines & très-nourriſſantes. Les têtes de ces racines fourniſſent encore une bonne eſpèce de légume que mangent les
Naturels. Les hommes, les femmes & les enfans travaillent à
ces plantations.

« APRÈS avoir rodé au milieu des marais & des planta-
» tions, nous parvînmes à une maiſon détachée des autres,
» enfermée de pieux, par-derriere laquelle il y avoit une
» rangée de colonnes de bois : chacune étoit d'environ un
» pied quarré de large & de neuf de haut, & le ſommet re-
» préſentoit une tête humaine groſſièrement ſculptée. Nous
» y trouvâmes un vieillard ſolitaire, qui, en nous montrant
» ces colonnes, nous fit ſigne que c'étoit ſon cimetiere. C'eſt
» une choſe remarquable, que tous les Peuples policés ou
» ſauvages érigent des monumens ſur les lieux, où ils enter-
» rent leurs morts.

» NOUS RENCONTRAMES enſuite des Naturels, & ſur-
» tout des femmes, qui défrichoient & qui bêchoient une
» pièce de terre marécageuſe, probablement afin d'y planter
» des ignames & des eddys. Elles ſe ſervoient d'un inſtru-
» ment dont le bec étoit recourbé & pointu : ce même
» inſtrument ſemble leur ſervir auſſi d'arme offenſive.

» LES PLANTATIONS exigent des ſoins extraordinaires, à

» caufe de la maigreur du fol. En effet, je n'ai jamais vu, dans
» aucune autre Ifle de la Mer du Sud, les Infulaires bêcher de
» cette maniere. Nous tuâmes ici des oifeaux curieux. »

L'APRÈS-MIDI, je retournai à terre, où, fur un grand
arbre voifin de l'aiguade, & proche du rivage, je fis graver
une Infcription, contenant le nom du vaiffeau, la date de
notre arrivée, &c. comme un témoignage que nous avons,
les premiers, découvert cette contrée; j'ai obfervé cette for-
malité fur toutes les nouvelles Terres que nous avons
reconnues.

« NOUS REMONTAMES, pour la derniere fois, le ruiffeau
» où on avoit rempli nos futailles; &, après avoir cueilli
» quelques plantes, que notre maladie nous avoit empêché
» de raffembler plutôt, il fallut quitter cette grande Ifle. »

NOUS CONGÉDIAMES nos Amis & retournâmes au vaiffeau, où je fis mettre à bord nos bâtimens à rames, dans le
deffein d'être prêts, le lendemain, à reprendre la mer.

Pl. 52

Benard Direx

HOMME DE LA NOUVELLE CALÉDONIE.

CHAPITRE IX.

Description de la Nouvelle-Calédonie. Mœurs,
Coutumes & Arts de ses Habitans.

JE TERMINERAI les observations que nous ayons faites, durant
notre séjour sur cette côte, par quelques détails sur la contrée
& sur ses Habitans. Nous y avons trouvé les hommes forts,
robustes, actifs, bien faits, civils & paisibles ; & nous leur
avons reconnu une qualité rare, parmi les Nations de cette
Mer, c'est qu'ils n'ont pas le plus léger penchant au vol. Ils
sont presque de la même couleur que les Habitans de
Tanna ; mais ils ont des traits plus réguliers, un air plus
agréable ; ils sont plus robustes & de plus haute taille : quelques-uns ont six pieds quatre pouces. Il en est qui ont les
lèvres épaisses, le nez plat, les traits & la mine des Nègres.
Deux choses contribuoient à former ce rapprochement dans
notre esprit, leur tête moutonnée, & l'usage de se frotter le
visage avec une espèce de fard d'un noir luisant. En général,
la couleur de leurs cheveux & de leur barbe est noire. Leurs
cheveux, naturellement bouclés, paroissent, à la première
vue, ne pas différer de ceux des Nègres ; & cependant ils
sont d'une toute autre nature, & plus rudes & plus forts que
les nôtres. Plusieurs les laissent croître & les relevent sur le
sommet de la tête ; d'autres n'en conservent qu'une touffe de
chaque côté, qu'ils nouent avec beaucoup de soin ; & il y en

ANN. 1774.
Septembre.

a qui, comme toutes les femmes, les portent courts. Des cheveux de cette rudesse demandent à être souvent peignés; &, à cet effet, ils ont un instrument très-convenable. C'est une espèce de peigne, dont les dents sont de petits bâtons d'un bois dur, de la grosseur des aiguilles à faire les bas, & de la longueur de sept à neuf & dix pouces. Ces brochettes, dont le nombre est de vingt, mais plus souvent au-dessous, sont liées ensemble par un bout, & parallèlement à la distance d'un dixieme de pouce l'une de l'autre. Les autres extrémités, qui sont un peu pointues, s'ouvrent comme les branches d'un éventail. Ce peigne, dont ils se servent pour se gratter & faire tomber leurs poux, est toujours attaché à leurs cheveux d'un côté de la tête. Les Habitans de Tanna ont un instrument pareil, pour le même usage; mais les dents en sont fourchues, & le peigne ne contient pas plus de trois ou quatre dents, & ce n'est quelquefois qu'un petit bâton pointu. Leur barbe est de la nature de leurs cheveux, & la plupart la portent courte. Ils ont assez communément des ulcères aux pieds & aux jambes; & nous avons remarqué que presque tous ont le scrotum enflé. Je ne dirai pas si ce gonflement est occasionné par quelque maladie, ou s'il est causé par la pagne qu'ils portent comme à Tanna & Mallicolo. Cette pagne, leur seul vêtement, est ordinairement d'écorce d'arbre ou de feuilles. Ils emploient à cela les petites pièces d'étoffe & les feuilles de papier que nous leur donnions. Nous leur avons vu des vêtemens grossiers, d'une espèce de natte; mais il ne paroît pas qu'ils les portent jamais. Quelques-uns avoient sur la tête un grand bonnet noir de forme cylindrique; & cet ornement très-considéré parmi eux, semble réservé aux Chefs & aux Guerriers. Quand, dans

Pl. 53.

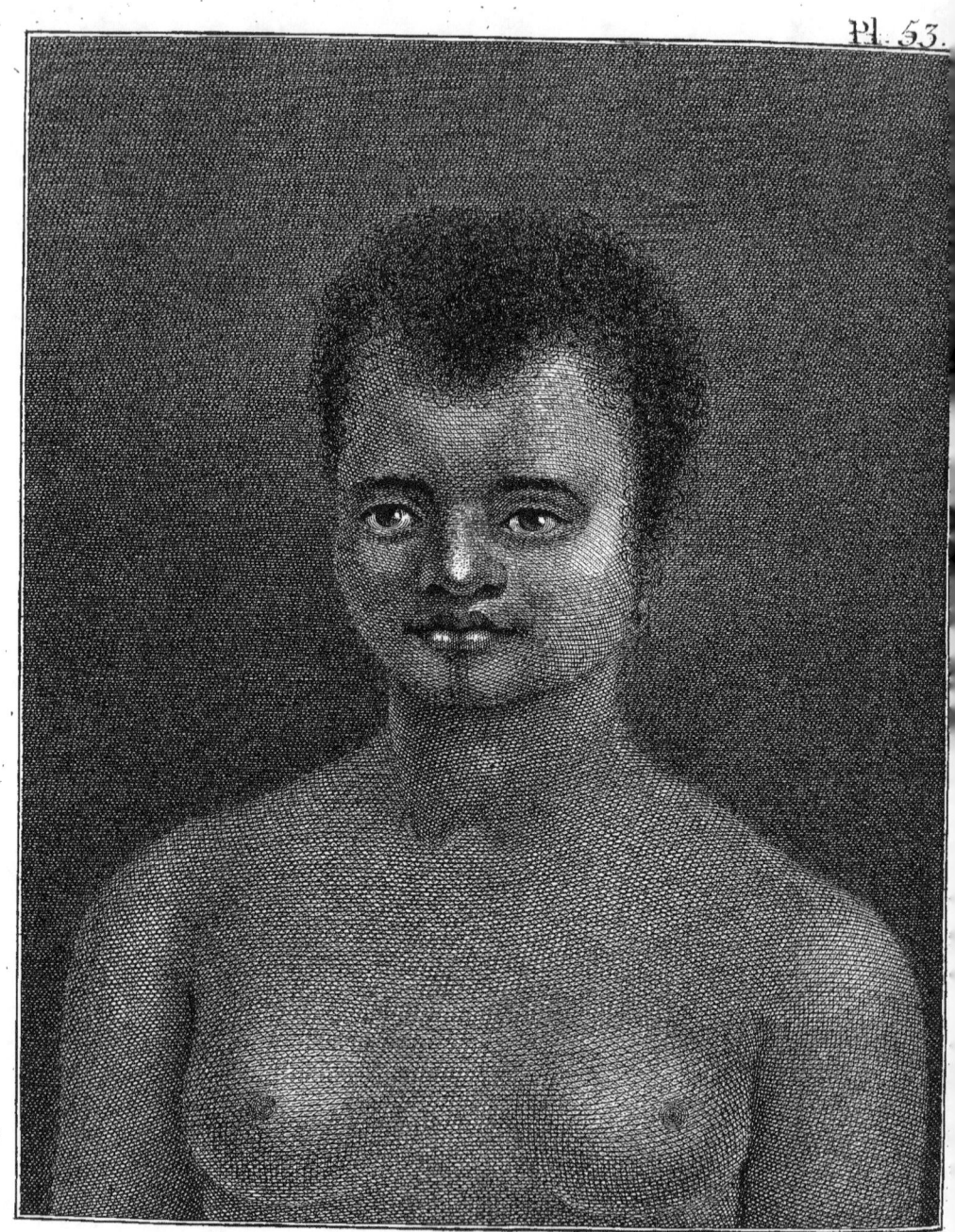

Benard Direx.

FEMME DE LA NOU.ᴸᴱ CALÉDONIE.

les échanges, nous leur donnâmes des feuilles de gros papier, ils en firent tout de suite de ces bonnets.

Le vêtement des femmes est une jupe courte, de fibres de bananiers, attachée à un cordon qu'elles nouent autour des reins. L'épaisseur est au moins de six ou huit pouces; mais la longueur n'est pas plus considérable qu'il le faut pour l'usage auquel elle est destinée. Les filamens extérieurs sont teints de noir, & la plupart garnis de nacre de perle sur le côté droit. Les deux sexes se parent également de pendans d'oreilles d'écaille de tortue, de bracelets, ou d'amulettes, l'un & l'autre de coquillages & de pierres; les bracelets se portent au-dessus du coude. En divers endroits du corps, ils se tatouent la peau; mais ces piquures ne sont point noires, comme dans d'autres Isles. Les Habitans de Tanna s'impriment beaucoup de ces mêmes traits.

S'il me falloit juger de l'origine de cette Nation, je la prendrois pour une race mitoyenne entre les Peuples de Tanna & des Isles des Amis, ou entre ceux de Tanna & de la Nouvelle-Zélande, ou même entre les trois, par la raison que leur langue n'est, à quelques égards, qu'un mêlange de celles de ces différentes Terres. Les Calédoniens sont à-peu-près du caractere de ceux qui habitent les Isles des Amis; mais ils ont beaucoup plus de douceur & d'affabilité.

La quantité de leurs armes offensives doit faire croire que, malgré leur inclination pacifique, ils sont quelquefois en guerre. Ces armes sont des massues, des lances, des dards

& des frondes, pour lancer des pierres. Les maſſues, longues de deux pieds, ont diverſes formes; quelques-unes reſſemblent à une faulx & d'autres à une hache : il en eſt dont la tête eſt pareille à celle d'un faucon, & d'autres qui ſont à tête ronde; mais toutes ſont proprement travaillées. Pluſieurs de leurs lances & de leurs javelots ſont faits avec le même ſoin, & ornés de bas-reliefs. Les frondes ſont auſſi ſimples qu'il eſt poſſible : « Elles reſſemblent beaucoup aux *glandes* » *plumbæ* des Romains *(a)* ; » mais pour les pierres qu'ils lancent, ils prennent la peine de les polir, & de leur donner à-peu-près la configuration d'un œuf, également gros par les deux bouts. Pour lancer le dard, ils ſe ſervent d'un cordon, comme à Tanna. Ils font un grand uſage du dard pour le poiſſon; & je ne ſais même pas s'ils ont une autre maniere de prendre de gros poiſſons; car je n'ai vu, parmi eux, ni lignes ni hameçons.

IL EST PEU NÉCESSAIRE de parler des outils dont ils ſe ſervent; car ils ne different guères, pour la matiere & pour la forme, de ceux qui ſont en uſage dans les autres Iſles. Leurs haches pourroient paroître d'une forme un peu plus différente; mais cette différence eſt autant dûe au caprice qu'à la coutume.

LEURS MAISONS, du moins pour la plupart, ſont conſtruites ſur un plan circulaire : elles ne reſſemblent pas mal à des ruches d'abeilles, & elles ne ſont ni moins cloſes ni

(a) *Voyez* les Antiquités du Comte de Caylus III. 327, *Tab. XCII.* *Fig.* 3.

moins

Pl. 54.

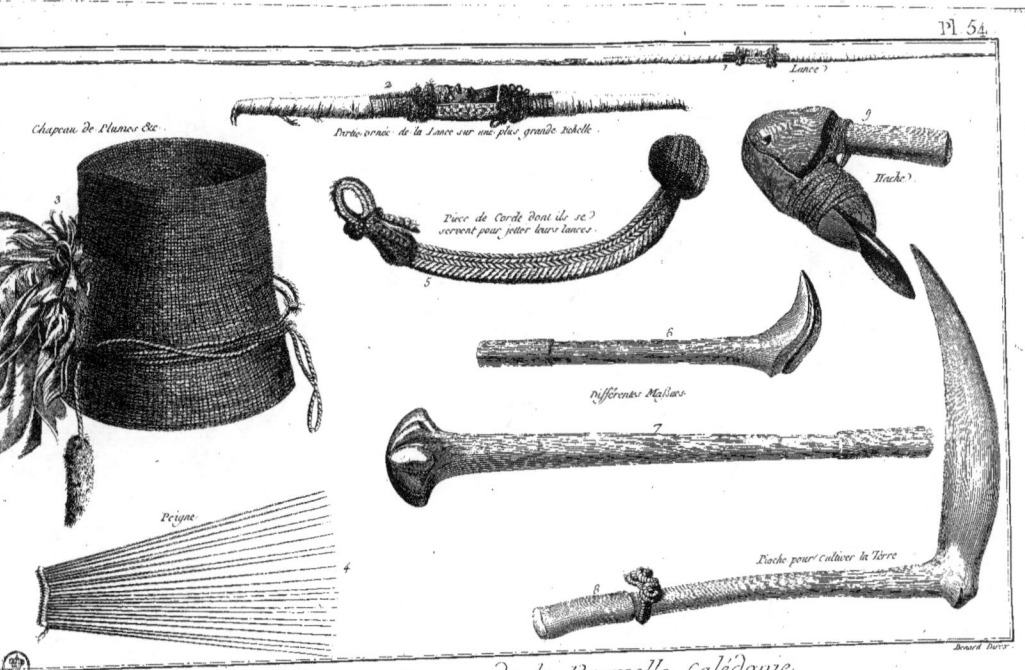

Chapeau de Plumes &c.

Partie ornée de la Lance sur une plus grande échelle.

Lance.

Hache.

Pièce de Corde dont ils se servent pour jetter leurs lances.

Différentes Massues.

Peigne.

Pioche pour cultiver la Terre.

Benard Direx.

Ornements et Armes de la Nouvelle Calédonie.

moins chaudes : l'entrée eſt un long trou quarré , préciſément de la grandeur qu'il faut pour admettre un homme
plié en deux. Du plancher à la naiſſance du toit, la hauteur
eſt de quatre pieds & demi; mais le toit, qui eſt d'une élévation conſidérable , ſe termine en pointe au ſommet, au-
deſſus duquel s'éleve un poteau, orné de bas-reliefs ou de
coquillages, ou des deux à-la-fois ces huttes ſe conſtruiſent avec
des perches, des roſeaux , &c. & les deux côtés & le toit
ſont épais & bien couverts d'un chaume de longues herbes
groſſieres. Dans l'intérieur de la cabane, il y a des poteaux
dreſſés, qui ſoutiennent des échaffaudages de lattes, où ils placent leurs proviſions, ou toute autre choſe. Quelques-unes de
ces maiſons ont deux planchers l'un ſur l'autre. Sur le plancher eſt répandue de l'herbe ſéche, &, çà & là, on voit des
nattes étendues & deſtinées à ſervir aux Maîtres de ſiége pendant le jour, & de lit pendant la nuit. Dans la plupart, nous
avons remarqué deux foyers, & communément un feu allumé; & comme la fumée n'a d'autre iſſue que la porte,
toute la maiſon eſt ſi chaude & ſi enfumée, que, pour nous
qui ne ſommes pas habitués à un pareil athmoſphère, il nous
étoit impoſſible d'y reſter un moment.

VOILA, ſans doute, pourquoi ces Peuples ſont ſi frilleux
en plein air, s'ils ne font pas de l'exercice. Nous les avons
vu fréquemment allumer de petits feux, & ſe ranger autour,
afin de ſe réchauffer. Peut-être eſt-il néceſſaire que les maiſons ſoient ainſi enfumées pour en écarter les mouſquites,
qui ſont ici très-multipliées. A quelques égards, il y a
de la propreté dans ces habitations; car, outre les ornemens
du ſommet, les poteaux de la porte ſont ſouvent décorés

ANN. 1774.
Septembre.

Ann. 1774.
Septembre.

de bas-reliefs ; & fi d'ailleurs elles paroiffent peu convenables dans un climat chaud, elles feroient du moins très-
bien entendues fous un Ciel plus rigoureux : comme il
n'y a qu'une feule pièce, fans aucune féparation, les membres
d'une même famille vivent toujours enfemble.

Les ustensiles de ménage fe réduifent à très-peu de
chofe : la jarre de terre, dont nous avons parlé, eft le feul
digne de remarque. Dans chaque maifon, on compte une de
ces jarres, & quelquefois plufieurs. Ils y cuifent leurs racines,
& peut-être encore le poiffon, &c.
Le feu de la cuifine eft en-dehors de la
maifon, en plein air. Sur le foyer font
trois ou cinq pierres pointues, fixées
en terre. Les pointes s'élevent au-deffus de la furface, d'environ fix pouces
de cette maniere :

Les foyers de trois pierres, ne font que pour une feule jarre ;
ceux de cinq en admettent deux. Les jarres ne fe pofent
point fur leur fond, mais inclinées fur un côté. On place ainfi
ces pierres afin d'élever affez les jarres pour donner de l'air
au feu.

Les Naturels ne fe nourriffent que de racines, de poiffons
& de l'écorce d'un arbre, qu'on dit croître aux Indes Occidentales. Ils grillent cette écorce, & ils en mâchent continuellement des morceaux : elle a un goût douceâtre,
infipide ; & quelques perfonnes de l'équipage en mâcherent
avec plaifir. L'eau eft leur unique boiffon, du moins je n'en
ai pas remarqué d'autre.

LES BANANES & les cannes à fucre ne s'y trouvent pas en
abondance. Le fruit à pain eft rare ; & les cocotiers n'y
pouffent pas des tiges auffi vigoureufes que dans les autres
Ifles ; tous ces arbres ne produifent d'ailleurs qu'une médiocre
quantité de fruits.

ANN. 1774.
Septembre.

SI NOUS JUGIONS de la population, par la quantité d'Habitans que nous vîmes journellement, nous pourrions croire
qu'elle eft très-nombreufe ; mais il eft probable que notre
relâche raffembla les Naturels de toutes les parties de l'Ifles.
M. Pickerfgill, en côtoyant la côte à l'Oueft, obferva que
la contrée étoit très-peu peuplée ; & nous sûmes que les
Habitans de l'autre partie de l'Ifle, traverfoient prefque
chaque jour les montagnes pour nous faire vifite. Cette
terre, néanmoins, eft peuplée en raifon de fes productions :
les bords de la Mer, les vallées & les plaines, font habités
autant que le permet l'état de la culture. Il ne paroît pas que
cette contrée puiffe fournir une fubfiftance fuffifante pour
une nombreufe population. La Nature a été moins libérale
ici, que fur les autres Ifles des Tropiques, que nous connoiffons dans cette mer. La plupart des cantons, ou du
moins ceux que nous en avons examinés, ne confiftent guères
qu'en montagnes, où le roc eft à peine couvert d'un peu de
terre, que brûle continuellement le Soleil ; & les herbes, &c.
qui y croiffent, deviennent inutiles à un Peuple qui n'a point
de bétail.

LA STÉRILITÉ du fol difpenfe les Habitans de contribuer aux befoins des Navigateurs. Peut-être la mer dédom-
mage-t-elle ces Infulaires de ce défaut de productions ; car

la côte, bordée de récifs & de basses, ne peut manquer
d'être poissonneuse.

J'AI DÉJA OBSERVÉ que le pays a beaucoup de ressemblance
avec la Nouvelle-Galles méridionale, ou Nouvelle-Hollande;
& que ses productions sont à-peu-près les mêmes. On y
trouve, en particulier, l'arbre dont l'écorce blanche, douce
au toucher, se déchire & s'enlève aisément, & qu'on m'a assuré
être le même que celui, qui, dans les Indes Orientales, sert
au calfatage des vaisseaux. Il a un bois très-dur; ses feuilles
longues & étroites, sont d'un verd fort pâle, & très-aro-
matiques. On y voit d'ailleurs diverses plantes communes
aux Isles situées à l'Est & au Nord, & même une espèce
de fleur de passion, qu'on prétend ne croître naturellement
qu'en Amérique. Nos Botanistes n'eurent pas à se plaindre
du défaut d'occupations ; chaque jour ils découvroient
de nouvelles plantes. Les oiseaux de terre ne sont pas très-
multipliés, mais nous en apperçûmes plusieurs, qui nous
étoient inconnus ; & de ce nombre, une espèce de corbeau;
du moins nous lui donnâmes ce nom, quoiqu'il soit de
moitié plus petit que l'oiseau qu'on appelle ainsi, & que
ses plumes soient nuancées de bleu. Nous y avons remarqué
en outre de belles tourterelles, & d'autres petits oiseaux,
que nous ne connoissions point.

NOUS NE FÎMES que d'inutiles efforts, pour savoir le nom
de l'Isle entière. Peut-être est-elle trop étendue, pour que
ses Habitans aient songé à l'appeler d'une seule dénomination.
Toutes les fois que nous proposâmes là-dessus des questions,
ils nous donnerent toujours le terme de quelque district, que

nous leur montrions; &, comme je l'ai déja dit, nous parvînmes à connoître comment s'appeloient les districts, &
celui qui en est le Roi ou le Chef. Nous en conclûmes que
la contrée est divisée en cantons, dont chacun est gouverné
par un Chef; mais nous n'apprîmes rien de la nature de son
pouvoir. Le district où nous débarquâmes se nommoit
Balade; & il avoit pour Chef, Téa-Booma, qui résidoit de
l'autre côté de la chaîne des montagnes; cet éloignement
fut cause que nous le vîmes peu, & qu'il nous fut impossible
de juger de son autorité. *Téa* semble être un titre attaché
aux noms de tous les Chefs, ou du moins de la plus grande
partie des Insulaires d'un rang distingué. Mon Ami me faisoit
l'honneur de m'appeller *Téa* Cook.

ILS SONT dans l'usage d'enterrer les morts. Je n'ai point
vu les lieux destinés à la sépulture; mais quelques personnes
de l'équipage ont visité ces cimetieres, dans l'un desquels
étoit le tombeau d'un Chef, qui avoit perdu la vie dans une
bataille. Ce tombeau, qui ne ressembloit pas mal à une
grande taupiniere, étoit décoré, tout autour, de lances, de
darts, de pagayes, &c. fichées verticalement en terre.

LES PIROGUES sont assez semblables à celles des Isles des
Amis; mais je n'en ai jamais rencontré d'une construction plus
lourde & plus grossiere. Les doubles ou accouplées, sont composées de deux grands arbres, creusés en gouttiere, avec un
platbord, élevé d'environ deux pouces, & fermé à chaque
bout par une espèce de cloison de la même hauteur; de sorte
que chaque pirogue présente la forme d'un auge en quarré
long, d'environ trois pieds plus courts que toute la longueur
du bâtiment. Les deux pirogues ainsi préparés, sont liées

enfemble côté à côté , à trois pieds environ de diftance ; par
le moyen de quelques traverfes, fortement amarrées fur les
deux bords, & qui ont, à droite & à gauche, un pied
environ de faillie. Sur ces traverfes eft un pont, ou plate-
forme, de planches & de petites barres de bois rondes. Le
pont porte un foyer, où ils entretiennent toujours du feu ; &
il y a toujours une jarre pour y cuire les provifions. D'un
côté du pont, & tout près du bord, eft une rangée de chevilles qui reffemblent à de gros clous, affez près les unes des
autres, dont l'ufage eft d'empêcher les mâts, les vergues, &c.
de rouler pardeffus bord. Ces embarcations ont une ou
deux voiles latines, & chaque voile eft tendue fur deux
perches : l'une, qui fait la fonction d'une vergue latine, a
fon talon fixé à un trou dans le pont, & l'autre tient lieu
d'un bome. La voile eft de plufieurs nattes, les cordages
font de fibres de bananiers, treffées en cordes de l'épaiffeur
d'un doigt ; quatre tournées enfemble fervent de haubans, &c.
Ces pirogues, qui peuvent être fines voilieres, ne font point
du tout propres à marcher à la rame ou à la pagaye : le tems
ne leur permet pas d'aller à la voile, ils font dans l'ufage
de gabarer ; &, à cet effet, il y a des trous pratiqués à l'arriere du pont, à travers lefquels ils paffent les avirons, qui
font d'une telle longueur, que quand la palme eft dans l'eau,
le manche a encore quatre ou cinq pieds au-deffus du pont
ou de la plate-forme. Celui qui manœuvre eft debout derriere l'aviron, & pouffe, à force de bras, la pirogue en avant.
Cette maniere de faire route, n'eft pas bien expéditive ; &,
par cette raifon, ces bâtimens font d'une conftruction très-
mal entendue pour la pêche, & particulièrement pour celle
de la tortue, qu'il eft, je crois, bien difficile de harponner

sur ces navires. Les inftrumens de pêche, que j'ai vus, sont ANN. 1774.
Septembre.
des filets de tortue : je penfe qu'ils font de fibres de bananiers treffées : j'y ai remarqué auffi de petits filets à très-
petites mailles, qu'ils font avec une treffe de la groffeur
de nos lignes. Je préfume que leur méthode générale de
pêcher, eft de fe tenir fur les récifs à la baffe mer, & de
darder les poiffons qui paffent à portée de leurs traits. Peut-
être en emploient-ils d'autre, que nous n'avons pas eu d'occafion de connoître : car, pendant notre relâche, leurs pirogues n'ont pas été en mer; toute leur attention fe portoit
vers nous. Comme la longueur de leurs bâtimens eft d'environ 30 pieds, & le pont, ou la plate-forme d'environ 24 de
long fur dix de large : nous n'avions pas encore apperçu
dans la Contrée des arbres affés élevés pour en fournir
les bois de conftruction. On obferva que les trous pratiqués
dans les différentes pièces, pour les coudre enfemble,
étoient brûlés; mais nous n'apprîmes point dequel inftrument
ils fe fervent pour cette opération. Il eft vraifemblablement
de pierre, & c'eft par cette raifon qu'ils étoient fi avides de
nos grands clous; ils reconnurent tout de fuite, qu'ils feroient
très-propres à cet ufage. Je fus convaincu qu'ils n'attachoient
pas beaucoup de prix à nos outils tranchans, mais ils paroiffoient confidérer, d'un œil de cupidité, les chevillots de
fer fichés dans la liffe du gaillard d'arriere; ils fembloient les
eftimer infiniment plus qu'un clou, qui étoit deux fois plus
gros. Ces chevillots, qui font ronds, avoient peut-être la
forme de l'outil néceffaire à leurs travaux : auffi n'ai-je pas
remarqué qu'ils miffent autant de valeur à une hache, qu'à
un grand clou. Les petits clous ne furent pas fort recherchés;

& les grains de raffade, les miroirs, &c. ne devinrent pas pour eux un objet d'admiration.

LES FEMMES de cette Contrée, ainfi que celles de Tanna, font, autant que j'ai pu en juger, beaucoup plus chaftes que celles des Ifles fituées plus à l'Eft. Je n'ai pas entendu dire que quelqu'un de l'équipage ait obtenu la plus légere faveur d'une feule d'entr'elles. J'ai appris que ces Indiennes s'étoient diverties fouvent aux dépens de ceux qui les agaçoient, en fe retirant avec eux dans quelques bofquets, en feignant de fe rendre à leurs follicitations; & qu'à peine elles y étoient entrées, qu'elles prenoient la fuite, en jetant de grands éclats de rire : je ne fais fi c'étoit par chafteté ou par coquetterie.

CHAPITRE X.

CHAPITRE X.

Suite de la Navigation le long de la Côte de la Nouvelle - Calédonie. Réflexions sur l'état de l'Isle & des Habitans ; Observations, Géographiques & Nautiques.

Tout étoit disposé pour remettre en mer, & le 13 de Septembre, au lever du Soleil, nous levâmes l'ancre, avec un bon frais de vent de l'E. ¼ S. E., je gouvernai pour sortir de ce Canal, par où le vaisseau étoit entré.

Ann. 1774.
13 Septemb.

Nous avions passé sept jours & demi dans ce Havre ; mais, dès le troisieme, nous nous empoisonnâmes en mangeant du poisson, & nous perdîmes ainsi l'occasion de profiter de notre relâche : au moment du départ, nous n'étions pas entièrement guéris ; nous ressentions encore de violens maux de tête, des douleurs spasmodiques sur tout le corps, & nous avions des boutons aux lèvres. Notre foiblesse, qu'augmentoit de plus en plus la privation des nourritures fraîches, nous empêcha de nous livrer à nos occupations ordinaires.

C'est ainsi que nous quittâmes une Isle située dans la partie la plus occidentale de la Mer du Sud, éloignée seulement de douze degrés de la côte de la Nouvelle-

» Hollande, & habitée par une race d'hommes très-différens
» de ceux que nous avions vus jusqu'alors. Comme ils font
» proches de la Nouvelle-Hollande, on pourroit supposer
» cependant qu'ils ont la même origine que le Peuple de ce
» Continent ; mais, en comparant les Relations des Voya-
» geurs, qui y ont abordé, les Habitans des deux contrées
» n'ont point de ressemblance entr'eux, & leurs Vocabu-
» laires font absolument différens (a).

» APRÈS avoir rangé toute la bande septentrionale de
» la Nouvelle-Calédoine, nous avons jugé qu'il n'y a pas
» plus de cinquante mille ames sur une côte de mer de près
» de deux cens lieues. Le pays ne paroît pas propre à la
» culture dans la plupart des cantons: la plaine étroite qui
» l'environne, est remplie de marais jusqu'au rivage, & cou-
» verte de mangliers: il est difficile de desfécher cette partie
» avec des canaux ; le reste de la plaine est un peu plus éle-
» vé, mais d'un sol si mauvais, qu'il faut l'arroser par des
» rigoles. Derriere s'élevent plusieurs collines revêtues d'une
» terre féche & brûlée, où croissent çà & là quelques espèces
» de gramens ridés, le cayputy & des arbrisseaux. De-là,
» vers le centre de l'Isle, les montagnes intérieures, presque
» entièrement dépouillées de terre végétale, n'offrent qu'un
» mica rouge & brillant, & de gros morceaux de quartz.
» Ce sol ne peut pas produire beaucoup de végétaux: il
» est même surprenant qu'il en produise autant qu'on y en
» voit. Les bois, en différentes parties de la plaine, font rem-

(a) « M. Cook a eu la bonté de nous communiquer un Vocabulaire
» de la Nouvelle-Hollande. »

» plis de buiſſons, de liſerons, de fleurs & d'arbres touffus.
» Nous étions frappés de ce contraſte entre la Nouvelle-
» Calédonie & les Nouvelles-Hébrides, où le règne végétal
» brille dans toute ſa perfection : la diverſité du caractere
» des deux Peuples ne nous étonna pas moins. Tous les
» Naturels des Iſles de la mer du Sud, ſi on en excepte ceux
» que Taſman trouva à Tonga-Tabboo & à Anamoka (a), eſ-
» ſaient de chaſſer les Etrangers qui abordent ſur leur côte.
» Ceux de la Nouvelle-Calédonie, au contraire, nous re-
» çurent comme Amis : dès la premiere entrevue, ils mon-
» terent ſur notre vaiſſeau, ſans la moindre marque de
» défiance ou de crainte, & ils nous permirent d'errer libre-
» ment dans leur pays. Par leur teint & leurs cheveux
» laineux, ils ont du rapport avec les Habitans de Tanna ;
» mais ils ont une taille ſupérieure, des membres plus ro-
» buſtes, des traits plus doux & plus ouverts. Le caractere
» particulier de leurs viſages ſe trouve dans les deſſins très-
» exacts qu'a fait M. Hodges, & qui accompagnent ce Voyage.
» On peut auſſi ſe former une idée juſte de la contrée, en
» examinant les vues que cet habile Artiſte a copié d'après
» nature. »

» Nous remarquames beaucoup d'autres diffem-
» blances avec les Peuples de Tanna ; mais il eſt inutile
» de les rapporter. Ceux - ci, qui tirent de leurs plan-
» tations une grande quantité de végétaux, & dont les

(a) « Peut-être ceux-ci avoient-ils été informés de ce qui s'étoit
» paſſé entre les Européens & les Habitans de l'Iſle de Horn, des Coços &
» des Traitres, quelques années auparavant. »

Q q 2

ANN. 1774.
Septembré.

» bois, fur la côte de la mer, font remplis de cocotiers, qui,
» au befoin, offrent leurs fruits, font beaucoup plus riches
» que ceux de la Nouvelle-Calédonie, où les plantations
» rapportent peu, & où la contrée abandonnée à elle-même,
» ne produit pas un feul fruit utile. D'un autre côté, les
» Habitans de la Nouvelle-Calédonie paroiffent être d'ha-
» biles Pêcheurs, & les récifs, qui entourent leur Ifle, ont
» dû leur donner ce genre d'induftrie.

» COMME la Nature a répandu fes faveurs avec réferve
» fur cette Ifle, il eft très-étonnant que les Habitans, au-lieu
» d'être fauvages, défians & guerriers, comme à Tanna,
» fe trouvent paifibles, bienveillans & peu foupçonneux.
» Ce qui n'eft pas moins remarquable, en dépit de la ftéri-
» lité de tout le pays, & du peu de fecours qu'ils tirent des
» végétaux, ils font plus gros & plus grands, & leur corps
» eft plus nerveux : peut-être qu'il ne faut pas chercher üni-
» quement, dans la diverfité des nourritures, les caufes de
» la différence de ftature & de taille des Nations. La race
» primitive d'où defcend ce Peuple peut y avoir contribué :
» fuppofons, par exemple, que les Naturels de la Nouvelle-
» Calédonie viennent d'une Nation qui vivant dans l'abon-
» dance, & fous un heureux climat, avoit pris une forte
» croiffance ; la Colonie, qui s'eft établie fur le mauvais fol
» de cette Ifle, confervera probablement, pendant plufieurs
» générations, l'habitude de corps de fes Ancêtres. Le Peuple
» de Tanna a peut-être fubi une révolution contraire ; &
» s'il defcend d'une race petite & grêle, telle que celle des
» Mallicolois, la richeffe de fa contrée n'a peut-être pas
» encore pu changer ces germes primitifs de foibleffe.

» LES INDIENS de la Nouvelle-Calédonie font les feuls
» des mers du Sud qui n'aient pas à fe plaindre de notre
» arrivée parmi eux. Quand, d'après les nombreux exemples
» que cite ce Voyage, on confidere combien il eft aifé de
» provoquer la violence des Marins, qui fe jouent fi légere-
» ment de la vie des Indiens, on doit avouer qu'il leur a fallu
» un degré extraordinaire de bonté, pour ne pas attirer fur
» eux un feul acte de brutalité. Les Philofophes qui pré-
» tendent que le caractere, les mœurs & le génie d'une
» Nation, dépendent entièrement du climat, auront peine
» à expliquer les difpofitions pacifiques des Habitans de la
» Nouvelle-Calédonie. Si on dit qu'ils ne font point défians,
» parce qu'ils n'ont rien à perdre, on ne réfoudra pas la
» difficulté, puifque les Naturels de la Nouvelle-Hollande,
» fous l'influence d'un climat & d'un fol pareils, & dans une
» fituation encore plus déplorable, font farouches & info-
» ciables. Cette heureufe difpofition des Calédoniens n'eft
» pas un effet de l'ignorance de la guerre & de la difpute,
» puifque nous avons obfervé tant d'armes offenfives. En
» caufant avec eux, nous apprîmes qu'ils ont des ennemis,
» & que le Peuple d'une Ifle appellée *Mingha*, eft d'un ca-
» ractere bien différent du leur. On a parlé plus haut des
» geftes qui fembloient annoncer que leurs ennemis man-
» geoient de la chair humaine, ainfi que des Habitans de
» Balabéa, qui, en voyant les Matelots ronger un os de bœuf,
» crurent que nous mangions de la chair humaine : l'horreur
» qu'ils en montrerent, prouve que leur civilifation eft beau-
» coup plus avancée en ce point que celle de leurs voifins
» plus riches. Ils n'ont cependant pas encore atteint ce degré,
» où l'efprit eft affez perfectionné pour ne point méprifer

» le sexe : leur caractere trop grave ne peut être captivé par
» les caresses des femmes, ni apprécier les jouissances domes-
» tiques : ils sont quelquefois obligés de travailler beaucoup
» pour pourvoir à leur subsistance ; mais ils passent dans le
» repos leurs heures de loisir : ils ne se livrent jamais à ces
» petites récréations, qui contribuent tant au bien-être des
» hommes, & qui répandent la gaieté & la vivacité sur les
» Isles de la Société & des Amis. Excepté le sifflet dont il
» a été question plus haut, nous n'avons remarqué aucun
» instrument de musique à la Nouvelle-Calédonie : nous ne
» savons pas non plus s'ils ont des danses & des chansons ;
» mais nous avons lieu de supposer qu'ils ne rient presque
» jamais : ils parlent aussi très-peu, & peu d'individus pre-
» noient plaisir à converser avec nous : leur langue paroît
» informe, & leur prononciation est si confuse, que les Voca-
» bulaires faits par diverses personnes de l'équipage diffé-
» roient beaucoup entr'eux : quoiqu'ils aient peu de con-
» sonnes dures, ils reviennent souvent aux gutturales, &
» ils ont quelquefois un son nazal ou *Rhinismus*, qui em-
» barrassoient communément ceux qui ne connoissoient
» d'autre langue que l'Anglois. L'éloignement de leurs plan-
» tations prévient peut-être cette communication familiere
» qui introduiroit peu-à-peu le besoin de la Société. Comme
» leur pays n'est pas susceptible d'une grande culture, le
» meilleur moyen de hâter leur civilisation, seroit d'y trans-
» planter les quadrupèdes que peut nourrir l'Isle ; par exem-
» pel, des cochons & des chèvres ; les chèvres réussiroient
» très-bien dans cette contrée séche.

● La simplicité des Insulaires doit régner aussi dans le

» Gouvernement: Téabooma , Chef du diftrict oppofé à
» notre mouillage, vivoit comme le refte de fes Compa-
» triotes : ils ne lui donnoient aucune marque extérieure de
» déférence, & la feule chofe qui annonçât quelques égards
» de leur part, c'eft qu'ils lui remirent les préfens que leur
» fit M. Pickerfgill à la premiere entrevue. Les cantons voi-
» fins fur lefquels ne s'étendoit point l'autorité de Téabooma,
» ont probablement leurs Chefs particuliers, ou peut-être
» que chaque famille eft gouvernée par le Pere.

» NOUS N'AVONS RIEN REMARQUÉ qui femblât avoir un
» rapport même éloigné à la Religion, & nous n'avons obfervé
» aucune coutume qui eût la moindre apparence de fuperfti-
» tion. Leurs idées fur ces matieres font vraifemblablement
» auffi fimples que le refte de leur caractere. On a dit un mot
» plus haut de leurs cimetieres : fans doute quelques céré-
» monies accompagnent leurs funérailles, mais nous ne les
» connoiffons pas.

» ON NE SAIT PAS fi les Infulaires vivent long-tems, ni
» quelles maladies font plus funeftes fur cette Ifle. Nous n'y
» avons remarqué que l'éléphantiafis, qu'on a déjà dit y être
» fort commune ; mais je ne l'ai jamais vu affez dangereufe,
» pour que le malade rifquât de perdre la vie. Les cheveux
» blancs & les rides de quelques Naturels annonçoient une
» grande vieilleffe; mais, en fuppofant qu'ils fe donnent la
» peine de compter leurs années, il eût été difficile de caufer
» avec eux fur une idée auffi abftraite que l'âge. Nous n'avons
» jamais pu nous faire comprendre des Taïtiens, lorfque
» nous leur avons propofé de pareilles queftions, quoique

» notre connoissance de leur langue fût très-étendue, com-
» parée au petit nombre de mots que nous avions rassemblés
» en hâte à la Nouvelle-Calédonie.

'A SEPT HEURES ET DEMI, nous étions dans le milieu du
passage. L'Isle de l'Observatoire nous restoit au S. 5ᵈ Est, à
quatre milles de distance, & l'Isle de Balabéa à l'O. N. O.
Aussi-tôt que nous fûmes en dehors du récif, nous prîmes
les amures à tribord, dans la vue de faire voile au S. E., en
tenant le plus près du vent; mais comme M. Gilbert croyoit
avoir vu l'extrémité N. O. de la terre, & qu'il paroissoit plus
aisé de la contourner par le N. O., j'abandonnai le dessein
d'aller au plus près du vent, & nous côtoyâmes le récif en
dehors, en gouvernant au N. N. O., au N. O., & N. O. ¼ O.;
suivant sa direction. A midi, nous avions l'Isle de Balabéa
au S. ¼ S. O., à la distance de treize milles : ce que nous
jugions être l'extrémité occidentale de la grande terre nous
demeuroit dans le S. O. ½ S., & le récif couroit au N. O. ¼ O.
La latitude observée fut de 19ᵈ 53′ 20″, & la longitude depuis
l'Isle de l'Observatoire de 14′ à l'Ouest. Je continuai de porter
le Cap au N. O. ¼ O., le long du récif en-dehors, jusqu'à
trois heures, auquel tems l'Isle de Balabéa nous restoit au
S. ¼ S. E. ½ E. De ce côté, nous observâmes une division dans
le récif, que la force de la marée, qui en sortoit, nous fit regarder comme un canal. De cette séparation, le récif couroit au Nord l'espace de trois ou quatre lieues, & ensuite
au N. O. Nous suivîmes sa direction; & , à mesure que nous
avançâmes au N. O., la terre s'élevoit de plus-en-plus, &
paroissoit jointe à celle que nous avions déjà vue : de sorte
que M. Gilbert s'étoit trompé, en croyant appercevoir

l'extrémité

l'extrémité de la côte. A cinq heures, nous avions cette terre
à l'O. ¼ N. O. ½ N. à vingt milles; mais ce que nous pouvions
découvrir du récif, couroit dans la direction du Nord-Oueſt
¼ Nord.

AYANT PRIS les amures à tribord, & paſſé la nuit à tenir
le vent, le 14, au lever du Soleil, l'Iſle de Balabéa nous
reſtoit au S. 6ᵈ E., & la terre vue la veille à l'Oueſt; mais
le récif s'étendoit encore dans le N. O., & nous le côtoyions
toujours avec une légere briſe de l'E. S. E. A midi, la latitude Sud fut de 19ᵈ 28′ par l'obſervation, & la longitude à
l'Oueſt de l'Iſle de l'Obſervatoire de 27′. Nous avions alors
perdu de vue l'Iſle de Balabéa, & l'autre terre, qui en eſt la
partie N. O., nous reſtoit à l'O. ¼ S. O. ½ S.; mais nous
n'étions pas aſſurés ſi la côte étoit continue, ou diviſée en
pluſieurs Iſles; on pouvoit la croire diviſée à cauſe des
ſéparations qui ſe montroient d'eſpace en eſpace; mais une
multitude d'écueils en rendoit l'approche exceſſivement
dangereuſe, pour ne pas dire impraticable. L'après-midi,
avec une briſe de l'E. S. E., joli frais, je rangeai ces briſans,
qui s'étendoient dans la direction du N. O. ¼ O., du N.
O. ¼ N., & du N. N. E. A trois heures, nous paſſâmes à
la vue d'une Iſle baſſe de ſable, ſituée au bord extérieur
du récif, par la latitude de 19ᵈ 25′, & au N. E. de la terre
la plus Nord-Oueſt, à la diſtance de ſix ou ſept lieues. Tout
ce que nous pouvions appercevoir de ce parage étoit par-
ſemé d'écueils, qui paroiſſoient comme détachés les uns
des autres; & le canal qu'ils formoient, ſembloit être ſur le
côté Sud-Eſt de l'Iſle de ſable, du moins y avoit-il un
eſpace où la mer paroiſſoit ne pas briſer. Au coucher du

Soleil, la vûe de la terre nous reſtoit encore au S. O. $\frac{1}{4}$ S. ; à environ dix lieues. Quoique l'horizon fût clair, nous ne vîmes plus la terre à l'Oueſt de cette direction ; le récif, qui s'étendoit à l'O. $\frac{1}{4}$ N. O. $\frac{1}{2}$ N., ſembloit ſe terminer en une pointe qu'on découvroit du haut des mâts. Ainſi, tout conſpiroit à nous faire croire que nous aurions bientôt doublé ces écueils ; &, dans cette flatteuſe eſpérance, nous tînmes le vent qui ſouffloit de l'E. N. E., & nous paſsâmes la nuit à faire de petits bords.

15. 　LE LENDEMAIN, au lever du Soleil, ne voyant plus ni terre ni briſans, nous fîmes voile dans le N. O. $\frac{1}{4}$ O., &, deux heures après, le récif reparut, s'étendant au N. O. plus loin que la vue ne pouvoit porter ; mais on ne découvroit point la terre. Il devenoit donc apparent que nous avions dépaſſé ſon extrémité N. O., & comme des montagnes de la Balade, nous avions reconnu qu'elle s'étendoit au S. O., il étoit néceſſaire de reconnoître juſqu'où elle ſe prolongeoit à l'E. ou au S. E., tandis qu'il étoit en notre pouvoir de rallier la côte ; car, en ſuivant la direction des écueils, nous aurions pu être porté ſi loin ſous le vent du vaiſſeau, qu'il n'y auroit plus eu moyen de la ramener ſans une perte conſidérable de tems. Elle n'étoit déjà plus à la portée de notre vue, & nous ne pouvions pas ſavoir juſqu'où il faudroit pouſſer notre courſe, pour découvrir la fin des briſans. Ces conſidérations, jointes au riſque que nous allions courir dans une Mer ſemée d'écueils, & où, en-dehors de ces mêmes briſans, il n'y avoit point d'eſpérance de trouver d'ancrage, me firent abandonner le deſſein de prolonger plus loin ces briſans pour les doubler au N. O. Je réſolus donc de ſerrer le vent où S. E., où il

devoit y avoir une Mer libre. Dans cette vue, je revirai de bord, & je marchai au Sud-Eſt avec un vent du Nord-Eſt ¼ Eſt, joli frais. Nous étions alors par les 19ᵈ 7′ de latitude Sud, & 163ᵈ 57′ de longitude à l'Eſt du Méridien de Londres.

EN FAISANT VOILE au S. E., nous doublâmes de très-près la pointe du récif, que nous avions dépaſſée le ſoir précédent. Pour rendre notre ſituation plus critique, le vent commença à mollir; &, à trois heures de l'après-midi, le calme nous laiſſa à la merci d'une groſſe lame qui nous pouſſoit directe- ment ſur le récif, diſtant à peine d'une lieue. Nous fondâ- mes, ſans trouver de fond, avec une ligne de deux cens braſſes. Je fis mettre en Mer deux de nos bateaux; mais ce n'étoit là qu'une mince reſſource contre de ſi groſſes lames. Cependant le vaiſſeau ne dérivoit point vers le récif auſſi vîte que nous devions le craindre; &, à ſept heures, une foible briſe du N. N. E. nous permit de nous ſoutenir un peu au large; mais à cette briſe, qui ne dura que juſqu'à minuit, ſuccéda un calme abſolu.

LE 16, au point du jour, nous n'eûmes point la vûe du récif; &, à onze heures, la briſe s'étant levée du S. S. O., nous reprîmes nos bateaux à bord, & nous fîmes voile au S. E. A midi, nous obſervâmes 19ᵈ 35′ Sud; & cette lati- tude, conſidérablement au Sud de notre eſtime, prouvoit que, pendant toute la nuit, nous avions été entraînés par un courant ou par le flot, qui nous avoit été favorable. A deux heures après-midi, nous fûmes repris par le calme, qui, ayant

16.

Rr 2

duré jufqu'à neuf heures, fut fuivi d'un vent foible de l'E.N.E.
& de l'Eft, avec lequel nous portâmes peu de voile.

« Nous ne fîmes pas plus de vingt lieues en 48
» heures ; &, voyant toujours la terre au Sud, nous craignions
» d'arriver tard à la Nouvelle-Zélande, où nous devions
» nous préparer pour notre derniere campagne au Sud. »

19.　　　Le 19, à midi, notre latitude obfervée fut de 19ᵈ 54′
Sud, quand nous avions l'Ifle de Balabéa au Sud 68ᵈ
Oueft, à dix lieues & demie de diftance. Nous continuâmes
de courir au plus près, avec des vents variables, entre le N. E.
20.　　& le S. E., fans rien trouver de remarquable, jufqu'au 20 à
midi, que le Cap Colnet nous refta au Nord 78ᵈ Oueft, à fix
lieues. De ce Cap, la terre s'étendoit, en paffant par le Sud,
jufqu'à l'E. S. E., à perte de vue, & la contrée fe montroit
en plufieurs montagnes entre-coupées de vallées. La longitude, conclue de l'obfervation, fut de 20ᵈ 4′ Sud, & la latitude 1ᵈ 8′ à l'Eft, depuis l'Ifle de l'Obfervatoire. Nous fîmes
de la voile pour rallier la terre, avec une légere brife de l'Eft,
jufqu'au coucher du Soleil, que nous en étions à deux ou trois
lieues. La côte s'étendoit du S. 42ᵈ ½ E. au Nord 52ᵈ Oueft.
Deux petits Iflots, en-dehors de cette direction, n'étoient
éloignés de nous que de quatre ou cinq milles ; & il s'en
trouvoit d'autres entre nous & le rivage, & à l'Eft, où ils
fembloient être unis par des récifs, qui préfentoient quelques
ouvertures de loin en loin. Le pays devint de plus en plus mon-
tueux, & il avoit, à beaucoup d'égards, le même afpect que les
environs de la Balade. Sur l'une des petites Ifles occidentales,
étoit une élévation affez femblable à une tour, & on décou-

vroit pardessus une langue de terre basse en-dedans de l'Isle, d'autres élévations, qu'on auroit pu prendre pour les mâts d'une flotte.

Le lendemain, au lever du Soleil, après avoir porté, toute la nuit, le Cap au large, avec une légere brise du Sud-Est, je reconnus que nous nous étions élevés de la côte d'environ six lieues; &, dans cette position, le calme survint, & dura jusqu'à dix heures du soir, qu'à l'aide d'une foible brise de terre du S. O., nous marchâmes au S. E. toute la nuit.

Le 22, au lever du Soleil, l'horizon fut embrumé; mais les nuages s'étant bientôt dissipés, nous trouvâmes, par les relevemens, que nous avions gagné beaucoup de terrain. A dix heures, la brise de terre fut remplacée par un vent de mer de la partie de l'Est ¼ S. E. qui nous mit en état de porter à terre; &, à midi, nous la vîmes s'étendre du N. 68ᵈ Ouest, au S. 31ᵈ ½ Est, en passant par le Sud. Dans cette derniere direction, la côte paroissoit courir plus au Sud vers un gros Cap, qui fut nommé le Cap du Couronnement, parce que c'étoit le jour anniversaire du Couronnement du Roi d'Angleterre. La latitude étoit de 22ᵈ 2′, & la longitude de 167ᵈ 7′½ à l'Est. Quelques brisans se montroient entre nous & le rivage, & probablement ils rejoignoient ceux que nous avions vus auparavant.

« Ceux qui enfermoient les côtes septentrionales de la
» Nouvelle-Calédonie, ne s'étendoient pas jusqu'ici; mais,
» comme nous nous tenions à la distance de quatre ou cinq
» lieues, nous ne distinguions rien de la nature du pays,

» fi ce n'eſt que la chaîne de montagnes continuoit à ſe
» prolonger avec la même hauteur, juſqu'auprès de notre
» mouillage, ſans aucune prééminence, ou ſans aucun pic
» remarquable. »

PENDANT la nuit, nous nous avançâmes d'environ deux
lieues au S. E. & à l'aube du jour, le 23, nous découvrîmes
derrière le Cap du Couronnement une pointe élevée dans
le S. 23ᵈ Eſt. Elle fut reconnue pour l'extrémité S. E. de
la côte, & nous l'appellâmes le *Promontoire de la Reine
Charlotte*. La latitude étoit de 22ᵈ 16′ Sud, & la longitude
de 167ᵈ 14′ à l'Eſt. Vers midi, la briſe ſe leva du N. E. je
portai au S. S. E. & à meſure que nous nous approchions du
Cap du Couronnement, nous vîmes dans une vallée au Sud,
un grand nombre de ces pointes élevées, dont nous avons
fait mention, & des terres baſſes ſous le Promontoire en étoient
entièrement couvertes. Nous ne pouvions pas nous accorder
ſur la nature de ces objets. Je ſuppoſois que c'étoit un eſpèce
ſinguliere d'arbres, par la raiſon qu'ils étoient très-nombreux,
& que d'ailleurs une grande quantité de fumée ſortit tout le
jour du milieu de ces objets, près du Promontoire. Nos Philoſophes penſoient que c'étoit la fumée d'un feu interne &
perpétuel. Je n'eus pas la peine de leur repréſenter que le
matin il n'y avoit point eu de fumée dans cette même place,
car ce feu, prétendu éternel, ceſſa avant la nuit; & depuis
on n'y en apperçut plus.

« CES OBJETS, qui reſſembloient à des colonnes, étoient éloi-
» gnés les uns des autres, mais la plus grande partie formoient
» des grouppes ſerrés. Comme on trouve des colonnes de

ANN. 1774.
Septembre.

» basaltes en plusieurs parties du monde (a), il y avoit lieu de
» croire que celles-ci étoient de la même espèce, & parce
» que nous avions vu dernièrement plusieurs volcans dans
» les environs & un très-près de Tanna, cette opinion nous
» paroissoit encore plus vraisemblable, car les Minéralogistes
» les plus éclairés, prétendent que le basalte est une pro-
» duction de volcan. »

'AU COUCHER du Soleil, le vent passa autour du Sud, &
nous revirâmes de bord, le Cap au large, parce qu'il étoit
dangereux d'approcher du rivage au milieu des ténèbres. Dès
que le jour parut, nous remîmes le Cap sur la terre avec
une assez foible brise d'entre l'E. S. E. & le S. S. E. A midi,
nous observâmes 21ᵈ 59' 30" de latitude Sud, le Cap du
Couronnement nous restant à l'Ouest, un peu vers le Sud,
à la distance de sept lieues, & le Promontoire au S. 38ᵈ à
l'Ouest. Comme nous avancions au S. S. O. nous commen-
çames à voir la côte derrière le Promontoire; &, au coucher
du Soleil, nous découvrîmes une Isle basse au S. S. E. à environ sept milles du Promontoire : c'étoit une de celles qui
sont défendues par des bancs de sable & des brisans. Dans
ce même tems, une montagne ronde se fit voir dans le S.
24ᵈ Est, à douze lieues. Durant la nuit, n'ayant eu que des
vents variables, nous fîmes très-peu de voile.

LE 25, sur les dix heures du matin, une jolie brise s'étant

(a) « Près d'Assuan, ou de Syene, dans la Haute-Egypte, à Bolsena
» en Italie, près d'Hadie, dans l'Arabie-Heureuse ; à Hildesheim, Stolpen
» & Yaver, en différentes parties de l'Allemagne ; aux Hébrides, en
» Ecosse, & dans le Comté d'Antrim en Irlande. »

levée du S. S. E. je gouvernai au S. S. O. dans l'efpoir de contourner le Promontoire. Mais , à mefure que nous en approchions, nous découvrîmes plufieurs Ifles baffes derriere celle dont nous avons déja parlée , liées par des brifans qui s'étendoient vers le Promontoire, & paroiffoient jointes au rivage. Nous les reconnûmes encore de plus près jufqu'à trois heures & demie : alors de deffus le pont nous apperçûmes dans le banc déja mentionné , les rochers élever leurs têtes fur la furface des eaux. Il étoit tems de changer de route ; le jour, trop avancé, ne permettoit pas de chercher un paffage près du rivage , & nous n'avions point de fond, pour jeter l'ancre dans la nuit. Je gouvernai donc au Sud pour trouver un paffage entre les petites Ifles. Nous avions un bon vent de l'E. S. E. mais il ne dura que jufqu'à cinq heures, & fut fuivi d'un calme plat. Une ligne de cent foixante-dix braffes ne rapporta point de fond, quoique nous ne fuffions qu'à une petite diftance des écueils. Ces écueils au-lieu de fuivre la côte au S. O. prenoient la direction du S. E. vers la montagne que nous avions vue le foir précédent , & fembloient nous indiquer qu'il étoit néceffaire de contourner cette terre. Dans ce même tems, la pointe la plus avancée de la principale terre, nous reftoit au S. 68ᵈ Oueft , à neuf ou dix lieues.

« CETTE PARTIE de notre campagne étoit extrémement » défagréable ; nous ne pouvions pas examiner le pays, & » nous avions grand befoin de nourritures fraîches : il ne nous » reftoit plus que quelques ignames qu'on fervoit par ex- » traordinaire fur la table des Officiers ; mais les Matelots » n'avoient goûté d'aucun rafraîchiffement depuis notre départ » d'Anamoka.

» d'Anamoka. L'afpect de ces nouvelles terres nous confoloit
» peu de cette abſtinence : il entretenoit ſeulement l'eſpoir
» de faire d'autres découvertes, où l'on pourroit rafraîchir
» l'équipage. »

Vers les ſept heures, nous obtînmes une légere briſe
du Nord, avec laquelle nous gouvernâmes à l'E. S. E. &
nous paſſâmes la nuit avec moins d'inquiétude. Sur quelques-
unes des Iſles baſſes, étoient pluſieurs de ces élévations déjà
mentionnées. Chacun tomba d'accord que c'étoient des
arbres ; & MM. Forſter en convinrent eux-mêmes.

Avec l'aube du jour, le 26, le vent ſouffla du S. S. O. &
nous fîmes route au S. E. toutes voiles dehors pour amener la
montagne déjà mentionnée. Elle appartient à une Iſle, qui, à
midi, s'étendoit du S. 16ᵈ Eſt, au S. 16ᵈ Oueſt, & nous en
étions éloignés de ſix lieues. La latitude obſervée fut de 22ᵈ
16′ Sud. L'après-midi, le vent fraîchit, & comme il paſſa
au S. S. E. nous portâmes le Cap à l'Eſt juſqu'à deux heures
du matin du 27, que nous revirâmes de bord, pour marcher au Sud-Oueſt, dans l'eſpérance de pouvoir doubler cette
Iſle ; mais notre attente fut trompée, & nous avions encore
deux milles à courir, qu'il nous fállut revirer, à la diſtance d'environ un mille de la côte orientale de l'Iſle,
dont les extrémités nous reſtoient du Nord O. ¼ N. au S.
O. la montagne nous reſtoit à l'Oueſt ; & nous avions, dans
le S. ¼ S. O. quelques Iſles baſſes, qui ſont à la pointe du S. E.
Elles paroiſſoient liées avec la grande Iſle par une chaîne de
briſans. Quatre-vingt braſſes de ligne ne rapportoient point
de fond. Les bords de cette Iſle étoient couverts de ces élévations dont on a parlé tant de fois. Elles avoient l'apparence

26.

27.

S ſ

ANN. 1774.
Septembre.

de gros pins; ce qui fut cause que l'Isle en reçut le nom. La montagne ronde qui se trouve du côté S. O. est d'une telle hauteur, qu'elle peut être apperçue de quatorze ou même de seize lieues. L'Isle, qui n'a guères qu'un mille de circuit, est située par 22ᵈ 38′ de latitude Sud, & 167ᵈ 40′ de longitude à l'Est. Après avoir fait encore deux tentatives pour doubler l'Isle des Pins, sans mieux réussir, je résolus de m'en éloigner jusqu'à minuit. Ce même jour, à midi, le thermomète étoit à 68ᵈ ¼. Il n'avoit pas été si bas depuis le 27 Février.

28.

AYANT REVIRÉ de bord, à minuit, à l'aide des courans & d'un vent frais de l'E. S. E. & du S. E. le lendemain, au point du jour, nous nous trouvâmes de plusieurs lieues au vent de l'Isle des Pins, & je gouvernai au large, en rondissant le long des côtés S. E. & Sud. La côte du S. E. à l'Ouest, en passant par le Sud, étoit hérissée de bancs de sable, de brisans & de petites Isles couvertes, pour la plupart, de ces gros pins, qui décoroient les bords de la plus grande Terre. Nous continuâmes de ranger en-dehors les Isles & les brisans, à trois quarts de lieue de distance; &, à mesure que nous parvenions à en doubler un, il s'en élevoit à l'instant un autre, de sorte qu'ils paroissoient former une chaîne, qui s'étendoit jusqu'aux Isles situées à la hauteur du Promontoire. A midi, nous observâmes 22ᵈ 44′ 36″ de latitude Sud, l'Isle des Pins nous restant du N. ½ N. E. ½ E., à l'E. ¼ N. E., & le Cap du Couronnement au N. 32ᵈ 30′ Ouest, dans un éloignement de dix-sept lieues. L'après-midi, par un bon frais de vent d'Est, nous fîmes route au N. O. ¼ O. le long des récifs en-dehors, dans la vûe d'atterrir un peu au S. O. du Promontoire. A deux heures, on eut connoissance de deux

Pl. 55.

Renard Direx.

VUE DE L'ISLÆ DES PINS.

ANN. 1774.
Septembre.

petits-Iſlots, dans l'O. ¼ S. O.; &, comme ils étoient liés par des briſans qui ſembloient ſe joindre à ceux que nous avions à tribord, cette découverte m'obligea de porter au S. O. pour nous dégager de tous ces écueils. A trois heures, on découvrit encore de nouveaux briſans, qui couroient des Iſles baſſes vers le S. E. Je fis alors gouverner en ſerrant le vent d'auſſi près que la briſe le permettoit; &, en une heure & demie, nous fûmes preſque ſur le bord des briſans, & forcés de revirer de bord. Du haut des mâts, on voyoit ces écueils ſe prolonger juſqu'à l'Eſt, Sud-Eſt; & la tranquillité de la Mer nous fit croire que probablement cette chaîne de rochers couroit au Nord de l'Eſt; de ſorte que nous en étions entourés. La montagne de l'Iſle des Pins nous reſtoit au N. 71ᵈ ½ Eſt, le Promontoire au N. ¼ Oueſt & la pointe de la grande Terre ſur la côte S. O. nous demeuroit au N. O., à la diſtance de quinze ou ſeize lieües. Cette direction de la côte S. O., qui étoit un peu dans le parallele du N. E., nous aſſuroit que la Terre ne s'étendoit pas plus loin au S. O. Après avoir fait une courte bordée dans le N. N. E., nous reprîmes celle du Sud, afin de reconnoître de plus près cette chaîne de briſans avant le coucher du Soleil. Tout ce que nous y gagnâmes, ce fut l'aſpect d'une Mer ſemée de rochers & de briſans, dont nous ne pouvions nous débarraſſer qu'en retournant par la même route que nous avions faite. Nous revirâmes de bord preſqu'au même endroit où nous avions viré avant, & la ſonde nous rapporta un fond de ſable fin. Comme nous avions ſous le vent une chaîne de briſans, l'ancrage, s'il venoit à venter grand frais, étoit notre derniere reſſource; je préférai donc de courir la nuit de petits bords, ſur le parage que nous avions déjà

S s 2

reconnu le jour. Ce fut ainsi que nous la passâmes, mais agités par la crainte de nous brifer à chaque inftant contre quelques-uns des écueils multipliés qui nous environnoient.

LE JOUR nous fit voir que nos inquiétudes n'étoient pas fans fondement, & que nous avions été continuellement expofés au rifque de nous perdre : nous avions toujours eu des brifans, fous le vent à nous, & à très-peu de diftance. Nous dûmes notre falut aux bonnes obfervations des vigies & à la promptitude de nos manœuvres; car, tandis que nous faifions la bordée du Nord, on appercevoit tout-à-coup des écueils, que nous n'évitions qu'en revirant brufquement de bord.

J'ÉTOIS DÉJA BIEN LAS de fuivre une côte, qu'il étoit difficile de reconnoître, plus loin, fans m'expofer au rifque évident d'un naufrage, qui feroit perdre tout le fruit de cette expédition. Je ne pouvois cependant me réfoudre à l'abandonner, avant d'avoir reconnu ces arbres, qui avoient été le fujet de nos fpéculations; ils fembloient d'ailleurs offrir d'excellens bois de conftruction, & comme nous n'en avions vus nulle part que fur la partie méridionale de cette Terre, cela piquoit davantage notre curiofité. Dans cette vue, après avoir couru une bordée au S. pour doubler les écueils que nous avions de l'avant, je portai au Nord, efpérant trouver un ancrage fous le vent de quelques petites Ifles où croiffent ces arbres. Vers les huit heures, nous nous trouvâmes en vue des brifans qui s'étendent entre l'Ifle des Pins & le Promontoire de la Reine Charlotte; & les fondes furent, dans ce moment, de

cinquante-cinq, quarante & trente-six braffes, fond de fable
fin. Plus nous approchions de ces écueils, plus ils fembloient
fe multiplier, & nous n'appercevions aucun paffage entre les
deux Terres.

COMME nous n'étions que de quelques milles au vent des
Ifles baffes, fituées fous le Promontoire, & dont il a été queftion le 25 & le 26, nous fîmes voile pour attaquer la
moins éloignée. A mefure que nous l'approchâmes, nous
découvrîmes qu'elle n'étoit pas liée avec les écueils des
environs, & que probablement nous pourrions mouiller
fous le vent de cette Ifle, ou fur fon côté occidental. Après
qu'un Officier m'eut conduit au haut des mâts, je marchai pour arriver à cette Terre ; &, après avoir doublé la
pointe du récif qui borde l'Ifle, j'effayai de ferrer le vent,
dans le deffein d'amener de plus près le rivage. Un
autre récif, qui couroit au Nord, nous enfermoit dans un
canal étroit, où fe trouvoit un courant, qui, portant contre
nous, rendit cette tentative inutile : de forte qu'il fallut laiffer
tomber l'ancre par trente-neuf braffes d'eau, fond d'un beau
fable de corail, l'Ifle nous reftant à l'O. $\frac{1}{4}$ N. O. à un mille
de diftance. Dès que nous fûmes mouillés, on mit dehors
une chaloupe, où je m'embarquai avec les Botaniftes, &
nous defcendîmes fur l'Ifle. Nous trouvâmes que les gros
arbres étoient une efpèce de pin de Pruffe, très-propre
pour des efpars dont nous avions befoin. « Leurs branches
» croiffoient autour de la tige, formant de petites touffes ;
» mais elles furpaffoient rarement la longueur de dix pieds,
» & elles étoient minces en proportion. » Ce fait bien
conftaté, nous nous hâtâmes de revenir à bord, afin d'avoir

plus de tems l'après-midi. Nous retournâmes fur l'Ifle avec deux bateaux, où s'embarquerent plufieurs Officiers, le Charpentier & les Travailleurs qui devoient choifir les arbres qui nous étoient néceffaires. Tandis qu'on coupoit les arbres, je pris les relevemens de plufieurs Terres autour de nous. La montagne de l'Ifle des Pins nous reftoit au Sud 59ᵈ 30′ Eft; la pointe baffe du Promontoire de la Reine Charlotte, au Nord 14ᵈ 30′ Oueft; la haute Terre au-deffus, qu'on voyoit pardeffus les deux Ifles baffes, au Nord 20ᵈ Oueft; & la pointe de Terre la plus avancée à l'Oueft, nous demeuroit à l'Oueft une demi-pointe Sud, à la diftance de fept lieues. Nous avons, d'après plufieurs relevemens, déterminé la vraie direction de la côte, depuis le Promontoire jufqu'à cette pointe, que j'appellerai le *Cap du Prince de Galles*. Son giffement eft par 22ᵈ 29′ de latitude Sud, & par 166ᵈ 57′ de longitude à l'Eft. Ce Cap eft d'une hauteur confidérable; &, quand on commence à le découvrir fur l'horizon, il fe préfente comme une Ifle. De cette pointe, la côte court prefqu'au N. O. Sa direction eft un peu trop Nord, pour joindre cette partie que nous apperçûmes des montagnes de Balade. Mais, comme c'étoit une Terre très-haute, qui fe découvroit à la hauteur du Cap dans cette direction, il eft très-probable qu'une Terre plus baffe, que nous ne pouvions pas voir, fe découvroit plutôt, ou autrement la côte, plus au N. O., prend une direction plus occidentale de la même maniere que la côte du N. E. Quoi qu'il en foit, nous connoiffions affez l'étendue de la Terre, parce que nous l'avions vue refferrée en de certaines limites. Néanmoins je conservai encore l'efpérance de la mieux reconnoître; mais cette attente fut vaine.

LA PETITE ISLE, fur laquelle nous débarquâmes, n'eft ANN. 1774. Septembre. proprement qu'un banc de fable, qui n'a pas plus de trois quarts de mille de tour. Elle produit, outre les pins, l'arbre que les Taïtiens nomment *Etos*, & beaucoup d'autres, ainfi que des arbuftes & des plantes. Nos Botaniftes ne manquerent pas d'occupations; & c'eft ce qui me la fit appeller l'*Ifle de la Botanique*. « On y compte trente efpèces de plantes, & plu-
» fieurs nouvelles. Le fol eft très-fablonneux fur les côtes;
» mais il eft mêlé, dans l'intérieur, de terre végétale : c'eft
» l'effet des arbres & des plantes qui y tombent continuel-
» lement en pourriture. »

IL Y A des hydres, *(Anguis Platura)* des pigeons & des tourterelles, différentes en apparence de toutes celles que nous avions vues. Un des Officiers tira un faucon pareil à ceux qu'on trouve fur les côtes d'Angleterre. (*Falco Ha-liaëtos*, voy. la Zoologie Britannique de M. Pennant), & nous prîmes une nouvelle efpèce d'attrappe-mouche. Les débris de quelques feux, des branchages, des feuilles encore fraîches & des reftes de tortue, annonçoient que ce Canton avoit été vifité récemment par les Indiens. Une pirogue, précifémẽt de la forme de celles de la Balade, étoit échouée fur le fable. Nous ne fûmes plus en peine de favoir quels arbres ces Indiens employoient à la conftruction de leurs canots; ils fe fervent fûrement pour cela des pins. Sur cette Ifle, il s'en trouvoit de vingt pouces de diamètre, & de foixante à foixante-dix pieds de haut. On auroit fort bien pu en faire un mât pour la Réfolution, s'il eût été nécef-faire. Puifque des arbres de cette taille croiffent dans une auffi petite Ifle, il eft probable qu'il y en a de plus gros fur la principale Terre & fur des Ifles plus grandes; & nous pouvons même l'affurer, fi nous n'avons pas été déçus par les apparences.

Je ne connoiſſois alors, aucune Iſle de la Mer Pacifique, à l'exception de la Nouvelle-Zélande, où un vaiſſeau pût mieux ſe fournir de mâts & de vergues. Ainſi, la découverte de cette Terre eſt précieuſe, ne fût-ce qu'à cet égard. Mon Charpentier, qui n'étoit pas moins habile à faire un mât, qu'à travailler à la conſtruction d'un vaiſſeau, deux métiers qu'il avoit appris dans le chantier de Deptford, penſoit que ces arbres donneroient de très-bons mâts. Le bois en eſt blanc, le grain ſerré, & il eſt dur & léger. La térébentine étoit ſortie de la plupart des branches, & le Soleil l'avoit épaiſſie en une réſine attachée au tronc & autour des racines. Ces arbres développent leurs branches comme les pins d'Europe, avec cette différence, que ceux-ci ont des branches plus courtes & plus petites : de forte que les nœuds deviennent à rien, quand on travaille la tige. J'obſervai que les plus grands de ces arbres avoient les branches plus petites & plus courtes, & qu'ils étoient couronnés comme s'il y eût eu à leur ſommet un rameau qui eût formé un buiſſon. C'étoit-là ce qui les avoit fait prendre d'abord, avec ſi peu de fondement, pour des colonnes de baſſates; & il eſt vrai qu'on ne pouvoit guères s'attendre à trouver de pareils arbres ſur cette Terre. La ſemence eſt dans des capſules coniques; nous n'en vîmes aucun qui renfermât de cette ſemence, du moins dans un état propre à la reproduction. Outre ces arbres, il y en a un autre de l'eſpèce des ſapins de Pruſſe; mais il eſt très-petit,

& c'eſt

& c'eſt moins un arbre qu'un arbriſſeau. Nous rencontrâmes
encore ſur cette Iſle une eſpèce de creſſon & une plante
ſemblable à celle qu'on nomme en Angleterre *Quartier
d'agneau*, ou *poule graſſe*, (*Tetragonia*) qui, étant
bouillie, ſe mange comme des épinards.

APRÈS avoir coupé des arbres, qui nous procuroient dix
ou douze eſpars pour des boûte-hors de bonnettes, des mâts
de chaloupe, &c. la nuit approchoit, & nous nous rembarquâmes.

L'OBJET pour lequel nous étions venus mouiller près de
cette Iſle, étant rempli, il ne reſtoit plus qu'à fixer la route
que je voulois prendre.

NOUS AVIONS EU, du haut des mâts, une vue de la mer
autour de nous, & obſervé qu'à l'Oueſt elle étoit entièrement ſemé d'Iſlots, de bancs de ſable, & de briſans, qui
s'étendoient auſſi loin que l'horizon. Tous ces écueils
n'étoient point liés enſemble, & ils laiſſoient appercevoir
pluſieurs canaux de différente ſinuoſité. Mais, en conſidérant
que l'étendue de cette côte du S. O. étoit déjà ſuffiſamment
déterminée, le riſque évident que nous allions courir, pour
achever cette reconnoiſſance, & le tems qu'elle nous prendroit, à cauſe des dangers multipliés, qu'il faudroit éviter,
m'empêchant de pouſſer plus loin au vent de ce nombre prodigieux de briſans, qui pouvoient nous enfermer tellement,
que la difficulté d'en ſortir nous feroit perdre la ſaiſon favorable pour naviger au Sud, je ſouhaitois alors d'avoir le petit
bâtiment, dont nous avions les couples à bord. J'avois ſongé à

Tome III.   T t

le faire conftruire, durant notre dernier féjour à Taïti ; mais on n'auroit pu exécuter cet ouvrage ; fans négliger le calfatage, & les autres réparations dont le vaiffeau avoit befoin, ou, fans faire une plus longue relâche que ne le permettoit la route que je projetois. Il étoit maintenant trop tard pour penfer à la conftruction d'un pareil bâtiment, & s'en fervir enfuite à la découverte de cette côte ; &, dans notre campagne au Sud, il n'étoit d'aucune utilité.

« Tandis qu'on étoit à l'ancre, le premier Lieutenant » prit un poiffon exactement de la même efpèce que celui » qui empoifonna le Capitaine Cook, mon Pere & moi ; il » le fit cuire, en dépit de fes camarades de chambrée, qui » tous l'avertirent de fes effets pernicieux : enfin il donna » des ordres pofitifs pour qu'on le lui fervît, & fes Amis » ne trouvant pas d'autre moyen de le fauver, tournerent » en ridicule fa folle fantaifie. Les railleries produifirent plus » d'effet que les confeils de l'amitié, & il changea de réfo- » lution. Un petit chien eut le malheur de manger les en- » trailles de ce poiffon, & il paffa plufieurs jours dans d'hor- » ribles tourmens : pour finir fes peines, on le jeta au fond » de la mer. Cette circonftance prouve quelle étoit notre di- » fette de nourritures fraîches, puifque le rifque même d'être » empoifonné n'arrêtoit pas le befoin de manger un ali- » ment meilleur que la ration. Tous les Officiers, qui » avoient déjà fait des Voyages autour du monde, convinrent » que jamais ils n'avoient tant fouffert dans les expéditions » précédentes. M. Cook avoit une provifion de jambons » falés qui fe corrompirent à la longue : toute la graiffe étoit » changée en huile rance, & le fel avoit rempli la chair de

» concrétions alkalines, pareilles au tartre : cependant, dès
» qu'on portoit cette viande pourrie fur nos tablès, ce qui
» arrivoit une fois par femaine, les Bas - Officiers la dé-
» voroient avec des yeux avides, & envioient notre bon-
» heur. »

NOUS APPAREILLAMES, le lendemain, au point du jour,   3 0?
avec une légere brife de l'E. ¼ N. E. Nous avions quelques
bordées à courir pour doubler les écueils au vent de l'Ifle de
la Botanique; mais à peine les eûmes-nous achevées, que la
brife commença à nous manquer. A trois heures après-midi,
il y eut un calme abfolu. La lame & le courant, de concert,
nous pouffoient au S. O. vers les brifans, que nous avions
encore en vue de ce côté. Ainfi, nous fûmes dans de con-
tinuelles appréhenfions jufqu'à dix heures, que la brife s'étant
levée du N. N. O., nous gouvernâmes à l'E. S. E. ; cette
route étoit oppofée à celle que nous voulions faire, mais nous
n'ofions pas gouverner au Sud avant le jour.

« A SEPT HEURES ET DEMI, nous avions vu au Nord une
» boule de feu, qui, par par fa groffeur & par fon éclat,
» reffembloit au Soleil, quoiqu'elle fût un peu plus pâle;
» elle s'évanouit, en crévant quelques momens après, & elle
» laiffa derrière elle des étincelles brillantes, dont la plus
» grande, d'une forme oblongue, fe remuoit promptement
» hors de l'horizon, tandis qu'une efpèce de flamme bleuâtre
» la fuivoit & marquoit fa route. A l'apparition de ce phé-
» nomene, qui leur étoit connu, les Officiers expéri-
» mentés attendirent un vent frais, & ils ne fe tromperent
» point. »

Tt 2

LE LENDEMAIN, à trois heures du matin, le vent paſſa au S. O., ſouffla avec force, & par raffales, ſuivies de pluie, & nous fûmes contraints de reſter à la cape, ſous nos voiles majeures, juſqu'au jour, que la montagne des Pins nous reſtoit au Nord : notre diſtance du rivage dans cette direction étoit d'environ quatre lieues. Les vents ſouffloient alors avec impétuoſité du S. S. O., & la mer devint ſi groſſe, que nous eûmes tout lieu de nous applaudir d'avoir écarté les écueils, avant d'être ſurpris par ce tems orageux. Quoique tout me fît penſer que c'étoit la mouſſon de l'Oueſt, il eſt difficile de croire que ce la fût réellement. Premièrement, il s'en falloit encore près d'un mois que la ſaiſon ne fût aſſez avancée pour ces vents : en ſecond lieu, nous ne ſavons point ſi ces mêmes vents régnent jamais dans ces parages ; & enfin il eſt très-ordinaire de voir les vents d'Oueſt ſouffler entre les Tropiques. Néanmoins je n'avois jamais trouvé que ces vents ſoufflaſſent avec tant de violence, ni ſi long-tems de la partie du Sud. Quoi qu'il en ſoit, il ne nous reſtoit d'autre parti, que de cingler au S. E., & c'eſt auſſi ce que je fis, après avoir pris les amures à tribord. A midi, nous avions perdu de vue la terre.

2.

LES VENTS impétueux continuerent, ſans preſque aucune altération, juſqu'au lendemain à midi, que nous obſervâmes 23ᵈ 18′ de latitude Sud, la longitude à l'Eſt depuis l'Iſle des Pins étant de 1ᵈ 54′. L'après-midi, nous n'eûmes qu'un foible vent du Sud, mais de groſſes lames de cette même direction. On vit des compagnies d'oiſeaux du Tropique, des boubies & des frégates. A onze heures, une briſe fraîche ſe leva de l'O. $\frac{1}{4}$ S. O., avec laquelle nous fîmes voile au Sud.

Nous étions alors par 23ᵈ 18′ de latitude Sud, & 169ᵈ 49′ de longitude à l'Eſt, & à environ quarante-deux lieues au Sud des Hébrides.

ANN. 1774. Octobre.

LE 3, vers les huit heures du matin, le vent paſſa au S. O., reprit ſa premiere impétuoſité, & fut accompagné de grains violens & de pluie. Je perdis alors toute éſpérance de rallier la terre que nous venions de quitter. En conſidérant la vaſte étendue de mer que nous avions à parcourir au Sud ; l'état du vaiſſeau, & le défaut d'approviſionnemens de premiere néceſſité que je commençois à reſſentir ; que d'ailleurs nous touchions à l'été de cette partie du globe, & que tout accident un peu conſidérable, pourroit nous retenir encore une autre année dans cette Mer, je ne penſai point qu'il fût prudent d'eſſayer de nouveau de regagner la terre.

3.

LA NÉCESSITÉ nous contraignit donc, pour la premiere fois, de quitter une côte que j'avois découverte, ſans l'avoir entièrement reconnue. Je la nommai la Nouvelle-Calédonie ; & elle eſt peut-être, la Nouvelle-Zélande exceptée, la plus grande Iſle de la mer Pacifique ; car elle s'étend du 19ᵈ 37′ aux 22ᵈ 30′ de latitude Sud ; & du 163ᵈ 37′ juſqu'aux 176ᵈ 14′ de longitude à l'Eſt. Son giſſement eſt preſque N. O. ½ O. & S. E. ½ E. & elle a environ quatre-vingt ſept lieues dans cette direction ; mais ſa largeur n'eſt pas conſidérable, & rarement elle excède dix lieues. C'eſt une contrée toute entre-coupée de montagnes de différentes hauteurs, qui laiſſent entr'elles des vallées plus ou moins profondes. De ces montagnes, s'il eſt permis de juger du tout, par les parties que nous avons vues, fortent une infinité de fources dont les eaux qui ferpentent dans les plaines, portent par-tout la fertilité, & fourniffent aux befoins des Habitans. Les fommets de la plupart de ces montagnes femblent ftériles, quoique les flancs foient couverts de bois par-ci par-là, comme le font les vallées & les plaines. La terre étant ainfi coupée de montagnes, plufieurs parties de la côte, vues dans l'éloignement, paroiffent dentelées, on croiroit qu'il y a de grandes ouvertures entre les montagnes; mais, en ferrant le rivage, nous avons toujours trouvé que la terre eft continue, mais baffe, & formant une lifiere qui régne le long de la côte entre le rivage & le pied des montagnes. C'eft du moins ce que nous obfervâmes par-tout où nous approchâmes de la greve; & il eft probable qu'il en eft de même fur toute la côte. Je la crois encore entièrement, ou pour la plus grande partie, défendue par des récifs, des baffes & des brifans, qui en rendent l'accès très-difficile & très-périlleux; mais qui fervent à la mettre à l'abri de la violence des vents, & de la fureur des flots, à affurer aux pirogues une navigation aifée & une pêche abondante, & à former probablement de bons Ports pour le mouillage des vaiffeaux. La majeure partie de la côte, finon le tout, eft habitée, fans en excepter l'Ifle des Pins, car de jour nous y vîmes de la fumée, & la nuit des feux de tous les côtés. Dans l'étendue que j'ai donnée à cette Ifle, je comprends les terres rompues ou ifolées, qui font au Nord-Oueft, comme l'indique la carte. Je ne nie pas que ces différentes côtes ne puiffent être liées par des terres baffes; cependant je penfe que ce font des Ifles; & que la Nouvelle-Calédonie eft terminée plus au S. E., mais j'avertis que mon opinion n'eſt fondée que ſur les apparences, & je ne la donne que comme une conjecture.

SOIT que ces terres forment des Iſles, ou qu'elles ſoient liées à la Nouvelle-Calédonie, il n'eſt point du tout certain que nous ayions déterminé leur étendue à l'Oueſt. Je penche même à ne pas le croire, puiſque les écueils ne ſe terminoient point avec la terre que nous avions en vue, & qu'ils conſervoient leur direction dans le N. O. au-delà de la route de M. de Bougainville, à la latitude de 15ᵈ ou de 15ᵈ ½. Et même il eſt aſſez probable qu'une chaîne de bancs de ſable, de récifs, peut s'étendre à l'Oueſt, juſqu'à la Nouvelle - Galles méridionale. L'étendue orientale des Iſles & des briſans à la hauteur de cette côte, entre les 15 & les 13ᵈ de latitude, ne nous eſt pas connue. La reſſemblance des deux contrées, la bâture de Diane, reconnue par M. de Bougainville *(a)* à ſoixante lieues environ de la côte, les indices qu'il eut de la terre dans le S. E.; tout, en un mot, tend à accroître cette probabilité. J'avoue que c'eſt pouſſer un peu loin la conjecture, de dire que cette chaîne d'Iſles & de briſans, ſe continue l'eſpace d'environ deux cens lieues; mais cela devient en quelque maniere indiſpenſable, ne fût-ce que pour mettre les autres Navigateurs ſur leur garde.

M. WALES détermina la longitude de cette partie de la Nouvelle-Calédonie, que nous reconnûmes par quatre-vingt-

---

(a) *Voyez* ſon Voyage, pages 160 & 161, *Vol. II*, de la deuxieme édition *in-8⁰.*

seize suites d'obfervations dont on fit un réfultat-moyen, après qu'on les eut rapportées à la montre, qui étoit notre fûr guide. Je trouvai la déclinaifon de l'aimant de 10ᵈ 24′. vers l'Eft. C'étoit le terme moyen qu'avoient donné nos trois compas azimutaux, qui ne différoient l'un de l'autre, que d'un degré plus ou moins. Je n'ai remarqué aucune différence dans la variation de l'aiguille aimantée, entre les parties Nord-Oueft & Sud-Eft de cette terre, excepté quand nous étions à l'ancrage, devant la Balade, où la déclinaifon n'étoit pas de dix degrés; mais je n'y ai point d'égard, puifque je trouve en mer une telle uniformité, & c'eft là où les Navigateurs ont befoin de connoître la variation. Tant que nous fûmes fur la bande du N. E. les courans portoient au S. E. & à l'Oueft ou au N. O. de l'autre côté; mais leur effet n'eft pas bien fenfible; & peut-être encore faut-il autant l'attribuer aux canaux que forment les marées, qu'à des courans réguliers. Dans les canaux étroits qui féparent les bancs, & dans ceux qui communiquent à la mer, les marées font très-fortes, cependant elles ne font pas monter les eaux à plus de trois pieds & demi. Le tems de la haute mer à la Balade, dans les Syzygies, arrive vers les fix heures, mais nous jugeâmes que ce devoit être à dix ou onze heures, à l'Ifle de la Botanique.

« LE côté méridional de la Nouvelle-Calédonie, n'a » point encore été reconnu. Nous avons fuivi la direc- » tion de fa bande Nord; mais fes productions annuelles, » végétales & minérales, font encore inconnues, & offrent » un vafte champ au Naturalifte. L'afpect des pins, dans » la partie de l'Eft, femble prouver que la nature du fol,

» & les

ANN. 1774.
Octobre.

» & les minéraux y font abfolument différens de ceux de
» Balade, que nous avions examinés en courant; &, d'après
» ce que nous avons vu fur la petite Ifle fablonneufe de la
» Botanique, de nouvelles plantes doivent y couvrir la
» terre, & de nouveaux oifeaux habiter les bois : ainfi,
» les Navigateurs pourront un jour terminer nos décou-
» vertes, & employer plus de temps à examiner les richeffes
» de cette contrée. Différens efpaces de la mer du Sud,
» ne fe trouvent pas compris dans les routes des premiers
» vaiffeaux; tel par exemple que les parages entre 10^d de
» latitude S. & la ligne, dans tout l'Océan, depuis l'Amé-
» rique à la Nouvelle-Bretagne ; celui qui eft entre 10^d &
» 14^d dans l'intervalle du 140 au 160^d de longitude O.
» celui qui eft entre les trentieme & les vingtieme paralleles;
» & le cent quarantieme & le cent-foixante-quinzieme mé-
» ridien Oueft; & enfin l'efpace entre la plus méridionale
» des Ifles des Amis & la Nouvelle-Calédonie, & celui
» qui eft entre la Nouvelle-Calédonie & la Nouvelle-
» Hollande. La route de M. de Surville, dont on a parlé
» plus haut, eft la feule qui fe trouve entre ces deux pays.
» Mais la Nouvelle-Guinée, la Nouvelle-Bretagne & toutes
» les terres des environs, demandent à être examinées plus
» en détail. Quand on aura bien parcouru tous ces parages
» de la mer du Sud, la partie feptentrionale de la même
» mer, exigera plufieurs Voyages, avant d'être réconnue
» en entier. »

CHAPITRE XI.

Suite de la Navigation de la Nouvelle-Calédonie à la Nouvelle-Zélande; Découverte de l'Isle de Norfolk; Incidens survenus dans le Canal de la Reine-Charlotte.

ANN. 1774.
6 Octobre.

LES VENTS FORTS du S. O., de l'O. S. O., & de l'Ouest continuoient encore, & de tems à autre étoient accompagnés de grains violens, suivis de pluies abondantes; durant ce tems orageux, nous fîmes route au S. S. E. sans qu'il arrivât rien de remarquable jusqu'au six à midi, que le calme succéda à la tempête. Nous étions alors par 27ᵈ 50′ de latitude Sud, & 171ᵈ 43′ de longitude à l'Est. Le calme dura jusqu'au lendemain à midi; &, dans cet intervalle, nous observâmes que la déclinaison de l'aimant étoit de 10ᵈ 33′ ½ vers l'Est. J'ordonnai aux Charpentiers de travailler au calfatage des ponts. Comme nous n'avions ni poix, ni goudron, ni résine pour goudronner les coutures, on employa du vernis de pin, recouvert de sable de corail, ce qui forma une espèce de ciment bien meilleur que je ne l'aurois cru. L'après-midi nous mîmes un batteau à la mer, & l'on tira deux albatrosses que nous trouvâmes aussi bonnes que des oies. Nous avions vu la veille un de ces oiseaux, & c'étoit le premier depuis que nous étions entre les Tropiques. Le 7, à une heure après midi, nous ressentîmes la brise

7.

du Sud ; mais bientôt elle varia, & s'établit ensuite au S.
E. ¼ S. d'où elle nous procura un bon frais de vent, suivi
d'un très-beau tems.

NOUS CINGLAMES toutes voiles dehors, à l'O. S. O., &
le lendemain, à midi, nous étions par 28ᵈ 25′ de latitude
Sud, & 170ᵈ 26′ de longitude à l'Est. Le soir, M. Cooper
ayant harponné un marsouin, il fallut mettre en panne, &
avoir deux bateaux dehors, avant de pouvoir le tuer, & le
prendre. Il avoit six pieds de long, c'étoit une femelle de
l'espèce que les Naturalistes appèlent le Dauphin des Anciens
(*Delphinus Delphis. Linn.*) & qui diffère de l'autre espèce,
par la tête & la mâchoire, qui sont longues & pointues. Ce
poisson avoit les parties inférieure & supérieure de la mâchoire, garnie chacune de quatre-vingt-huit dents. La fres-
sure & la chair nous procurèrent un excellent mets. La chair
étoit un peu dure, sans avoir en aucune maniere le goût
du poisson. On en rôtit une partie, on grilla l'autre, & le
reste fut mis à l'étuvée, après avoir été trempée dans de
l'eau chaude. Il ne falloit pas beaucoup d'art pour rendre
ce poisson frais & agréable à des personnes qui, depuis si
long-tems, vivoient de salaisons.

8,

NOUS CONTINUAMES de marcher avec toutes nos voiles,
dans la direction de l'O. S. O. jusqu'au dix : au point du
jour, nous eûmes la vue de la terre dans le S. O. que
nous reconnûmes, en l'approchant, pour être une Isle pas-
sablement haute, & de cinq lieues de circuit. Je l'appelai
l'Isle de Norfolk, en l'honneur de la famille de Howard.
Elle gît par les 29ᵈ 2′ 30″ de latitude Sud, sa longitude

10,

de 163ᵈ 16′ de longitude Eft, fut déterminée par des obfervations lunaires faites fur l'Ifle, & la latitude fut conclue d'une bonne obfervation de la hauteur méridienne du
Soleil, quand nous étions à trois milles du rivage. Auffitôt
que nous eûmes connoiffance de l'Ifle, on fonda & on
trouva vingt-deux braffes d'eau, fur un banc de fable de
corail. Les fondes continuées ne rapporterent pas moins de
vingt-deux, ni plus de vingt-quatre braffes, (excepté près de
la greve) & le même fond mêlé de coquilles brifées. Après
le dîné, nous nous embarquâmes dans deux bateaux, &
nous defcendîmes à terre fans aucun obftacle, derriere de
grands rochers, qui bordoient une partie de la côte, fur
la bande N. E.

L'ISLE étoit inhabitée, & notre defcente, fur cette nouvelle Terre, étoit indubitablement la premiere qu'on y eût
jamais faite.

« PLUSIEURS grands rochers brifés fe projetent dans la
» Mer de tous les côtés : tous les autres rochers de cette
» Ifle font de la pierre de craie jaunâtre commune, que
» nous avons trouvée à la Nouvelle-Zélande. Nous ren-
» contrâmes, en quelques endroits, de petits morceaux de
» lave poreufe, rougeâtre, qui fembloient rongés de vétufté;
» ce qui nous fit foupçonner qu'il y a un volcan. Les végé-
» taux y croiffent en grande abondance fur une riche couche
» de terreau noir, que les arbres & les plantes pourries y
» accumulent depuis des fiécles. »

NOUS RECONNUMES beaucoup d'arbres & de plantes qui

Pl. 56.

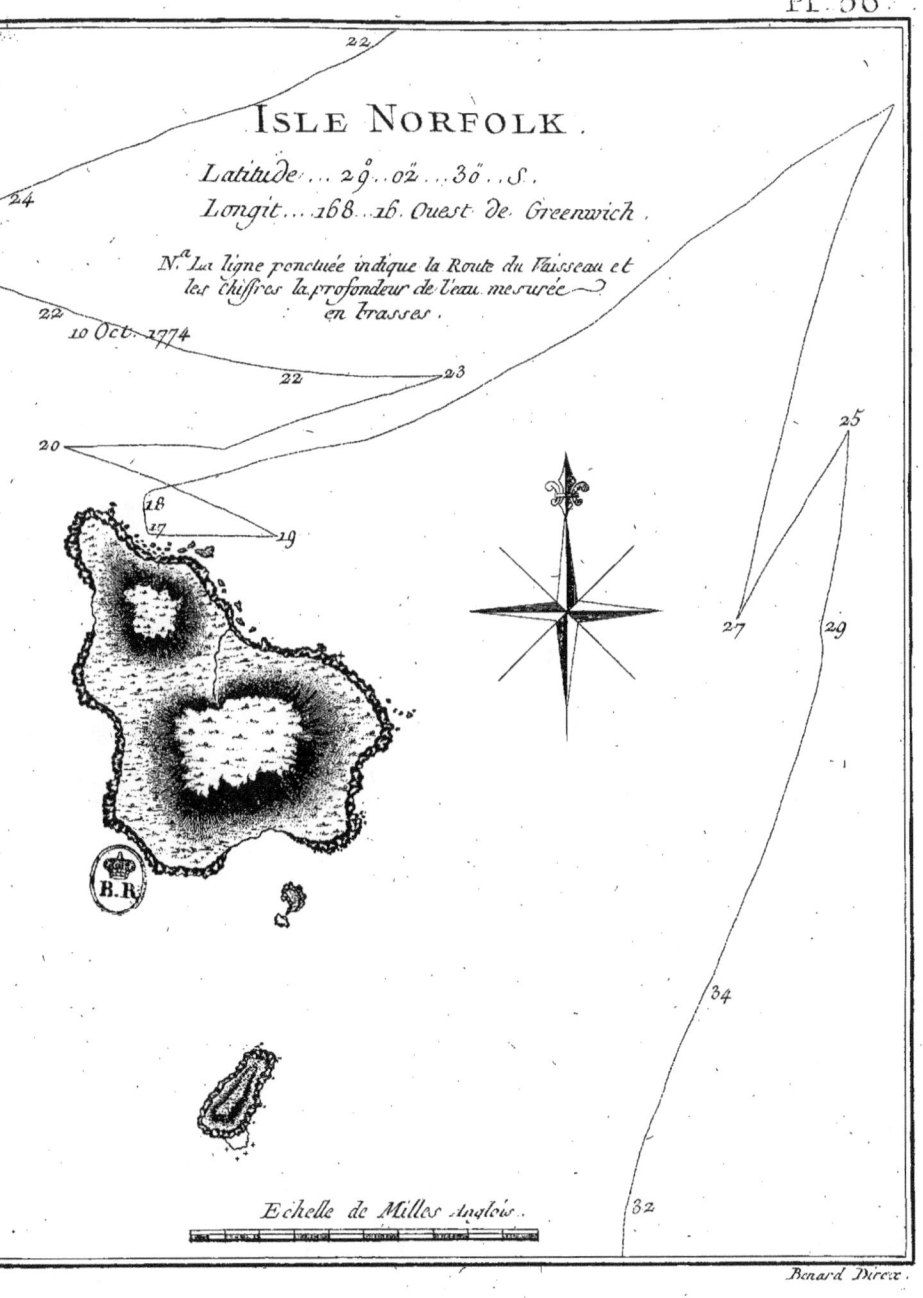

Isle Norfolk.

Latitude ... 29.º..02...30...S.

Longit ... 168...16. Ouest de Greenwich.

*N.ª La ligne ponctuée indique la Route du Vaisseau et
les chiffres la profondeur de l'eau mesurée
en brasses.*

22

24

22
10 Oct. 1774

22   23

20

18
17   19

25

27   29

B.R

34

32

Echelle de Milles Anglois.

Benard Direx.

ANN. 1774.
Octobre.

croiſſent à la Nouvelle-Zélande, & ſpécialement le lin, dont la végétation eſt ici infiniment plus vigoureuſe que ſur l'autre Terre. Mais la principale production eſt une eſpèce de pin de Pruſſe, qui croît ici en abondance. Ces arbres ont la tige droite & de la plus belle élévation; & il en eſt pluſieurs que deux perſonnes peuvent à peine embraſſer. Ce pin eſt une eſpèce moyenne entre ceux de la Nouvelle-Zélande & de la Nouvelle-Calédonie. Le feuillage diffère en quelque choſe des uns & des autres : le bois n'en eſt pas ſi dur que celui des premiers, ni ſi léger, ni le grain ſi ſerré que celui des ſeconds. Depuis le rivage, dans un eſpace d'environ deux cens verges, le terrain eſt tellement fourré d'arbriſ-ſeaux & de plantes, que ce n'eſt qu'avec peine qu'on par-vient à pénétrer dans la contrée. Les bois ſont entièrement libres & dégagés d'arbriſſeaux, & le ſol paroît être fertile & profond.

Nous trouvames là même eſpèce de pigeons, de per-ruches, de perroquets qu'à la Nouvelle-Zélande, des râles & des petits oiſeaux. On y voyoit des poules d'eau, des boubies blancs, des mouettes, &c. qui ſe multiplient & vivent dans un doux repos ſur les rivages de la Mer & ſur les rochers. Ces oiſeaux produiſoient un concert charmant dans ce coin de terre déſert.

Cette Isle a des ſources d'eau douce : le ſol y produit en abondance des choux-palmiſtes, de l'oſeille ſauvage, du lai-teron, du bacille ou fenouil marin; toutes ces plantes croiſ-ſent en quantité ſur le rivage : nous rapportâmes à bord toutes celles que le tems nous permit de cueillir. Les

Palmiſtes ne ſont pas plus gros que la jambe d'un homme, &
n'ont guères que de dix à vingt pieds d'élévation. Ils ſont de
la claſſe du cocotier; comme eux, ils ont de grandes feuilles
empennées: c'eſt le même palmier que celui de la ſeconde
ſorte trouvée dans la partie ſeptentrionale de la Nouvelle-
Galles méridionale (a).

LE CHOU eſt, à proprement parler, le bourgeon de
l'arbre, & chaque arbre n'en produit qu'un; il ſort du ſommet où il pouſſe ſes feuilles. La coupe du chou détruit l'arbre; de ſorte qu'on ne peut jamais avoir qu'un chou de la
même tige: le cocotier & quelques autres eſpèces de palmiers, produiſent le chou comme celui-ci. Ce végétal eſt
non-ſeulement ſalubre, mais encore d'un bon goût; & il
nous procura un des plus agréables repas que nous euſſions
faits depuis quelque tems.

LA CÔTE eſt aſſez poiſſonneuſe. Pendant que nous étions
ſur le rivage, les Gens des bateaux prirent des poiſſons
excellens. Je jugeai qu'à la pleine & à la nouvelle Lune, on
avoit la haute Mer vers une heure, & que, dans le flot, les
eaux s'élévoient perpendiculairement de quatre ou cinq
pieds.

L'APPROCHE de la nuit nous ramena tous à bord, où nous
reprîmes les bateaux. « Arrivés ſur le vaiſſeau, nous regret-
» tâmes beaucoup de n'avoir pas penſé à laiſſer ſur cette
» Iſle un chien & une chienne, qui ſe ſeroient multipliés

(a) Voyez la Collection d'Hawkſworth.

» fans trouble, & qui, dans l'efpace de peu d'années, y
» auroient répandu leur race de maniere à la rendre utile aux
» Navigateurs. » Nous fîmes route à l'E. N. E., toutes voiles
dehors, avec un vent du S. E., jufqu'à minuit, que, revirant
de bord, nous pafsâmes le refte de la nuit, à courir de petits
bords.

ANN. 1774.
Octobre.

LE LENDEMAIN, au lever du Soleil, je cinglai au S. S. E.,
& nous doublâmes l'Ifle. Sur fa bande méridionale, font
deux petits Iflots habités par des oifeaux. De ce même côté,
ainfi que de celui du S. E., il y a une plage fablonneufe, où
le rivage eft en grande partie revêtu de roches efcarpées, au
pied defquelles on trouve vingt & feize braffes d'eau ; c'eft-là
du moins ce que nous rendirent les fondes fur la bande
N. E., avec un très-bon ancrage. Un banc de fable de corail,
mêlé de coquillages, & fur lequel nous eûmes depuis dix-
neuf jufqu'à trente & quarante braffes d'eau, environne
l'Ifle, & s'étend fpécialement du côté méridional, à fept
lieues au large. Le matin, que nous découvrîmes l'Ifle, la
déclinaifon de l'aimant étoit de 13ᵈ 9' vers l'Eft ; mais je
penfe que cette obfervation donna trop, puifque les deux
qui furent faites devant & après, indiquèrent deux degrés
de moins.

11.

EN QUITTANT l'Ifle de Norfolk, je fis route pour la
Nouvelle Zélande ; mon intention étant de toucher au Canal
de la Reine Charlotte, pour rafraîchir l'équipage, & mettre
le vaiffeau en état de foutenir la navigation des hautes latitudes méridionales.

LE 17, au point du jour, nous eûmes la vue du Mont-

17.

Egmont, couvert d'une neige éternelle; il nous reſtoit au S. E. ½ E. Nous étions à la diſtance d'environ huit lieues du rivage, & les ſondes rapporterent ſoixante-&-dix braſſes d'eau, fond vaſard. « L'aſpect de cette montagne eſt majeſ-
» tueux, & les collines voiſines reſſemblent à des mon-
» drains. La baſe s'applatit peu-à-peu, & forme enfin, de
» tous côtés, une plaine étendue, & ſon ſommet ſe termine
» en une petite pointe. D'après l'eſpace qu'occupe la neige,
» on ſuppoſe que ſa hauteur n'eſt guères inférieure à celle
du pic de Ténériff. » Le vent s'établit à l'Oueſt, grand frais, & nous gouvernâmes S. S. E. ſur le Canal de la Reine Char-
lotte, dans le deſſein d'atterrir près du Cap Stephens. A midi, le Cap Egmont nous reſtoit à l'E. N. E., à trois ou quatre lieues; &, quoique les nuages cachaſſent la montagne, nous jugeâmes qu'elle devoit être dans la même direction que le Cap. La latitude obſervée fut de 39ᵈ 24′. Le vent fraîchit au point de nous obliger de prendre tous les ris des huniers, & d'amener nos vergues de perroquets; & bientôt nous ne pûmes plus porter que nos baſſes voiles & les huniers les ris pris. Je marchai ainſi ſous les voiles majeures, pour rallier le Cap Stephens, que nous doublâmes à onze heures du ſoir.

18.   A MINUIT, on revira de bord, & nous courûmes une bordée dans le Nord, juſqu'à trois heures du matin, que je portai ſur le Détroit. A neuf heures, nous contournâmes la pointe Jackſon à travers une Mer, rendue formidable par un courant rapide & un vent furieux; mais, comme je connoiſſois la côte, ce gros tems me cauſa peu d'inquiétudes. Vers les onze heures, nous laiſſâmes tomber l'ancre à l'entrée de l'anſe du
vaiſſeau;

vaiffeau; les grains violens qui venoient de terre ne nous permettant pas d'entrer dans l'anfe.

« C'EST la troisieme fois que nous mouillions dans cette
» anfe, dont nous étions partis onze mois auparavant. La
» vue des différens objets, qui avoient déjà frappé nos re-
» gards, nous caufoit une fenfation agréable, malgré
» l'afpect fauvage de la contrée: & l'efpoir de rétablir notre
» fanté & de réparer nos forces, nous infpiroit une gaieté
» extraordinaire: quoique des pluies fréquentes & des coups
» de vent nous fatigaffent fur nos amarres, nous nous trou-
» vions heureux d'être fur les côtes de la Nouvelle-Zélande.
» La faifon n'étoit pas avancée dans ce climat rigoureux:
» rien n'annonçoit encore la verdure du printems. »

APRÈS-MIDI, on ne put point lever l'ancre, & j'allai avec
la feine dans l'anfe, pour effayer d'y prendre du poiffon. En
defcendant fur le rivage, je fongeai d'abord à vifiter l'endroit, où, à mon départ la derniere fois, j'avois laiffé une
bouteille, qui renfermoit des inftructions pour l'Aventure.
Elle avoit été enlevée. Mais étoit-ce par les Infulaires, ou
par l'équipage du Capitaine Furneaux? C'eft ce que je ne
devinois pas. En deux coups de filets, on ne prit que quatre
petits poiffons. Pour fuppléer à cette mauvaife pêche, nous
tirâmes plufieurs oifeaux, qu'attiroient les fleurs d'un jardin;
nous tuâmes auffi de vieilles farcelles, & nous emportâmes
les nids où étoient les jeunes.

« PARMI les poiffons que prirent les Pêcheurs, il y avoit
» une belle brême, (*Sparus-Pragus*) qui pefoit onze

Tome III. X x

» livres, de l'efpèce qu'on rencontre dans prefque toutes
» les parties de l'Océan (a). Au coucher du Soleil, on tira
» un coup de canon, afin d'apprendre notre arrivée aux
» Naturels, s'il s'en trouvoit quelques-uns dans les envi-
» rons. Il étoit de notre intérêt de les avoir près de nous,
» afin d'acheter du poiffon; car nos Pêcheurs n'en fournif-
» foient pas une affez grande quantité. »

19.   LE LENDEMAIN, au matin, le vent ayant molli, nous
levâmes l'ancre, on toua le vaiffeau dans l'anfe, & on
l'amarra fur les deux ancres de pofte, & on dévergua les
voiles, pour les réparer. Durant ce tems orageux, plufieurs
avoient été déchirées, ou endommagées d'ailleurs. La
grande voile & la mifaine, prefqu'entièrement emportées,
furent mifes au rebut. Je fis amener & dégréer les mâts de
hune, pour y fixer des courbes mobiles: faute de ces courfes, les barres maîtreffes des hunes fe brifoient continuellement. Le Forgeron fit des chevilles de fer, & répara nos
ferrures; & on éleva, fur le rivage, des tentes deftinées à la
Garde, aux Tonnelliers, aux Voiliers, &c. J'ordonnai auffi
de bouillir, tous les matins, des végétaux, qui croiffent ici en
abondance, avec du gruau & des tablettes de bouillon por-
tatives, pour le déjeûner de tout l'équipage, d'en fervir avec
des pois & du bouillon pour le dîné, outre la portion ordinaire de viandes falées.

L'APRÈS-MIDI, M. Wales alla dreffer fon Obfer-

(a) « On en prend fur les Côtes d'Angleterre, dans la Méditerranée,
» au Cap de Bonne-Efpérance, & dans les Mers du Sud. »

vatoire; reconnut que plusieurs arbres, qui étoient sur pied, lors de notre précédente relâche, avoient été coupés avec des haches & des scies; &, quelques jours après, il découvrit la place où avoient été un Observatoire, une horloge, &c. Nous ne pouvions plus douter que l'Aventure n'eût mouillée dans cette anse.

« Nous accompagnames le Capitaine à l'anse des » Cannibales, au Nord de notre mouillage : nous savions » que les côtes abondent en céleri & en cochléaria, & » M. Cook avoit grand soin d'en pourvoir le vaisseau. Dans » la course que nous y fîmes, au milieu des bois, nous trou- » vâmes un véritable chou palmiste (*Areca oleracea*), pa- » reil à celui que nous avions remarqué à l'Isle Norfolk. Nous » fûmes surpris de le rencontrer à cette haute latitude, & » cela semble prouver que cette espèce est plus vivace & » plus forte que les autres de la même classe.

» Les dernieres couvées d'oiseaux ne connoissant pas » les armes perfides des Européens, nous en approchions » assez pour les tirer à bout portant. Les grimpereaux, & » d'autres espèces plus petites, étoient presque aussi bons » à manger que les ortolans. Chaque oiseau de terre de cette » partie de la Nouvelle-Zélande, ceux de proie exceptés, » seroient estimés sur les meilleures tables. »

Le lendemain, régnerent les vents du Sud, & le Ciel fut couvert de nuages. Les Travailleurs retournerent à leurs occupations respectives. L'un d'eux restoit à bord pour calfater les côtés du vaisseau, qui avoit le plus grand besoin de cette

20.

Ann. 1774.
Octobre.

réparation. Les coutures furent enduites de potée, faite avec de la graiffe de cuifine & de la craie, dont le Canonnier avoit, par hafard, une bonne quantité.

21.   Le 21, on eut les vents du Sud, accompagnés d'une pluie continuelle.

22.   « Le Ciel fe leva, le 22, dans toute fa fplendeur, nous
» entendîmes, pour la premiere fois, depuis notre arrivée,
» le concert des oifeaux ; tout annonçoit des jours de
» printems, & nous invitoit d'aller dans les bois ; la plupart
» des Officiers profiterent du beau tems pour defcendre à
» terre, & avec le Capitaine Cook, nous longeâmes les
» côtes vers la pointe Jackfon, débarquant de tems-en-tems
» dans les anfes qui étoient fur notre route. »

L'après-midi, j'allai avec les Botaniftes vifiter nos jardins de Motuara, que nous trouvâmes prefqu'en friche : ils avoient été entièrement négligés par les Habitans. Néanmoins, plufieurs plantes, qui croiffoient vigoureufement, faifoient affez voir qu'elles fe complaifoient fur le fol qu'elles occupoient. Les Infulaires ne s'étant pas encore montrés, nous allumâmes un feu fur la pointe de l'Ifle : je ne doutois pas qu'à la vue de la fumée, ils ne vinffent bientôt nous vifiter.

« Les Chasseurs revinrent le foir, chargés d'oifeaux :
» les équipages des différens bateaux avoient cueilli des
» herbages, & pris du poiffon. Il y eut fur le vaiffeau un
» régal général. »

24.   Il ne se passa rien de remarquable jufqu'au 24, qu'on

Pl. 57

HOMME DE LA NOU.^{LE} ZÉLANDE.

Benard Direx.

Pl. 58

Benard Direx.

FEMME DE LA NOUVELLE ZÉLANDE.

Ann. 177.
Octobre.

vit dans la matinée deux pirogues defcendre le Canal; mais, dès qu'elles apperçurent le vaiffeau, elles fe retirerent derrière une pointe, fur le côté occidental. Après le déjeûner, je me mis dans un bateau pour les aborder; &, tout en côtoyant le rivage, nous tirâmes plufieurs oifeaux. Le bruit des moufquets annonça notre arrivée; les Infulaires parurent dans l'anfe des Nigauds, & nous hélerent. Mais, à mefure que nous approchâmes de leurs habitations, ils fe retirerent tous dans les bois, à l'exception de deux ou trois, qui refterent fur une éminence, près du rivage, les armes à la main. Au moment de la defcente, ils nous reconnurent. La joie prit alors la place de la crainte, & les autres Infulaires accoururent du bois, nous embrafferent, en frottant leurs nez contre les nôtres, à la manière du pays, & ils fauterent & danferent autour de nous, de la maniere la plus extravagante; mais j'obfervai qu'ils ne permirent pas à des femmes, que nous voyions dans l'éloignement, de venir près de nous. On leur fit préfent de haches, de couteaux, de clous, des étoffes de Taïti, que nous avions dans le bateau : ils nous donnerent en retour une grande quantité de poiffon. Parmi ces Indiens, il s'en trouvoit peu que nous reconnuffions. Je leur demandai pourquoi ils avoient paru nous craindre, ils répondirent d'une maniere fi ambigue, que tout ce que nous y pûmes comprendre, c'eft qu'il étoit queftion de meurtre.

« Ils avoient des vêtemens vieils, déguenillés & fales. » Leurs cheveux flottoient en défordre; ils exhaloient au » loin la puanteur. Je remarquai qu'après nous avoir parlé » de batailles & de morts, ils nous demandoient de tems » en tems, fi nous étions fâchés, & ils fembloient douter

» de la sincérité de nos protestations d'amitié. Nous crai-
» gnîmes qu'il ne fût arrivé une dispute entre les Naturels &
» l'équipage de quelque vaisseau Européen, le sort de
» *l'Aventure* nous inquiétoit : nous employâmes tous les
» moyens possibles pour gagner la confiance des Naturels,
» & nous y réussîmes. »

25.   LE LENDEMAIN de très-bonne heure, nos Amis se rendirent
à bord , conformément à leur promesse de la veille : ils
avoient avec eux quantité de beaux poissons, qu'ils échangerent pour des étoffes de Taïti.

« L'UN D'EUX , d'un moyen-âge, qui sembloit être le
» principal personnage de cette petite troupe, nous dit qu'il
» s'appelloit Péeterée (a), & il nous témoigna plus d'amitié
» que les autres. Nous les quittâmes en admirant leur cou-
» rage, qui dédaignoit de se cacher au moment où ils crai-
» gnoient que nous ne profitions de notre supériorité de
» nombre; nous ignorions même alors combien ils avoient
» lieu de craindre notre ressentiment, ce qui donne encore
» plus d'éclat à leur bravoure. »

26.   LE 26, nous ôtâmes de la partie de la cale, qui est en
arrière du grand mât , quatre bateaux de lest, pour y placer
six canons: on n'en laissa que six sur le pont. Nos bons Amis
les Insulaires nous apporterent du poisson en abondance; ils
se rendirent ensuite au quartier des Travailleurs , & informe-
rent nos Gens qu'un vaisseau pareil au nôtre s'étoit perdu der-

_____

(a) M. Cook l'appelle *Pedero,*

nièrement dans le Canal ; que plusieurs Indiens avoient été
tués pour avoir volé des habits , &c. & que les Gens de l'équipage ne pouvant plus tirer, les Insulaires avoient eu l'avantage,
les avoient assommé à coups de casse-têtes, & ensuite mangés;
mais que, pour eux, ils n'avoient eu aucune part à ce massacre, qu'ils disoient être arrivé à Vanna-Aroa, près de Tée-
rawhite, de l'autre côté du Canal. Ils ne s'accordoient point
sur la date; l'un soutenoit que cette affaire s'étoit passée deux
mois auparavant, & il étoit contredit par un autre qui comp-
toit sur ses doigts, environ vingt ou trente jours. Ils firent
entendre par signes que le vaisseau s'étoit brisé contre les
rochers, & que les pièces s'étoient dispersées au large.

« Non-contens des échanges qu'ils faisoient à bord ;
» quelques-uns d'eux, après avoir vendu une partie de leurs
» poissons ou des curiosités de leur pays , se rendoient de-
» là sur la greve auprès de ceux de nos gens qui faisoient
» de l'eau, du bois, &c. & où M. Wales avoit établi de
» nouveau son Observatoire. Ils vendoient ce qui leur restoit,
» & ils alloient tous passer la nuit dans les environs. Ils se
» levoient à la pointe du jour, & ils prenoient une grande
» quantité de poissons, qu'ils nous apportoient tout de
» suite : ils aimoient mieux cependant se rendre à l'aiguade,
» que de venir au vaisseau, parce qu'ils trouvoient là des
» Soldats de Marine, qui s'amusoient à converser avec eux
» plusieurs heures, tant bien que mal. Cette familiarité
» paroissoit convenir à leur caractere, & ils devinrent
» bientôt assés intimes avec leurs Amis, pour tâcher de leur
» expliquer les détails de ce massacre dont on a déja parlé.

» Quand ils observerent ensuite que nous leur faisions

» à chaque inſtant de nouvelles queſtions ſur cette matiere,
» quelques-uns réſolurent de ne plus nous en rien dire, &
» ils arrêterent, même par des menaces, un de leurs Compa-
» triotes, qu'on avoit déterminé à nous inſtruire de ces par-
» ticularités. Le Capitaine Cook, inquiet ſur le ſort de
» l'Aventure, appella Péeterée & un autre Naturel dans ſa
» chambre, mais ils eurent la hardieſſe de nier qu'on eût fait
» du mal aux Européens. Nous découpâmes deux feuilles
» de papier en forme de vaiſſeau, & ſur un autre plus grande
» nous traçâmes la figure du Canal : nous amenâmes enſuite
» les deux vaiſſeaux dans le Canal, & nous les fîmes ſortir
» auſſi ſouvent qu'ils y avoient relâché : nous nous arrê-
» tâmes un peu, & enfin nous y remenâmes notre vaiſſeau
» pour la troiſieme fois; mais les Naturels nous interrom-
» pirent, & prenant le papier qui repréſentoit l'Aventure,
» ils l'amenerent dans le Havre & ils l'en firent ſortir; &
» comptant avec leurs doigts, combien de Lunes s'étoient
» écoulées depuis ce tems, nous eûmes le plaiſir d'apprendre
» ainſi le départ du Capitaine Furneaux & de ſon équipage,
» & d'admirer la ſagacité des Inſulaires. Au Cap de Bonne-
» Eſpérance, on nous dit enſuite le malheur qui leur étoit
» arrivé (a). »

27.   LE LENDEMAIN, d'autres Inſulaires conterent l'hiſtoire du
maſſacre à-peu-près de la même maniere, & montrerent la
Baie de l'Eſt, qui eſt ſur le côté oriental du détroit, comme
le lieu où cet événement s'étoit paſſé. Ces rapports me donnoient les plus vives inquiétudes ſur l'Aventure; je priai

_____

(a) On en parlera dans le quatrième Volume.

M. Wales,

M. Wales, & ceux qui étoient à terre, de m'envoyer le premier Indien, capable de m'inftruire de ces particularités; car je n'en avois encore rien appris par moi-même. Lorfque M. Wales revint à bord pour dîner, il y trouva les perfonnes qui lui avoient conté cette hiftoire : dès qu'il me les eut montré, je les queftionnai fur cet événement, & j'employai tous les moyens poffibles, afin de découvrir la vérité. Je n'en tirai jamais d'autre réponfe que *Caurey* (non); ils nierent tout ce qu'ils avoient dit fur le rivage, & même ils parurent n'avoir aucune connoiffance de l'affaire ; de forte que je commençai à croire que nos Gens ne les avoient pas entendus, & qu'ils s'étoient mépris fur les détails d'une querelle furvenue entre les Infulaires.

« JE REMARQUERAI ici que les Zélandois ont été des » ennemis très-dangereux pour tous les vaiffeaux qui ont » abordé fur leurs côtes. Tafman, qui découvrit le premier » cette contrée, perdit quatre hommes dans la Baie des Af- » faffins, qui femble être celle que le Capitaine Cook a appelé » *Baie-aveugle* ; les Naturels emporterent un des morts » fur leurs pirogues, & fans doute ils mangeoient déjà de » la chair humaine alors (en 1642) : ils ont tué dix hommes » à l'Aventure, en 1773 : l'année auparavant, ils avoient » affaffiné M. du Frefne Marion, & vingt-huit perfonnes » de fon équipage. M. Crozet, Capitaine de Brûlot au » Service de France, qui étoit au Cap de Bonne-Efpérance » lors de notre feconde relâche dans cette Colonie, nous » donna des détails fur la fin tragique de fes Compatriotes. » Il commandoit le Sloupe du Roi le Mafcarin, fous » M. Marion que la néceffité contraignit de mouiller dans

Tome III. Y y

» la Baie des Isles, sur la côte septentrionale de la Nouvelle-
» Zélande (a) : comme il étoit démâté, il fut obligé de
» chercher de grands arbres; quand il en eut trouvé de
» convenables, il lui parut presque impossible de les ame-
» ner des collines au bord de l'eau ; il fallut pratiquer
» un chemin de deux ou trois milles de long à travers
» les forêts les plus épaisses, jusqu'à l'endroit où il dé-
» couvrit ces arbres : un détachement placé sur une
» Isle, dans la Baie, remplit sur ces entrefaites les fu-
» tailles, & un second alloit de tems-en-tems à terre, afin
» de couper du bois; ils vivoient, depuis trente-sept jours,
» en bonne intelligence avec les Naturels, qui offroient
» librement leurs femmes aux Matelots, lorsque M. Marion
» descendit pour visiter les différens Travailleurs, sans dire
» qu'il retourneroit au vaisseau le même jour. Après avoir
» passé quelque tems au milieu de ceux qui faisoient de l'eau ,
» il se rendit à l'Hippa, ou fortification des Naturels; il y étoit
» déjà allé plusieurs fois, & il avoit coutume de prendre
» alors avec lui les Charpentiers qui étoient campés dans
» les bois avec M. Crozet. Il négligea cette précaution, &
» il paroît que c'est là qu'il fut massacré, ainsi que les Gens
» de sa suite. Le Lieutenant, qui commandoit à bord, ne
» sachant pas ce qui étoit arrivé, envoya, le lende-
» main, un détachement pour couper du bois en dedans
» de l'Isthme , qu'indique la carte qu'a donné M. Cook de
» cette Baie (b). Les Naturels guettant l'occasion où les

_____

(a) «Voyez le Tome I, de cette Traduction, page 125, où l'on a parlé
» des Découvertes de cette expédition. »

(b) Voyez la Relation du premier Voyage.

ANN. 1774.
Octobre.

» François étoient à l'ouvrage, ils leur tomberent deffus,
» & les tuerent tous, excepté un feul Matelot, qui s'enfuit,
» & qui, ayant eu le tems de fe jeter à la mer, nagea jufqu'au
» vaiffeau, quoiqu'il fût bleffé de plufieurs coups de piques.
» Dès qu'on l'eut pris à bord, il répandit une alarme géné-
» rale. La pofition de M. Crozet, qui fe trouvoit dans les bois
» avec un petit détachement, étoit très-critique. On dé-
» pêcha fur-le-champ un Caporal & quatre Soldats de Ma-
» rine, pour l'avertir du danger qu'il couroit : plufieurs petits
» bateaux allerent fe préparer à le recevoir à un endroit où
» les malades avoient été placés dans des tentes pour le réta-
» bliffement de leur fanté : il difpofa tout le mieux qu'il lui
» fut poffible, & il fit fa retraite au bord de la mer, de-
» vant un nombre prodigieux d'Infulaires revêtus de leurs
» meilleurs habits, & précédés de leurs Chefs. M. Crozet
» dit aux quatre Soldats de Marine de fe tenir prêts, en
» cas de befoin, à tirer fur ceux des Naturels qu'il indique-
» roit : il donna ordre à fon détachement d'abattre les tentes
» des malades, & d'embarquer tout ce qui étoit à terre,
» tandis qu'accompagné des Soldats, il s'avança vers le
» Chef ; l'Indien lui avoua que M. Marion avoit été tué
» par un autre Chef qu'il nomma. M. Crozet planta alors
» un pieu en terre aux pieds du Chef, & il lui défendit de
» paffer outre. La violence de cet ordre fit treffaillir le
» Sauvage ; mais le Capitaine François, fans fe déconcerter,
» l'avertit de commander à la foule de s'affeoir, & le Zé-
» landois y confentit. M. Crozet fe promena enfuite de tous
» côtés devant les Zélandois, jufqu'à ce que tout fon monde
» fût dans la chaloupe. Il ordonna à fes Soldats d'y mon-
» ter eux-mêmes, & il y entra le dernier. A peine fut-il

Y y 2

» au large; que tous les Zélandois se leverent en corps,
» entonnerent leurs chants de défi, & jeterent des pierres
» après les François, qui, en forçant de rames, arriverent
» sains & saufs sur leur vaisseau. Depuis cette époque, les
» Naturels essayerent, à différentes reprises, de massacrer le
» reste des François : ils formerent une expédition, la nuit,
» contre ceux qui remplissoient les futailles à l'aiguade ; &,
» sans une extrême vigilance de la part des Sentinelles,
» les François auroient tous péri : plus de cent grandes pi-
» rogues attaquerent ensuite les vaisseaux, & il fallut faire
» jouer la grosse artillerie. M. Crozet voyant qu'il étoit im-
» possible de se procurer des mâts sans chasser les Zélan-
» dois de ces environs, alla attaquer l'Hippa, qui étoit une
» de leurs meilleures forteresses. Il plaça les Charpentiers
» en front, pour couper les palissades, derriere lesquelles se
» tenoient des troupes nombreuses de Naturels sur les plates-
» formes de combat *(a)* que décrit le premier Voyage de
» M. Cook. Le feu régulier des François ayant chassé les
» Insulaires de ces plates-formes, les Charpentiers s'appro-
» cherent sans danger, & en peu de momens, ils ouvrirent
» une brêche dans les fortifications. Un Chef s'avança à
» l'instant, une pique à la main, pour la défendre : il fut
» tué roide mort d'un coup de fusil : un second vint tout
» de suite prendre la place, & monta sur le cadavre ; il
» tomba aussi victime de son intrépidité : huit Chefs défen-
» dirent successivement & de la même maniere ce poste
» d'honneur, & ils y moururent bravement. Les autres
» voyant leurs Chefs étendus par terre, prirent la fuite, &

***

(a) Voyez la Relation du premier Voyage de Cook.

» les François les pourſuivirent, & en tuerent un grand
» nombre. M. Crozet promit cinquante piaſtres à celui qui
» ſaiſiroit un Zélandois en vie; mais cela fut impraticable.
» Un Soldat prit & traîna un vieillard vers le Capitaine;
» mais le Sauvage étant ſans armes, mordit la main du
» François, que la douleur mit en fureur, & qui perça
» l'Indien de ſa bayonnette. M. Crozet trouva des amas
» conſidérables de vêtemens, d'armes, d'outils & de lin non-
» battu dans cet Hippa, de poiſſons ſecs & de racines qui
» ſembloient deſtinés à ſervir de proviſions d'hiver. Il répara
» enſuite ſon vaiſſeau ſans obſtacle, & il pourſuivit ſon
» Voyage après une relâche de ſoixante-quatre jours dans
» la Baie des Iſles.

» LES ZÉLANDOIS ſont un Peuple bien abominable,
» ſi les François ſe comporterent honnêtement à leur égard.
» Malgré tous ces meurtres, ils ne paroiſſent pas avoir de per-
» fidie, & ils ne ſe vengent que lorſqu'ils ſont outragés : il eſt
» donc probable qu'on leur fit quelque inſulte ou quelque ou-
» trage. L'hiſtoire que nous racontoient ſur cela les Indiens du
» Canal de la Reine Charlotte étoit d'autant plus digne de
» foi, qu'ils avouoient franchement que leurs Compatriotes
» avoient volé quelque choſe aux François, qui tirerent
» probablement ſur les Naturels innocens comme ſur les
» Naturels coupables, & qui provoquerent ainſi leur co-
» lere. »

NOUS EUMES, le 28, un vent frais de l'Oueſt, & un beau
tems. Nous plaçâmes & gréâmes nos mâts de hune. Nous
deſcendîmes à la Baie de l'Oueſt, pour une partie de chaſſe,

28.

& dans l'endroit où j'avois laissé des cochons & des poules; nous n'en retrouvâmes aucune trace, & personne depuis ne put les découvrir. A notre retour, nous visitâmes des habitations, où on nous donna du poisson en échange de quelques bagatelles. Comme nous revenions, M. Forster crut entendre le grognement d'un cochon, près des maisons; il est probable qu'ils conservoient ceux que j'y avois laissé l'année auparavant. Nous rentrâmes à bord avec une douzaine & demie d'oiseaux. Ceux qui étoient allés chasser dans le bois, près du vaisseau, avoient eu plus de succès.

29, 30. LE 29 & le 30, il ne se passa rien qu'on puisse rapporter; sinon que, sur le soir de ce dernier jour, tous les Insulaires nous quitterent.

31. LE 31 fut un jour très-agréable. Nos Botanistes allerent débarquer dans l'Isle Longue, où l'un d'eux apperçut un gros cochon noir. Je jugeai, sur leur description, que c'étoit un de ceux que le Capitaine Furneaux avoit laissés sur cette Terre, & qu'il avoit été transporté dans cette Isle par les Zélandois qui le reçurent de cet Officier. Il est à présumer que, n'ayant point d'abord détruit les cochons qui étoient en leur possession, ils les laisseront vivre, & que désormais on trouvera de ces animaux sur cette Isle.

1 Novembre. LE JOUR SUIVANT, nous reçûmes la visite de plusieurs Insulaires, qui étoient venus de très-loin. Ils n'avoient qu'une médiocre quantité de poisson. Des pierres vertes ou du talc formoient leurs principales marchandises. Les pièces que nous

āchetâmes, étoient plus grandes qu'aucune de celles que
nous avons vues jufqu'alors.

LE 2, je defcendis fur le côté oriental du détroit, &, fans
avoir rien apperçu de remarquable, je revins à bord, le foir,
où je fus informé que les mêmes Indiens, qui étoient venus
nous voir le jour précédent, avoient reparu au vaiffeau avec
les mêmes articles de commerce.

2.

« Nous nous rendîmes à l'anfe de l'Hérbe, ignorant
» l'affreufe fcène qui s'y étoit paffée ; nous débarquâmes
» dans toutes les criques des environs, & nous nous avan-
» çâmes fort loin dans l'intérieur du pays : nous vîmes plu-
» fieurs fentiers qui conduifoient aux collines ; mais fans
» rencontrer d'Habitans. Je tuai environ trente oifeaux, &
» entr'autres douze pigeons qui fréquentoient ce canton,
» à caufe d'une efpèce de *fophora*, dont ils mangeoient les
» feuilles & la graine. En arrivant à bord, à huit heures du foir,
» nous apperçûmes, aux environs du vaiffeau, un grand
» nombre de Naturels : ils nous vendirent des poiffons; ils
» apportoient auffi des vêtemens, des armes & des curio-
» fités, & M. Cook défendit tout commerce avec eux. Ils
» revinrent le lendemain; mais le Capitaine perfifta à ne
» pas les admettre à bord, à moins qu'ils n'amenaffent des
» rafraîchiffemens : cette précaution, de fa part, étoit fage
» & néceffaire. Il falloit toute la force de l'autorité & tout
» le poids de l'exemple, pour engager l'opiniâtre Matelot
» à prendre le moindre foin de fa fanté, dès que les ouvrages
» des Naturels attiroient fon attention. Il eft étonnant à
» quel excès l'équipage portoit la manie de raffembler

» des armes & des uftenfiles du pays. Durant notre relâ-
» che au Canal de la Reine Charlotte, des Matelots, qu'on
» envoya faire des balais fous le Maître d'équipage, prirent
» plufieurs meubles dans la hutte d'un pauvre Indien, & ils
» le forcerent d'accepter, en retour, des clous, qu'ils
» jugerent un équivalent. Heureufement les Naturels trou-
» verent moyen de fe plaindre à M. Cook, qui fit punir les
» voleurs. Les Gens de l'équipage de l'*Endéavour* ne furent
» ni plus équitables, ni plus honnêtes; ils volerent la femme
» de Tubourai-Tamaïde à Taïti, & à la Nouvelle-Zé-
» lande (*a.*); ils fembloient croire qu'ils avoient des droits
» fur la propriété des Infulaires. »

3. 　　Le 3, M. Pickerfgill rencontra des Naturels qui lui répéterent encore qu'un vaiffeau avoit fait naufrage, & que tous
les Gens de l'équipage avoient été tués; mais ils ajouterent,
d'un air empreffé, qu'ils n'y avoient point eu de part.

4. 　　Le 4, on eut un tems charmant. La plupart des Infulaires
fe retirerent au fond du Canal, & j'avois pris les moyens les
plus propres à les y engager; car, depuis que nous avions eu
à bord ces derniers Indiens, nos anciens Amis s'étoient
retirés, & nous avions manqué de poiffon. Je defcendis fur
l'Ifle-Longue, pour examiner le cochon qu'on y avoit vu;
& je trouvai que c'étoit une des truies que le Capitaine Furneaux avoit laiffées dans cette Ifle, & la même que nous y
avions déjà vue lors de notre derniere relâche. Dans la

_____

(*a*) *Voyez* la Relation du premier Voyage de Cook.

　　　　　　　　　　　　　　　　　　　　　fuppofition

supposition que ce fût un verrat; j'avois avec moi une truie,
que je lui aurois laissée ; mais, voyant mon erreur, je la
reconduisis à bord.

« Nous rencontrames dans l'anse de l'Indien, une
» pauvre famille, qui mangeoit de mauvaises racines de
» fougere , faute d'alimens plus nourrissans. Chacune des
» huttes contenoit un feu , dont la fumée enveloppoit entiè-
» rement les Naturels ; mais, en se couchant par terre, ils
» en étoient moins affectés que s'ils se fussent tenus debout.
» Malgré l'incommodité de cette situation, quelques An-
» glois partagerent avec empressement ce mauvais réduit,
» pour y recevoir les caresses des sales Zélandoises. On ima-
» ginera peut-être que les Matelots eurent seuls des be-
» soins si vils ; mais la mer semble détruire toutes les dif-
» tinctions de goût, de rang & de caractere. Quand on
» donne une libre carriere à ses desirs, il ne faut pas s'éton-
» ner qu'on satisfasse un sens aux dépens de tous les autres.
» Les Nations que nous avions visitées dernièrement aux
» Nouvelles-Hébrides & à la Nouvelle-Calédonie, ayant
» résisté à la familiarité indécente de leurs Hôtes, l'équi-
» page se livra avec ardeur à des créatures dégoûtantes,
» dans les trous enfumés & mal-propres de la Nouvelle-
» Zélande. »

Le 5, de bon matin, nos anciens Amis nous apporterent,
fort à propos, une provision de poisson. Je m'embarquai
alors dans la chaloupe, avec MM. Forster & Sparrman, pour
remonter le Canal. J'étois curieux d'en connoître l'issue,
ou plutôt de découvrir un passage à la mer par le S. E., dont

5.

j'avois foupçonné l'exiftence, d'après quelques découvertes
faites dans mon premier Voyage. Sur notre route, des
Pêcheurs nous donnerent les informations néceffaires; &
tous nous affurerent qu'il n'y avoit point de paffage à la mer
par le haut du Canal. En pourfuivant notre chemin, nous
rencontrâmes une pirogue, montée par quatre Indiens, qui
defcendoient le Canal. Ils nous affurerent, comme les autres,
qu'il n'y avoit point de paffage à la mer par le chemin que
nous prenions; mais ils nous firent entendre qu'il y en avoit
un à l'Eft, dans l'endroit même où j'efpérois le trouver.
J'abandonnai donc le deffein de remonter plus haut le Canal,
& nous fuivîmes le bras qui eft fur le côté du S. E., environ
à quatre ou cinq lieues au-deffus de l'Ifle de Motuara.

Un peu en-dedans de l'entrée de ce bras, fur le côté du
S. E., nous nous trouvâmes devant un grand Village, appellé Kotieghenooée. Les Habitans, dont nous reconnûmes
plufieurs qui s'étoient rendus dernièrement à bord, nous
firent l'accueil le plus obligeant, & nous baiferent le nez,
fuivant l'ufage. Leur Chef fe nommoit Tringo-Boohée.

« C'étoit un petit vieillard (a) très-actif: il avoit tout
» le vifage tatoué en bandes, ce qui le diftinguoit de fes
» Compatriotes, beaucoup moins défigurés que lui. Les
» femmes s'affirent en plufieurs lignes devant leurs huttes;
» nous en connoiffions quelques-unes qui étoient venues à
» notre bord peu de jours auparavant. Ils paroiffoient beau-

(a) « Tringho femble être une efpèce de titre parmi eux; car il fe
» place fouvent devant les noms des Chefs. »

» coup plus à leur aife que les familles difperfées dans les envi-
» rons de notre anfe. Leurs vêtemens étoient neufs & propres;
» mais, en général, leur vifage étoit couvert de peintures, de
» furie, & d'autres ordures. Le nombre des Infulaires s'accroif-
» foit autour de nous à chaque minute : nous achetions leur
» poiffon avec empreffement, & ils n'étoient pas moins
» empreffés de nous le vendre. Tringho-Bohée cependant
» paroiffoit fâché de l'arrivée de fes Compatriotes, parce
» que le prix de fon poiffon baiffoit, fuivant que le marché
» étoit mieux fourni. La plupart nous vendirent leurs armes
» & leurs vêtemens, & ils s'en allerent fans autre habillement
» que le petit morceau de natte qu'ils portent autour des
» reins. Après avoir refté environ un quart-d'heure avec
» eux, la plupart des Naturels, qui arriverent les derniers,
» apportant leurs armes, & toute la foule montant à plus
» de deux cens, nous jugeâmes qu'il étoit prudent de les
» quitter ; nous n'avions pas cru que le Canal contînt
» autant de monde, & nous n'y avions jamais vu une
» foule auffi confidérable raffemblée. Nous étions déjà
» en mer, lorfqu'un Matelot avertit le Capitaine qu'il avoit
» acheté des poiffons d'un Naturel, & qu'il ne les avoit pas
» payés. M. Cook prit le dernier clou qui lui reftoit, &
» appelant le Naturel, il jeta le clou fur la greve à fes pieds.
» Le Zélandois fe croyant offenfé, & attaqué, ramaffa une
» pierre, & la jeta dans la chaloupe avec beaucoup de force ;
» heureufement elle ne bleffa perfonne. Nous le rappe-
» lâmes une feconde fois pour lui montrer le clou ; dès qu'il
» l'eut vu, il le prit ; il rit de fa pétulance, & il parut charmé
» de notre conduite à fon égard. Un peu de violence de
» notre part, en cette occafion, auroit pu nous devenir

Zz 2

» très-funeste, & nous attirer une querelle dangereuse; car
» nous étions à cinq ou six lieues du vaisseau, sans aucun
» espoir de secours; heureusement nous ne connoissions pas
» alors la fin malheureuse de M. Rowe & de ses Compa-
» gnons: autrement la rencontre d'un si grand nombre de
» Naturels nous auroit fort alarmée; probablement ils
» avoient eu part à ce massacre. Quand on considere toutes
» les occasions que nous donnâmes aux Naturels de nous
» tuer, en quittant nos bateaux, en montant sur les col-
» lines, en débarquant dans les cantons les plus peuplés,
» en allant au milieu d'eux sans armes, il paroît qu'on
» peut se fier à eux, quand on ne les provoque point. »

LA POPULATION paroissoit très-considérable sur toute
cette partie de la contrée. Les indications de ces Insulaires
nous encouragerent à poursuivre l'objet que nous avions en
vue. En conséquence, nous continuâmes à descendre ce
bras, qui court E. N. E., & E. $\frac{1}{4}$ N. E. Nous apperçûmes
de très-belles anses des deux côtés du rivage. J'arrivai
enfin à son débouquement, dans le détroit, par un canal
d'un mille environ de large, & où le flot verse en un fort &
rapide courant; nous avions observé qu'un autre courant
descend le bras, pendant tout le temps que nous y avions été.
Il étoit alors près de quatre heures après midi; & en moins
d'une heure le flot cessa, & le jusant commença à reverser
avec la même force.

LE DÉBOUQUEMENT court S. E. $\frac{1}{4}$ E. & N. O. $\frac{1}{4}$ O. & son
gissement avec le Cap Terrawhite est dans la direction de
l'E. S. E. & de l'O. N. O. Il y a treize brasses d'eau un peu

en-dedans de l'entrée, & un très-bon fond. Il me parut que vû la force du courant dans ce passage, on ne pourroit en sortir ou y rentrer que par un vent favorable. Mais la nuit, qui venoit à pas précipités, ne me laissa pas assez de tems pour faire des observations sur cette matiere, & je résolus de retourner à bord. Je négligeai même de visiter une grande forteresse, ou Hippa, bâtie sur une hauteur du côté septentrional, à la distance d'un ou deux milles environ du débouquement. Les Habitans nous y inviterent par leurs signes; mais nous reprîmes la route du vaisseau, où nous arrivâmes sur les dix heures; nous n'avions rien mangé de tout le jour: nous apportions avec nous le poisson que nous avions acheté des Indiens, & des oiseaux. Entre ces oiseaux, il s'en trouvoit quelques-uns de l'espèce des canards que nous avions vus à la Baie *Dusky*; & nous eûmes lieu de croire que tous les oiseaux de cette Baie se trouvent ici; car les Indiens les reconnoissoient sur le dessin, & avoient pour chacun d'eux un nom particulier.

LA JOURNÉE du 6 fut sombre & pluvieuse; les vents soufflerent de la partie du N. E. Nos anciens Amis étoient venus s'établir dans notre voisinage. Un de ces Indiens, appellé Pédéro, homme de considération, me fit présent d'un des bâtons de commandement que portent les Chefs. Je le revêtis d'un habit complet, dont il fut très-glorieux. Il étoit très-bien de sa personne; il avoit des manieres aisées & sa couleur seule le distinguoit d'un Européen.

6.

IL PAROÎT qu'il sentoit la supériorité de nos connoissances, de nos Arts, de nos Manufactures & de notre

» maniere de vivre : il ne témoigna cependant jamais le
» defir de venir avec nous, & quand nous le lui propofâmes,
» il refufa. Il préféroit la vie miférable de fes Compatriotes
» à tous les avantages dont il nous voyoit jouir. »

COMME il étoit de très-bonne-humeur, ainfi qu'un de fes
Compagnons, nous demandâmes fi l'Aventure avoit relâché
ici pendant notre abfence. Ils nous firent entendre, d'une
maniere qui ne permettoit pas d'en douter, qu'auffitôt après
notre départ, ce vaiffeau étoit arrivé; qu'il avoit relâché dix à
vingt jours, & qu'il étoit parti depuis dix mois. Ils m'affurerent
auffi que ce bâtiment, ni aucun autre, n'avoit échoué fur la
côte ainfi qu'on l'avoit rapporté. Cette affertion, & les détails
qu'ils donnerent fur l'arrivée & le départ de l'Aventure, cal-
merent mes craintes fur fon naufrage, fans diffiper le foupçon
du défaftre qui pouvoit lui être arrivé, avec d'autres Indiens
du Canal. Outre ce qui a été déjà raconté, on nous dit
qu'il y avoit eu ici dernièrement un vaiffeau, & qu'il étoit
allé mouiller à une place, nommée Térato, qui eft fur
le côté feptentrional du détroit. Cette hiftoire avoit-elle du
rapport avec la premiere? c'eft ce que je nefais pas. Toutes
les fois que je propofai à ces Indiens des queftions fur ce
fujet, ils répondirent toujours qu'ils n'en avoient aucune connoiffance; &, depuis quelque tems, ils avoient évité d'en
parler. Quelques jours auparavant un Infulaire reçut un
foufflet, pour en avoir fait mention à quelques perfonnes
de l'équipage.

APRÈS le déjeuner, je defcendis fur l'Ifle longue. Mon
deffein étoit de faire prendre la truie, & de la faire tranf-

porter en quelque autre endroit avec un verrat; mais je revins fans l'avoir vue. Des feux qui brûloient encore, annonçoient que les Indiens en étoient partis n'a gueres, & probablement il l'avoient emmenée. Pédéro vint dîner à bord ; il mangea de tous les mets qu'on fervit fur la table, & but plus de vin qu'aucun de nous, fans en être affecté.

LE 7, nous eûmes des vents frais du N. E., & une pluie continuelle.

7.

« PÉDÉRO (a) revint nous vendre du poiffon. Nous
» l'entendîmes fouvent chanter à terre, & quelquefois à
» bord, ainfi que le refte des Naturels. Leur mufique eft
» beaucoup plus variée que celle des Ifles de la Société & des
» Ifles des Amis, & je crois que les Infulaires de Tanna peuvent
» feuls entrer en concurrence avec eux fur ce point. L'Ami
» éclairé, le Lieutenant Burney, qui a eu la bonté
» de me noter les chanfons de Tonga-Tobboo, m'a noté
» auffi celles de la Nouvelle-Zélande : elles fuffiront pour
» donner une idée du goût du peuple. Il n'a point été à
» Tanna, mais il m'a affuré qu'il fembloit y avoit quelque
» étincelle de génie dans les tons de la Nouvelle-Zélande,
» qui furpaffent de beaucoup les miférables bourdonne-
» mens des Taïtiens, ou même les quatre notes du peuple
» de Ifles des Amis.

(a) M. Forfter l'appelle *Peteérée.*

» ILS CHANTENT les deux premieres barres de ce ton,
» jufqu'à ce que les paroles de leurs chanfons foient prêtes
» à finir, & alors ils finiffent avec la derniere. Quelquefois
» ils chantent un fecond deffus qui eft d'un tiers plus bas,
» excepté les deux dernieres notes qui font à l'uniffon.

» LE MÊME, M. Burney, y a remarqué auffi une efpèce
» de chant funèbre fur la mort de Tupia; fur-tout dans
» les environs de la Baie de Tolaga, fur la côte fepten-
» trionale, où les Zélandois fembloient avoir beaucoup
» de refpect pour ce Taïtien. Les paroles font d'une fim-
» plicité extrême, mais elles paroiffent fymmétriquement
» arrangées, & par la lenteur de leurs mouvemens, elles
» expriment l'affliction des pleureurs.

Aghee, Matte awhay Tupaya!
Parti, mort, helas, Tupaya!

» DANS les premieres effufions de chagrin, on ne ba-
» bille point: on n'eft occupé que de fa perte, & cette
» feule idée prend la forme de la plainte. Je ne prétends
» pas décider fi la fimplicité du ton eft agréable & bien
» imaginée.

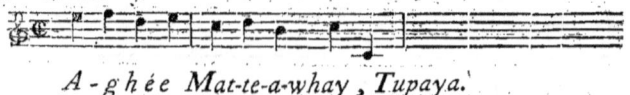

A - g h é e Mat-te-a-whay, Tupaya.

» A LA FINALE,

» A LA FINALE, ils defcendent d'ut à l'octave d'en bas,
» par une progreffion qui reffemble à celle d'un doigt qui
» gliffe le long d'une corde, fur le manche du violon. Je
» finis cette matiere par l'obfervation fuivante. Le goût
» qu'ont les Zélandois pour la mufique, & leur fupériorité
» en ce point fur les autres Nations des mers du Sud, font
» pour moi de fortes preuves en faveur de la bonté de
» leur cœur: ils ont des paffions violentes ; mais il feroit
» abfurde de fuppofer qu'ils fe livrent fans motif à des
» excès de barbarie. »

LE 8, la matinée fut pluvieufe, & le refte du jour beau. Je
fis conduire une truie & un verrat fur le rivage de l'anfe, qui
eft derriere celle des Cannibales. Il feroit difficile que, par tous
les moyens que j'ai employés, la race de ces animaux ne fe
multipliât pas dans cette Ifle. Nous ne pûmes guères douter
que les poules & les coqs, que nous y avions laiffés, n'y
fuffent encore, quoique nous ne les euffions pas vûs ; c'eft du
moins ce que devoit nous faire préfumer un œuf de poule,
qu'on avoit trouvé dans le bois, tout récemment pondu.

8.

« COMME on fe difpofoit à partir, nous nous empref-
» fâmes de faire des excurfions le long de la côte, & nous
» augmentâmes plus nos Collections Zoologiques & Bota-
» niques, qu'on n'avoit lieu de l'attendre dans une faifon
» fi peu avancée, & après avoir examiné tant de fois les
» mêmes forêts. Nous raffemblâmes dix ou douze efpèces
» de plantes & quatre ou cinq fortes d'oifeaux que nous
» n'avions pas encore vûs.

Tome III. A a a

» Les Naturels nous apporterent, chaque jour, une
» affez grande quantité de poiffons : on en remplit plufieurs
» futailles, qui fervirent de provifion durant notre paffage
» à la terre de feu, & qui fe conferverent très-bien. Nous
» eûmes foin d'embarquer auffi des nigauds & les autres
» oifeaux que nous pouvions trouver, afin de manger le plus
» long-tems poffible des nourritures fraîches. »

9.

Le 9, les vents de l'Oueft ou du N. O. foufflerent par
grains, accompagnés de pluies. Dans la matinée, on démara,
& nous allâmes mouiller plus loin en dehors de la Baie,
afin de pouvoir plus fûrement faire voile le lendemain ;
car le calfatage, qui retardoit notre départ, étoit enfin
achevé. Nos Amis, nous ayant apporté une provifion confidérable de poiffon, je fis préfent d'une jarre à Pédéro ;
& ce léger don parut le rendre auffi heureux qu'un Prince.
Les Infulaires quitterent bientôt les bords de l'anfe, & ils
emporterent dans leur ancienne demeure, tout ce qu'ils
avoient reçu de nous. Je crois que, de toutes les chofes
qu'ils obtinrent en différens tems, ils en donnerent plufieurs à leurs amis & à leurs voifins, ou qu'ils les partagerent avec leurs plus puiffans ennemis pour avoir la paix ;
car, dès qu'une fois elles avoient été en leur poffeffion, nous
n'en revoyions jamais rien ; &, dans toutes les vifites que nous
leur fîmes, nous n'apperçûmes ni haches, ni clous, &c.

Je suis persuadé que les Habitans des bords du Canal,
qui forment une peuplade nombreufe, vivent fans aucune
forme réguliere de gouvernement. Le Chef de chaque
Tribu ou de chaque famille paroît être refpecté ; & ce

respect commande ; en quelques occafions l'obéiffance ; mais je doute qu'un Indien puiffe forcer les autres à lui obéir. Le jour que nous nous trouvâmes avec Tringo-Boohée , les Habitans vinrent, de toutes parts, pour nous voir ; & c'eft ce qu'il auroit voulu pouvoir empêcher. Mais, quoiqu'il s'emportât jufqu'à jeter des pierres à quelques-uns, on n'eut égard ni à fes paroles, ni à fes actions, & cet homme cependant étoit un Chef de quelque réputation. J'ai déjà fait quelques remarques fur les malheurs que le défaut d'union caufe à ces peuples ; & c'eft ce que j'ai vérifié de plus en plus, à mefure que je les ai mieux connus. J'ofe dire que, pour des hommes antropophages, ils montrent un très-bon caractere, & qu'ils connoiffent les fentimens de bienfaifance & d'humanité.

Après midi, nous allâmes débarquer dans une des anfes ; où étoient deux familles d'Indiens : les uns dormoient, les autres faifoient des nattes, quelques-uns grilloient du poiffon, & une fille que j'obfervai, étoit occupée à chauffer des pierres : curieux de favoir l'ufage auquel elle les deftinoit, je reftai près d'elle : dès que ces pierres furent fuffifamment chaudes, elles les retira du feu, & les donna à une vieille femme affife dans la cabane. La vieille en fit un monceau qu'elle recouvrit d'une poignée de céleri & enfuite d'une natte groffiere ; & elle fe tapit elle-même pardeffus, faifant ainfi de ce tas de pierres une efpèce de chauffrette Hollandoife, où elle fe tint accroupie, ou ramaffée comme un lièvre fur fon gîte. Je n'aurois pas parlé de cette opération fi je croyois qu'elle fût fimplement deftinée à réchauffer une vieille femme. Je penfe que c'étoit un remède pour

guérir quelque maladie, contre laquelle la vapeur du céleri
peut être un fpécifique; en effet, on trouvoit à peine quelques tiges de céleri dans cet endroit : nous y avions cueilli,
long-tems auparavant, tout ce qu'il y en avoit, & les gramens
qui y font très-abondans, auroient également empêché les
pierres de brûler les nattes : d'ailleurs la femme me paroiſſoit
malade.

« DANS les trois relâches que nous fîmes à la Nouvelle-
» Zélande, le pays nous fournit des rafraîchiſſemens qui
» diſſiperent tous les fymptomes du fcorbut & nous don-
» nerent des forces. Le poiſſon fut pour nous un auſſi bon
» reſtaurant que les plantes anti-fcorbutiques : l'air vif
» qu'on y reſſent, les beaux jours, ne contribua pas peu à
» raffermir nos fibres relâchées par une longue campagne,
» dans des climats plus chauds, & l'exercice que nous y
» fîmes; nous fut d'ailleurs avantageux à pluſieurs égards.
» Nous arrivions fur cette côte pâles & défaits, & la fanté
» reparoiſſoit bientôt fur nos viſages, & nous retournions
» au Sud, auſſi forts & auſſi fains que jamais. Si les Naturels
» ont une grande ſtature, s'ils font nerveux & bien pro-
» portionnés (a), il faut l'attribuer en partie à la pureté
» de l'air, & à la ſimplicité de leurs alimens qui font faciles
» à digérer. Pluſieurs circonſtances ſemblent prouver que
» le poiſſon eſt aſſez abondant fur leurs côtes, pour les
» nourrir toute l'année : car nous avons obſervé, ainſi que
» M. Crozet, des amas prodigieux de poiſſons fecs pour
» l'hiver. »

_____

(a) « Il en faut excepter leurs jambes, qui font mal faites, à cauſe
» de leur maniere de s'aſſeóir, »

M. WALES m'a communiqué, de tems en tems, ses observations pour déterminer la longitude : les résultats-moyens donnent 174ᵈ 25′ 7″ ¼ Est pour le fond de l'anse du vaisseau, lieu où se firent les observations, & 41ᵈ 5′ 56″ ¼ de latitude S. Dans la carte qui accompagne la Relation de mon premier Voyage, cet endroit est marqué par 184ᵈ 54′ 30″ Ouest, ce qui équivaut à 175ᵈ 5′ 30″ Est. L'erreur de la carte est donc 0ᵈ 40′ 0″ & à-peu-près égale à celle qu'on a trouvé à la Baye *Dusky*, d'où il s'ensuit que toute l'Isle de Tavai-Poennamoo est placée 40′ trop loin à l'Est dans cette carte, ainsi que dans le journal : mais l'erreur touchant la partie d'Eaehei-no-Mauwe n'est que d'un demi degré, ou de 30 minutes ; parce qu'on a reconnu que la distance, entre le Canal de la Reine Charlotte & le Cap Palliser, est plus grande de 10′ de longitude que ne l'indique la carte. Nos derniers résultats sont très-sûrs : d'après la multitude d'observations qu'a faites M. Wales, il y a peu de parties du monde, dont la position soit mieux déterminée que celle du Canal de la Reine Charlotte : je pourrois en dire autant de tous les autres lieux où nous avons resté quelque tems ; car M. Wales, dont les talens égalent la constance & l'assiduité, n'a laissé échapper aucune des occasions qui se sont présentées. Le gissement de ces Isles, que nous dépassâmes sans y toucher, est fixée avec la Montre marine de Kendal presque d'une maniere aussi exacte. L'erreur de la Montre de Taïti à cette place, fut seulement de 43′ 39″ ¼ en longitude, en comptant sur la marche qu'elle avoit à cette Isle & à Tanna ; mais en comptant sur la marche qu'elle avoit, lors de notre derniere relâche au Canal de la Reine Charlotte, & depuis notre départ jusqu'au moment de notre retour, c'est-à-dire, dans l'espace de près d'une année, l'erreur fut de 19′ 31″ 25‴ sur le tems vrai ou de 4ᵈ 52′ 48″ ¼ en longitude. Cette erreur ne peut pas passer pour grande, si on considere que nous avions traversé un espace égal, à plus des trois quarts de la circonférence de la terre prise à l'équateur, au milieu de toutes sortes de climats, & de latitudes depuis 9ᵈ à 71ᵈ. M. Wales reconnut qu'elle gagnoit ici par jour, 12″ 576‴ sur le tems moyen.

D'APRÈS le résultat-moyen de toutes les observations de M. Wales, la déclinaison de l'aimant, fut de 14ᵈ 9′ ⅕ Est, & l'inclinaison de l'extrémité méridionale de l'aiguille, fut de 64ᵈ 36″ ⅔, les trois différentes fois que nous relachâmes à la Nouvelle-Zélande : d'autres observations très-exactes, lui apprirent aussi que le tems de la marée haute, précédoit de trois heures le passage de la Lune au méridien dans les pleines & les nouvelles Lunes, & que l'élévation & l'abaissement le plus grand de l'eau, étoit de cinq pieds dix pouces & demi; mais des traces qu'on voyoit sur la greve, attestoient qu'elle s'étoit élevée deux pieds plut haut.

FIN DU TOME III.

www.ingramcontent.com/pod-product-compliance
Lightning Source LLC
Chambersburg PA
CBHW050733030726
47505CB00002B/248